TREVOR NORTON

In unbekannte Tiefen

TAUCHER, ABENTEURER, PIONIERE

*Aus dem Englischen
von F. Florian Marzin*

RÜTTEN & LOENING
BERLIN

Die Originalausgabe unter dem Titel
»Stars beneath the sea. The extraordinary lives
of the pioneers of diving«
erschien 1999 bei Century, London.

ISBN 3-352-00637-7

1. Auflage 2001
© Rütten & Loening Berlin GmbH, 2001
Copyright © Trevor Norton 1999
Einbandgestaltung Henkel/Lemme
Druck und Binden GGP Media, Pößneck
Printed in Germany

www.ruetten-und-loening.de

Inhalt

Bevor man sich unter Wasser begibt …

Die Kunst des Tauchens ist beileibe nichts Neues. Schon lange bevor es geschriebene Geschichte gab, stürzten sich nackte Taucher in den Pazifik und das Mittelmeer. Die Wissenschaft vom Tauchen entstand etwas später.

Glaucus, der die Argo gebaut hatte, mit der sich Jason auf die Suche nach dem Goldenen Vlies begab, war ein Schwammtaucher. Er aß magische Meerespflanzen, die ihn in die Lage versetzten, lange unter Wasser zu bleiben. Vielleicht nahm er eines Tages einmal zu viel davon zu sich, denn er kam nicht wieder nach oben, was bei Tauchern manchmal vorkommt.

Die frühen Taucher suchten im Meer nach Schwämmen, Muscheln, Korallen und Perlmutt; doch es gab zwei noch zwingendere Gründe zu tauchen, die Möglichkeit, einen Feind zu überraschen, und Schätze zu bergen.

Alexander der Große wollte *alle* seine eroberten Gebiete in Augenschein nehmen und so existiert von ihm ein Bild in einem Glasfaß, das sich unter Wasser befindet. Begleitet wird er dabei von einem nervösen Hahn und einer Katze. Alexanders Geschichten überboten damals schon jedes Seemannsgarn. Er berichtet von einem gigantischen Fisch, der vier Tage und vier Nächte brauchte, bis er an ihm vorbeigeschwommen war.

Seine Taucher legten unter Wasser Sperren an, um die Häfen zu verteidigen; die Athener setzten 415 v. Chr. Taucher im Peloponnesischen Krieg ein, um die Hafensperren von Syrakus zu zerstören. Herodot beschreibt wie zwei griechische Taucher, Syllias und seine Tochter Cyana, die Taue der persischen Flotte kappten und bei ihrer Flucht neun Meilen unter Wasser schwammen, wahrscheinlich indem sie durch kurze Rohrhalme atmeten. Sie wurden dafür mit goldenen Statuen im Tempel von Delphi geehrt.

Die alten Römer hatten eine Elitetruppe von Froschmännern, die *urinatores* genannt wurden. Selbst wenn man über die Gewohnheiten der Taucher Bescheid weiß, bleibt der Grund für diese Namensgebung im Dunkeln. Ohne Zweifel aber hatten sie einige seltsame Angewohnheiten. Dazu gehörte, mit dem Mund voll Öl zu tauchen, das sie dann unter Wasser ausspuckten, um »einen zusätzlichen Atemzug zu bekommen«, was immer auch damit gemeint sein mochte.

Aus dieser Zeit existieren Bilder von Tauchern mit Lederhelmen, aus denen sich ein Schlauch zu einem Boot an der Wasseroberfläche windet. Keine diese Vorrichtungen kann funktioniert haben, denn selbst in wenigen Metern Tiefe kann ein Taucher durch den Druckunterschied keine Luft mehr von oben ansaugen. Doch Aristoteles hatte wohl einen funktionierenden Schnorchel gesehen, als er schrieb: »Gerade wie die Taucher manchmal mit Geräten ausgerüstet sind, die sie mit Luft von der Oberfläche versorgen und sie deshalb so lange unter Wasser bleiben können, so sind auch die Elefanten von Natur aus mit einer langen Nase versehen, die sie über die Wasseroberfläche erheben, wenn sie durch Wasser hindurch müssen«.

Für Bergungsarbeiten mußten die Taucher tiefer hinunter und länger dort bleiben, als es eine Lunge voll Luft zuläßt.

Wieder ist es Aristoteles, der von Schwammtauchern berichtet, die aus luftgefüllten Gefäßen versorgt wurden: »Die Vasen wurden langsam nach unten gebracht und dabei genau senkrecht gehalten, denn wenn sie nur etwas zur Seite kippten, drang sofort das Wasser ein.« Also kannte man schon im vierten vorchristlichen Jahrhundert das Prinzip der Taucherglocke. Dennoch dauerte es bis 1599, bis man

Edmund Halleys technisch verbesserte Tauchglocke

ein großes, unten offenes Faß mit einem Menschen darin erfolgreich unter Wasser einsetzte. Kein Geringerer als Edmund Halley entwickelte, wenn er einmal nicht nach Kometen Ausschau hielt, eine hölzerne Glocke, die groß genug war, um mehrere Männer auf den Meeresgrund zu bringen. Es war seine Erfindung, Fässer mit Luft nach unten zu schicken, um den Luftvorrat zu erneuern und die Verweildauer der Taucher dadurch zu vergrößern. Außerdem entwickelte er eine wasserdichte Haube und Schläuche, so daß es möglich war, außerhalb der Glocke zu arbeiten. Halleys Glocke wurde routinemäßig für Unterwasserarbeiten bis zu zwanzig Metern Tiefe und neunzig Minuten Dauer eingesetzt. John Smeaton, der den Leuchtturm bei den Eddystone Rocks gebaut hat, entwarf die erste funktionsfähige Pumpe, mit der man eine Taucherglocke unter Wasser mit Luft versorgen konnte. Smeatons Stahlkiste wurde für die nächsten 150 Jahre zum gebräuchlichsten Tauchgerät.

Der traditionelle Kugelhelm aus Metall auf einem wasserdichten Anzug aus einer Lage Gummi zwischen zwei Lagen Köperstoff wurde von dem Engländer John Deane 1820 entwickelt, und die Verwertung dieser Erfindung machte Siebe Gorman in London weltweit zum bekanntesten Hersteller von Tauchausrüstungen. Es war die erste Ausrüstung, die den Taucher von dem Element, in dem er sich bewegte, abschottete und die gleichbleibende Luftversorgung sicherstellte. Die Einsatzmöglichkeit dieser Ausrüstung wurde lediglich durch die Tiefen begrenzt, in die man nicht mehr genügend Luft pumpen konnte. Es ist der Druck der vom Taucher eingeatmeten Luft, der ihn davor bewahrt, vom ihn umgebenden Wasserdruck zusammengequetscht zu werden. Diese Ausrüstung erwies sich als so erfolgreich, daß die Royal Navy 1839 die erste Tauchschule der Welt ins Leben rief.

In seinem 1869 veröffentlichten Roman *Zwanzigtausend Meilen unter dem Meer* läßt Jules Verne die Mannschaft des Unterseebootes *Nautilus* völlig ungehindert auf dem Meeresboden spazierengehen, Proben der Fauna und Flora einsammeln, Erze abbauen und sogar einen toten Kameraden beerdigen. Die Leser staunten über Vernes Vorstellung, doch, wie Kapitän Nemo es erklärt, lag alles im Bereich des Möglichen. Sie benutzten »den Apparat des Rouquayrol …, den ich für meine Anforderungen perfektioniert habe«.

Vier Jahre zuvor hatten der Bergbauingenieur Benoît Rouquayrol und der Marineoffizier Auguste Denayrouze einen Anzug entworfen, in den man von der Oberfläche aus Luft hineinpumpen konnte. Außerdem trug der Taucher noch einen Zylinder mit Preßluft auf dem Rücken. Damit konnte er sich von der Luftversorgung abkoppeln und für kurze Zeit völlig unbeeinträchtigt auf dem Meeresgrund herumlaufen. Doch die wichtigste Neuerung war ein einfaches Ventil, das nicht nur die Luftversorgung dem umgebenden Wasserdruck anpaßte, sondern auch nur dann Luft

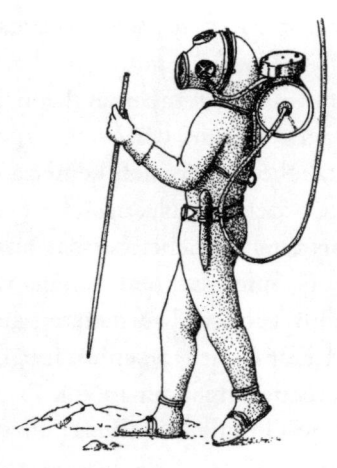

Tauchausrüstung von Benoît Rouquayrol und Auguste Denayrouze, entwickelt um 1865

abgab, wenn der Taucher durch das Mundstück einatmete,
also keine Atemluft verschwendete. Auf diese Weise wollte
man den Taucher unabhängig machen, doch zu jener Zeit
würdigten dies nur wenige. Es dauerte bis 1942, als Jacques
Cousteaus Mitarbeiter Émile Gagnan dieses »Bedarfsventil«
wieder aufgriff. Es war die Geburtsstunde des modernen
Freitauchens. Jetzt gab es endlich ein Tauchgerät, mit dem
ein jeder die Unterwasserwelt erkunden konnte.

Vor nahezu einhundertundvierzig Jahren legte ein französischer Marineoffizier als Vorschriften für seine Taucher fest:

sie sollten von Natur aus nicht leicht schwitzen
sie sollten bei guter Gesundheit sein
sie sollten einen ruhigen, besonnenen Charakter haben
und nicht unter Einfluß von Alkohol stehen

Hätte man diese Regeln wirklich strikt angewendet, dann
wäre es erstaunlich, wenn er jemals eine Gruppe von Tauchern zusammenbekommen hätte, denn kaum ein Taucher

11

entsprach all diesen Vorschriften, meistens sogar keiner davon.

Heute denkt man wesentlich mehr an die Sicherheit, und das Regelwerk ist schwerer als der Bleigurt, doch in den frühen Tagen des Tauchens hielt sich keiner an irgendwelche Vorschriften. Sie waren Einzelgänger, besessene und exzentrische Visionäre, die ihre Leben für das prickelnde Gefühl des Neuen aufs Spiel setzten. Einige waren zuvor Speerfischer, andere Biologen, Journalisten gewesen oder hatten Wracks und Korallenriffe geplündert. Doch unter Wasser ging eine Veränderung in ihnen vor.

Hier folgt nun die Geschichte einiger dieser außergewöhnlichen Männer.

Die Technik der Eingeborenen

Die eingeborenen Taucher, die den Meeresboden nach brauchbaren Dingen absuchten, mußten sich autark bewegen können, damit sie ein größtmögliches Gebiet in Augenschein nehmen konnten. Sie bewegten sich mehr schwimmend als gehend fort und tauchten mit dem Kopf voran. Sie waren die ersten Taucher, die einen Schnorchel verwendeten.

In der Geschichte des Tauchens wurde aber ein anderer Weg eingeschlagen, bei dem eine Unzahl von Geräten und Techniken entwickelt wurde, mit denen man auf immer kompliziertere Art ertrinken konnte. Da wir an Land aufrecht gehen, sollte auch der Taucher unter Wasser herumspazieren können, ausgerüstet mit Bleigurten und Bleistiefeln und mit dem dumpfen Gefühl, daß er vielleicht niemals wieder nach oben käme. So beladen, mit Leinen gesichert und voller Furcht begaben sich die Abenteurer in die Tiefe.

Es ist nicht überraschend, daß sich die Art, wie es die Eingeborenen machten, als wesentlich praktischer erwies. Ein Mann »entdeckte« das Schnorcheln als sein Hobby. Sein Name war Guy Gilpatric.

John Guy Gilpatric wie immer mit Taucherbrille, Cap D'Antibes,
Ende 1930

Ein begnadeter Sinker
John Guy Gilpatric 1896 – 1950

Während seines Aufenthalts in Südfrankreich im Jahre 1929
wurde ausgerechnet ein New Yorker zum ersten Menschen,
der sich dem Schnorcheltauchen verschrieb. In jungen Jahren hatte er eigentlich beschlossen, Pilot zu werden, und als
er im Alter von sechzehn Jahren über der kalifornischen
Wüste mit 1400 Metern einen Höhenrekord aufstellte, er-
langte er binnen kurzer Zeit den Ruf eines Wunderpiloten.
In den darauffolgenden Jahren brachte er es zum angesehe-
nen Fluglehrer, Schaupiloten bei Flugvorführungen und
wurde schließlich Testpilot.

Mit einundzwanzig meldete er sich freiwillig zur Luft-
waffe. Leutnant Guy Gilpatric kam mit den amerikanischen
Truppen nach Frankreich und nahm die letzten achtzehn
Monate an dem teil, was im anglo-amerikanischen Bereich
der »Große Krieg« genannt wird, so als ob alle vorherigen
Konflikte etwas hätten vermissen lassen.

Er kehrte als Hauptmann zurück und im Gegensatz zu
vielen seiner Kameraden hatte er keinen Kratzer abbekommen. Bei seiner Entlassung beschloß er, daß es nun genug
sei mit der Fliegerei, und er statt dessen ein berühmter
Schriftsteller werden wolle. Henry James und Jack London
waren seit kurzem tot, da tat sich eine Lücke auf. Sein erster
Schritt auf der Karriereleiter war eine Anstellung als Texter
bei einer Werbeagentur, doch er haßte es, den ganzen Tag in
einem kleinen Büro eingesperrt zu sein und Sachen zu
schreiben, an denen er nicht das geringste Interesse hatte.
Obwohl er nie besonders viel von seinen schriftstellerischen

Fähigkeiten hielt und später eingestand, daß »ihn Unzulänglichkeiten nie von etwas abgehalten« hätten, war er dennoch davon überzeugt, ein guter Autor zu sein. Als er so über ungeschriebene Worte sinnierte, entschloß er sich, freier Journalist zu werden. Schon bald waren seine Artikel begehrt, und um 1920 hatte er genug verdient, um zu heiraten und sich in einer Villa in Antibes an der französischen Riviera niederzulassen.

Gilpatric hatte sich nie viel aus dem Meer gemacht, doch jetzt lebte er an der Küste des Mittelmeeres, wo das Wasser so klar war, daß man von den Klippen herabblickend nicht sagen konnte, wieviel von den schneeweißen Felsen unter Wasser lag. Das Meer hatte ihm zugezwinkert.

Antibes war der Ort, wo die Reichen und Schönen und solche, die sich dafür hielten, hinkamen, um sich zu zeigen und in Pose zu werfen. Filmscouts streiften durch die Küstenorte, hielten Ausschau nach schönen Frauen und mußten nicht lange suchen. Regisseure waren umgeben von schnatternden Starlets und drehten seichte Filme am Strand. Alle hatten eine tolle Zeit, außer Isadora Duncan*, deren Schal sich in dem Rad eines Autos verfing und sie strangulierte.

Gilpatric, einer der weniger Reichen und Schönen, hatte die Idee, Geschichten über die Mißgeschicke der *MS Inchcliffe Castle* zu schreiben, ein fiktives, englisches Handelsschiff und ein wahrer Seelenverkäufer. Obgleich er nicht viel über die Handelsmarine wußte, wurden die Geschichten in der *Sunday Evening Post* veröffentlicht, und die Leser liebten die Berichte über den schottischen Schiffsingenieur Mr. Glencannon und den Rest der desolaten Mannschaft.

Die Leserschaft verlangte nach weiteren Geschichten, doch die *Post* konnte keine bekommen. Der Redakteur be-

---

* Isadora Duncan (1878–1927): Amerikanische Tänzerin und Choreographin (Anm. d. Übersetzers)

schwerte sich darüber, daß er Gilpatric jede Geschichte aus der Nase ziehen müsse.

Dann traf ein Manuskript ein, das die Frage beantwortete, womit Gilpatric seine Zeit verbracht hatte. Es war ein Artikel über das Tauchen. 1929 hatte er das Speerfischen entdeckt und war unter Wasser verschwunden. Gegen die Überzeugung des Redakteurs beschloß man, den Artikel in der *Post* zu veröffentlichen, und hoffte, damit Starautoren »die Tintenfische aus seinem Gehirn zu bringen«, damit »er sich wieder an Mr. Glencannon machen würde«. Doch so einfach war das nicht. Es trafen weitere Arbeiten über das Tauchen ein und so nebenbei auch eine Glencannongeschichte, um die Leser bei der Stange zu halten.

Unten in Frankreich tauchte Gilpatric jeden Tag, obwohl seine Maske leckte und die Gläser darin so schlecht eingesetzt waren, daß er alles doppelt sah. Ohne Flossen und ohne Bleigurt hatte er eine ungewöhnliche, aber effektive Art zu tauchen entwickelt. »Er atmete tief ein, schnellte durch Einsatz seiner Hände bis zur Hüfte aus dem Wasser, stieß die Luft aus und sank dann schnell mit den Füßen voran nach unten. Unter Wasser drehte er sich und schwamm mit schnellen Beinbewegungen zum Grund, während seine Lungen fast am Platzen waren …« In der ersten Zeit benutzte er auch eine Nasenklammer und verstopfte sich dummerweise auch die Ohren gegen den Druck. Dadurch hätte er sehr leicht seine Trommelfelle ruinieren können, denn der Trick ist, den Druck auszugleichen und nicht etwas gegen ihn zu unternehmen.

Seine kleine Gruppe von »begnadeten Sinkern« bestand zum großen Teil aus Ausländern wie ihm, bewaffnet mit drei Meter langen Harpunen, die mittels eines dicken, aufgedrehten Gummibandes abgeschossen wurden. Sie trainierten hart, um topfit zu sein. Gilpatric legte an sich selbst besonders strenge Maßstäbe an: »Ich habe immer ein Leben in der freien Natur geführt, wenn ich mich nicht gerade in einem Haus aufhielt, habe nie etwas Stärkeres als Whiskey getrunken, mit Ausnahme von Wodka und habe ganz selten mehr als eine Zigarette auf einmal geraucht.«

Hans Hass brachte Gilpatrics Jagdphilosophie auf den Punkt, als er schrieb: »Man stellt den Fisch in seinem eigenen Element, wo er jeden Vorteil hat. Er kann schneller schwimmen, unbegrenzt unter Wasser bleiben, leidet nie an Ohrenschmerzen und braucht keine Nasenklammer. Die Harpune des Brillentauchers und seine Intelligenz sind sein einziger Vorteil, doch … im Kampf mit den großen Raubfischen des Meeres hat der Schnorchler überhaupt keinen Vorteil. Das ist ohne Zweifel das Maximum, das es an Fairneß geben kann.«

Nachdem seine Artikel über das Tauchen in der *Saturday Evening Post* erschienen waren, wurde Guy mit Briefen von Leuten überschwemmt, die Tauchen lernen wollten, oder von solchen, die bis zu diesem Zeitpunkt geglaubt hatten, sie wären die einzigen, die so etwas taten. Seine Artikel begeisterten eine Gruppe in San Diego, die 1933 wahrscheinlich den ersten Tauchklub überhaupt gründeten und sich den Namen *The Bottom-Scratchers* gaben.

Als Jugendlicher traf Hans Hass auf Gilpatric, der bei Eden Roc in der Nähe von Cap d'Antibes auf der Unterwasserjagd war.

Es war ein wunderbarer Tag. Kein Lüftchen regte sich über den aufgeheizten Klippen, das Meer war ruhig und glatt. Dann und wann hörte man das Grollen einer Welle, die in der Höhle verschwunden war …

Ich bemerkte einen menschlichen Körper zwischen den Felsen. Er trieb bewegungslos auf der Meeresoberfläche, der Kopf war unter Wasser, und zuerst glaubte ich, der Mann sei tot. Doch dann hob sich der Kopf, und der Schwimmer holte Luft. Er trug eine Gummimaske über den Augen, und in der rechten Hand hielt er einen langen Stock.

Ich beobachtete jetzt, wie der Mann von Zeit zu Zeit unter den Wellen verschwand. Er versank ohne irgendein Geräusch, so daß nichts darauf hindeutete, wo er verschwunden war. Jedes Mal dauerte es erstaunlich lang, bevor er wieder auftauchte, irgendwo an einer anderen Stelle, so geräuschlos und unerwartet, wie er verschwunden war, und ohne ein Anzeichen, daß er außer Atem wäre.

Er war wieder getaucht ... ein großes, braunes Wesen unter den Wellen ... Er schwamm bemerkenswert vorsichtig und bedächtig, dann richtete er seinen Stock auf einen Fleck von buntem Seegras ... Ein kurzes Aufblitzen im Wasser, dann tauchte der Mann auf. An seinem Speer schimmerte ein Fisch, den er in der Mitte aufgespießt hatte!

Schließlich stieg der Mann aus dem Meer. Seine Haut war vom Wasser und der Sonne gebräunt, sein Haar war wie ein Büschel Stroh.

»Eine Harpune«, lautete seine prompte Antwort auf meine Frage. »Die besten bekommt man von Martin, dem Mechaniker in Antibes. Er verlangt dreihundert Francs dafür. Geh aber nicht allein ins tiefe Wasser, denn manchmal kommen Haie bis hier ans Kap. Und achte auch auf Tintenfische!«

Dann steckte er das Messer, mit dem er den Fisch getötet hatte, wieder in die Scheide zurück, zog die Maske über seine Augen und verschwand im Meer.

1938 erweiterte Gilpatric seine Artikel über das Tauchen, die in der *Saturday Evening Post* erschienen waren, arbeitete Hinweise seiner Leser ein und brachte so das erste Buch über das Sporttauchen heraus. »Wenn mir jemand vor ein paar Jahren gesagt hätte, ich würde einmal ein Buch über Sportfischen schreiben, hätte ich ihn ausgelacht ... und obwohl ich ... schon in viele Gewässer eine Angelschnur gehalten habe, war mir klar, daß das Ergebnis weder etwas mit meiner Intelligenz noch mit meinen

Fähigkeiten zu tun hatte, sondern lediglich mit dem Hunger von Lebewesen, die ich noch nicht einmal sehen konnte. War Angeln überhaupt ein Sport? Ich hatte da meine Zweifel … Und dann begann ich mit dem Brillentauchen!«

Der Titel seines Buches sagt alles:

Der komplette Brillentaucher
Erste und einzige erschöpfende Abhandlung
Über die Kunst des
SCHNORCHEL-FISCHENS
Dieser überaus edle und herausragende Sport wird gezeigt
Und nahegebracht von
GUY GILPATRIC
Im Mittelmeer
Dazu noch eine Unterweisung über die richtige Art
TAUCHERMASKE, SPEERE und
Andere nützliche GERÄTSCHAFTEN herzustellen.
Ergänzt durch viele wundersame Dinge
GESEHEN AUF DEM MEERESGRUND
Und Gänzliche Beschreibung der
Überzeugenden Methoden
Des Autors mit dem Speer
Fische & Tintenfische
Zu erlegen

Dieser Titel war eine Verbeugung vor Izaak Waltons klassischer Abhandlung über das Angeln aus dem Jahre 1653: *Der komplette Angler, oder des besinnlichen Mannes Erholung. Eine Abhandlung über Fische und das Angeln, nicht unwert der Einsichtnahme durch die meisten Angler.*

Doch obwohl man in beiden Büchern in der Kunst des Fischens unterwiesen und dabei gleichzeitig die Landschaft und die örtliche Fauna und Flora beschrieben wird, könnten sie nicht unterschiedlicher sein. Walton streifte nicht nur an den Flußufern entlang, sondern auch durch die Welt der hohen Philosophie. Er sinnierte über Stichlinge und Schrifttum,

Barsche und Balladen, Elritzen und Mythologie und über die Lieder der Milchmädchen. Und obwohl die Fakten manchmal falsch sind, stellt sein imaginärer Begleiter zu recht fest: »Ihre Ausführungen klingen mir wie Musik in den Ohren und wecken mein Interesse.«

Im Gegensatz dazu ist *Der komplette Brillentaucher* eine glänzende, schnoddrig verfaßte Achterbahnfahrt, »eine Abhandlung im Tenor eines Kabarettsketches«. Ein Kapitel trägt die Überschrift: »Das Gurgeln eines geschwätzigen Brillentauchers, wundersame Dinge, Lügen, Erforschung von Wracks und die Schatzsuche.« Es gibt sogar ein Kapitel mit Kochrezepten. *Tintenfisch à la Niçoise* beginnt wenig vielversprechend: »Wenn der Tintenfisch tot ist, was selten vorkommt, dann sieht er nicht sehr viel besser aus als lebend.« Die Herkunft einiger Gerichte ist ziemlich ungesichert: »*Fisch à la Monte.* Ich kenne nicht den richtigen Namen für diese Art, den Fisch zuzubereiten, doch mein Hund liebt diese Art der Zubereitung genauso sehr wie ich, also habe ich sie nach ihm benannt.«

Das Buch genießt man am besten in kleinen Portionen, denn es ist ohne Zweifel vom Geist jener prahlerischen Zeit geprägt, wo selbst jene, die ernsthafte Taucher sein wollten, ihren Spaß an der blutigen Unterwasserjagd fanden. Und dieses Buch bestätigte sie darin. Philippe Tailliez schenkte ein Exemplar Jacques Cousteau, und es stand jahrzehntelang in der Kapitänskabine auf der *Calypso*.

Folgen wir Gilpatric, als er zum ersten Mal mit den Augen eines Piloten die Unterwasserwelt betrachtete:

Plötzlich kamen seltsame Gerüchte auf. Irgend jemand hatte irgendwo eine ganz neue und überaus sportliche Art des Fischens entwickelt, oder zumindest behauptete er das. Sein Name ... der gute Guyzaak Gilpatric. Seine Methode, so sagte man, nannte sich Brillentauchen ...

Da so viele Fische ihr Leben mit irreführenden Namen

wie Kabeljau, Döbel, Guppy und Kalamares fristen, muß ich zuerst erklären, daß Brillentauchen nicht bedeutet, nach Brillen zu tauchen ... Brillentauchen bedeutet, sich mit einem Speer und wasserdichten Augengläsern wie McGinty auf den Meeresboden zu begeben. Meine erste Taucherbrille fertigte ich aus einer alten Pilotenbrille, indem ich die Luftlöcher mit Kitt verklebte und sie überpinselte.

Beim Brillentauchen benutzt man den Speer wie einen Degen und sticht damit zu, denn werfen kann man ihn unter Wasser genauso wenig, wie man an Land einen Autobus werfen kann ...

Ich war nicht auf das atemberaubende Gefühl vorbereitet, das schwerelose Dahintreiben, das durch die Brille möglich wurde. Es war überhaupt nicht mit dem Fliegen zu vergleichen, denn da ist man sich immer bewußt, daß man durch eine Maschine getragen wird ... Der Meeresboden befand sich fünf Meter unter mir, doch ich konnte jede Muschel, jeden Grashalm so genau sehen, als ob nur Luft dazwischen wäre. Das Licht war weich und blaugrün, ja friedvoll, und paßte irgendwie genau zu der spürbaren Stille, die über diesen sanft wogenden Gräsern lag ...

(Unter)einem Felsüberhang schwammen Sardellen und Sardinen – zu Tausenden – herum und fraßen das Seegras. Doch – ich wischte meine Brille frei – sie schwammen auf dem Rücken! Ich tauchte direkt unter den Überhang, wo es dunkel und kalt war und scheuchte den ganze Schwarm heraus. Sobald sie aus dem Schatten ins Licht kamen, drehten sie sich richtig herum und schwammen ihres Weges wie jeder anständige Fisch ... diese Fische waren sich gar nicht bewußt gewesen, daß sie auf dem Rücken schwammen. Sie dachten, die Decke wäre der Boden, und befanden sich praktisch in derselben Lage wie die Piloten in den Anfangsjahren der Fliegerei, die ohne Instrumente durch Wolken und Nebel flogen und jeden Orientierungssinn verloren. Sie drehten sich auf den Rücken und bemerkten es nicht, bis

22

lose Dinge, wie zum Beispiel Flaschen, den Eindruck erweckten, nach oben aus dem Cockpit zu fallen.

Ich hatte den atemberaubenden Eindruck, durch eine New Yorker Häuserschlucht zu gleiten. Unter mir sah ich undeutlich sich bewegende Gestalten – Fische ... Ich schwebte mit ungewissen Gefühlen dahin, die sie nicht zu teilen schienen ... Plötzlich schaute ich in die Augen von etwas, das mir wie ein deutsches Unterseeboot vorkam – ein ein Meter langer *loup* (Barsch), der ziemlich aufgebracht schien. Seine Rückenflosse war aufgestellt wie die Nackenhaare einer Bulldogge. Ohne nachzudenken, stieß ich mit meiner rechten Faust zu und verfehlte seinen Kopf.

Ich kam an die Oberfläche, schnappte nach Luft und grübelte über meinen armseligen Zustand, da ich noch nicht einmal in der Lage war, einen ein Meter langen Fisch k.o. zu schlagen ... Ich atmete tief ein, tauchte hinab und begann versuchsweise mit Schattenboxen. Schon bald wurde mir klar, wo das Problem lag. Da ich leichter als Wasser war, stießen mich meine Schläge einfach zurück, und je härter ich zuschlagen wollte, desto schneller entfernte ich mich von dem Ziel, das ich treffen wollte. Zugleich verlor ich viel Kraft bei meinen Bemühungen, gegen den Auftrieb anzukämpfen. Ich atmete aus, sank tiefer und ließ ein paar linke und rechte Haken los. Jetzt steckte hinter meinen Schlägen wirklich ein bißchen Mumm. Mein Körper war schwerer als das Wasser, und meinen Schlägen wurde Widerstand entgegengesetzt ...

Als ich zum Strand schwamm, dachte ich darüber nach, was ich gerade gelernt hatte – besonders, daß einige Fische keine Angst vor Schwimmern haben und daß man seine Lungen leeren muß, um unter Wasser Kraft ausüben zu können. Mir kam der Gedanke, daß in diesen beiden Erkenntnissen vielleicht die Grundlage für einen neuen Sport steckte. Dennoch glaubte ich nicht, daß Boxkämpfe mit Fischen eine erstrebenswerte Sache sind, also beschloß ich, einen Speer zu kaufen ...

Mein erster Speer war ein Dreizack, dessen mit Widerhaken versehene Spitzen ich aus Klavierdraht gefertigt hatte. Der Schaft selbst stammte von einer Heugabel …

Ich entdeckte einen Schwarm schlanker, stromlinienförmiger Meeräschen … ihre Flanken blitzten silbern in den Sandwolken, die ihre Flossen aufwirbelten. Bevor ich bei ihnen unten war, hatten sie mich entdeckt und schossen davon … an seichten Stellen sind Fische viel schreckhafter als im tiefen Wasser. Tauchen ist ihre instinktive Fluchtreaktion, und wenn dieser Weg offen ist, dann gehen sie kein Risiko ein.

Ich bewegte mich ins tiefere Wasser zu einem Felsen … hinter dem *dorades* (Schwertfische) standen. Durch Ausatmen sank ich ein Stück ab und schwamm in ihre Richtung: einer entfernte sich von der Gruppe … Ich stieß zu und verfehlte ihn um gut einen Meter!

Nun, der Stoß war zu kurz, weil ich mir nicht die Zeit genommen hatte, nahe genug an den Fisch heranzuschwimmen … Die *dorades* waren immer noch da. Einer von ihnen – er schien so groß wie eine Gitarre zu sein – riß Muscheln vom Felsen und zerkaute sie wie ein Pferd. Ich ließ mich zu ihm absinken. Je näher ich kam, desto gieriger fraß er, als ob er befürchtete, ich wolle ihm sein Mahl streitig machen. Drei Meter – zweieinhalb Meter – zwei Meter. Ich sah das Weiße in seinen Augen. Jetzt – mit voller Kraft – stieß ich zu!

Der Speer entglitt meinem Griff. Ich packte mit beiden Händen zu und versuchte, an die Oberfläche zu kommen. Ich brauchte unbedingt Luft …, und wie ich nach oben schoß, sah ich, daß der *dorade* in die andere Richtung schwamm. Die massiven Spitzen meines Dreizacks waren wie Haarnadeln verbogen …

Am nächsten Tag stürzte ich mich mit einem Speer ins Meer, der einem Walroß würdig gewesen wäre … Ich sah einen grauen Fisch mit dunklen Streifen … ich ließ mich zu ihm hinabsinken. Unsere Wege kreuzten sich genau in dem

Moment, als er in Reichweite des Speers kam. Ich stieß zu und erwischte ihn perfekt …

Nun, nachdem ich mit dieser *mourme* (Goldbrasse) an den Strand kam, stieg mein Ansehen in Juan-les-Pin gewaltig … Als ich am nächsten Tag eine gut einen halben Meter lange *sargue* (Silberbrasse) und eine *dorade* von sieben Pfund Gewicht anbrachte, rüstete sich ein beachtlicher Teil der Sommerurlauber mit Speeren und Taucherbrillen aus …

Den ganzen Sommer über hatten wir unseren unbezahlbaren Spaß … wir tauchten sechs Stunden am Tag … Wir haben Sachen über Fische und ihre Gewohnheiten erfahren, die bestimmt keinem Fischer und wahrscheinlich auch keinem Wissenschaftler bekannt waren …

Wir stellten fest, daß bestimmte, einzelne Fische immer im selben Gebiet blieben und andere, wie Zugvögel, Jahr für Jahr immer an den gleichen Ort zurückkehrten …

»Ich habe häufig gehört, wie Fische sich gleich Schweinen mit Grunzlauten verständigen«, brüstete sich Gilpatric, »und lauschte im flachen, ruhigen Wasser dem Klicken wie von fünfzig Telegraphen, ohne daß Muscheln oder andere Dinge die offensichtliche Ursache dafür gewesen wären«. »Ich habe Fische an Stellen gesehen, wo sie im Umkreis von Meilen nicht hätten sein dürfen, und welche, bei denen ich höflich aber mit Bestimmtheit darauf hingewiesen wurde, daß solche überhaupt nicht existieren.« Vielleicht war dem so, doch weder Gilpatric noch seine Kameraden waren ganz frei von den üblichen Tauchergeschichten. Einer aus seiner Gruppe, Alec Kramarenko, erlegte eine Meeräsche. Er brachte sie an Land, zog den Speer heraus und warf seinen Fang in den Sand. Der betäubte Fisch kam wieder zu sich, sprang ins Wasser und schwamm ins offene Meer hinaus. Doch sein innerer Kompaß war eindeutig beschädigt, denn er drehte um und kam zurück, »traf mit voller Geschwindigkeit auf den Strand und glitt direkt vor Mr. Kramarenkos

Gilpatric mit seinem Fang, 1930

Füße«. Dann gab es da noch die Gebrüder Blanchet, die zwei Stunden lang mit einem Barsch kämpften, bevor sie ihn an Land bringen konnten. Als sie ihn nach Hause brachten, erwachte auch er wieder zum Leben, »legte die Küche in Trümmer, jagte Mutter Blanchet dreimal durch das Wohnzimmer und fraß eine gerahmte Lithographie der Schlacht von Austerlitz … bevor sie ihn mit einer Axt ruhig stellen konnten«. Das sind echte Tauchergeschichten, oder wie Shakespeare es ausgedrückt hat: »Fünf Faden tief dein Vater *lügt*.«

Gilpatric und seine Kameraden entdeckten den Schnorchel für sich und führten die Tauchermaske ein. Kramarenko fertigte einen Abdruck seines Gesichts an, so daß er die Tauchermaske seiner Gesichtsform anpassen konnte. Er stellte eine Maske aus Zelluloid her, indem er Filmmaterial in Aceton auflöste und es Schicht für Schicht auf den Abdruck aufbrachte. Danach fertigte er eine Gußform aus Blei, in die er geschmolzenes Gummi füllte. 1937 brachte er dieses Gerät auf den Markt, doch sein Nachbar, Maxime Forjot, ließ sich eine Maske patentieren, die sowohl die Augen als auch die Nase umschloß, womit das Problem, daß der Druck die Maske ans Gesicht preßte, gelöst war. Der Taucher mußte nur in die Maske schnaufen, um die Unbequemlichkeit zu beheben.

Kramarenko entwickelte auch eine Federharpune, die einen gut einen Meter langen Pfeil unter Wasser mehrere Meter weit schießen konnte. Guy gefiel dies nicht, denn »nun kann jeder Anfänger an der Oberfläche herumplantschen und seine Beute erlegen, ohne daß auch nur sein Haar naß würde«. Die »Begnadeten Sinker« wechselten jeden Tag ihr Revier und kehrten erst nach mindestens einer Woche wieder zu einem Fischgrund zurück. Doch nun erschienen viele Neueinsteiger auf der Bildfläche, die mit Heugabeln, Skistöcken und Kramarenkos Harpune bewaffnet waren. Ein englischer Yachtbesitzer kaufte zwei Harpunen und ging auf Jagd, begleitet von einem Mann in einem Dingy, der die Harpunen immer nachlud. Er stellte sogar Treiber an, die die Meeräschen zu ihm hintrieben, als wären es Moorhühner. Er erlegte siebenhundert Fische an einem Tag. »Wir waren hocherfreut«, gestand Gilpatric ein, »als wir erfuhren, daß einer der Männer, die die Harpunen nachluden, sich selbst in den Fuß geschossen hatte.«

Ihr Lieblingsriff war zerstört worden, so daß die Fische furchtsam und scheu waren. An den überfüllten Stränden, so berichtet Cyril Connolly, »plätscherten stinkende Wellen, auf denen ein Film von Sonnenöl trieb, an den Strand«. Antibes wurde zum Anlaufpunkt von »Flittchen, Gigolos und Autoverkäufern«. Die Idylle hatte ein Ende gefunden.

1939 kam der kalte Mistral früh. Er wühlte die See auf, rüttelte an den Marquisen über den Cafés und fuhr in die Palmkronen. Jedem wurde klar, daß ein mächtiger Sturm im Anzug war.

Gilpatric kehrte in die USA zurück und wurde zum Nachrichtendienst eingezogen. Nach dem Krieg ließen er und seine Frau Louise, der der *Komplette Brillentaucher* gewidmet war, sich in Santa Barbara, Kalifornien nieder. Seine Geschichten verkauften sich noch immer, und alle paar Jahre brachte er ein neues Glencannon-Buch heraus. *Einsatz im Nordatlantik*, eine Homage an den Mut der Männer der Handelsmarine, wurde 1943 mit Humphrey Bogart in der Hauptrolle verfilmt. Für Guy gab es eine Oscar-Nominierung.

Izaak Walton wurde neunzig Jahre alt, doch Gilpatric beraubte sich dieser Möglichkeit.

Als Cousteau 1950 seine ersten Atemgeräte in die Vereinigten Staaten brachte, um sie dort von der amerikanischen Armee testen zu lassen, bat er um ein Treffen mit Gilpatric, doch es war schon zu spät. Guys geliebte Frau litt an Brustkrebs. Der Arzt unterrichtete die beiden um halb drei nachmittags von der Diagnose; zwei Stunden später schoß Guy Louise in den Kopf und steckte sich dann die Waffe in den Mund.

Von Gilpatric blieb wenig zurück, was an ihn erinnert, doch der *Komplette Brillentaucher* wurde bei seiner Wiederveröffentlichung 1957 von einer neuen Generation von Tauchern begeistert aufgenommen.

Eden Roc bei Cap d'Antibes an der Côte d'Azur, jetzt inzwischen aller Fische beraubt, wird immer mit Gilpatric verbunden bleiben, als der Ort, wo alles begann.

Skizze von Gilpatrics Sporttauchtechnik

Legere Kleidung ist angesagt,
Eimer als Kopfbedeckung sind Vorschrift

Wenn man länger unter Wasser bleiben will, als es ein Atemzug erlaubt, dann braucht man Hilfsmittel. Die einfachsten Hilfsmittel sind die besten, und das einfachste Tauchgerät ist die Taucherglocke. Sie wurde mit der offenen Seite ins Wasser gelassen, und dadurch wurde Luft in ihr eingeschlossen. Bei späteren Modellen konnte die Atemluft durch einen Schlauch, der aus der Unterseite der Glocke heraus nach oben führte, ausgetauscht werden. Die Stahlwände vermittelten ein trügerisches Gefühl der Sicherheit gegen den Wasserdruck, aber es war der Druck der eingeschlossenen Luft, der das Wasser zurückhielt.

Die Forscher wollten die Unterwasserwelt *sehen*. Der Durchbruch war die Einführung einer tragbaren Taucherglocke in Form eines Eimers, der über den Kopf des Tauchers gestülpt wurde, es ihm so ermöglichte zu atmen und der vorne ein Glasfenster hatte. Einige unerschrockene Meeresbiologen stülpten sich Eimer oder »Milchkannen« über den Kopf, spazierten auf dem Meeresboden herum und hoben so die Unterwasserforschung aus der Taufe.

Henri Milne Edwards im professoralen Kostüm, wahrscheinlich um 1890

Bewaffnet nur mit einer Spitzhacke
Henri Milne Edwards 1800–1885

Naturwissenschaftler waren schon immer fasziniert von der dunklen Unterwasserwelt. Mit Spannung warteten sie darauf, daß das Schleppnetz seinen Inhalt über das Deck ergießen würde, ein Haufen von Kammuscheln, Spinnenkrabben und Finger von Toten. Doch das wäre schon ein guter Fang, und nicht immer hatte man Glück. Manchmal war das Netz nur voller Schlick oder Steine, und die Winde hatte schwer zu arbeiten, um es wieder an Bord zu hieven. Am schlimmsten war, daß all diese Brocken nur wenig davon preisgaben, wie diese versteckte Welt aus schlammigen Wurmbrutstätten und Seegraswiesen wirklich aussah.

Vor einhundertfünfzig Jahren waren Tauchgeräte zu kostspielig, zu kompliziert zu handhaben und zu gefährlich, um selbst die neugierigsten Naturwissenschaftler unter Wasser zu locken. Der erste, der dies wagte, war Henri Milne Edwards.

Er wurde in Belgien als siebenundzwanzigster Sohn eines Engländers geboren, was ganz sicher in anderer Weise auch einen Rekord darstellt. Sein Vater brachte sieben Jahre im Gefängnis zu, da er während der Napoleonischen Kriege englischen Internierten zur Flucht verholfen hatte. Henris ältester Bruder, ein Arzt, wurde zum Familienoberhaupt und brachte ihn von seinem frühen Interesse an der Kunst ab und hin zur Zoologie.

Nach Napoleons Niederlage bei Waterloo 1815 zog die Familie nach Paris und nahm die französische Staatsbürgerschaft an. Henri studierte Medizin, fand aber schon bald heraus, daß er Krabben den Verlockungen von Cholera und Krupp vorzog. Bei der ersten Gelegenheit verließ er das Krankenhaus und begab sich an die Küste des Ärmelkanals, um die Meereslebewesen zu studieren. Das Ergebnis dreier Forschungsreisen war seine klassische Darstellung der Naturgeschichte dieser Küstenstriche.

Henri machte eine gute Partie: Laure Trézel, deren Vater der Gouverneur der Provinz Oran war. Er ermutigte Henri 1834 die Küste von Nordafrika zu besuchen, eine Reise, deren Ergebnis eine Reihe von Arbeiten über Polypen war. Später wurde General Trézel Kriegsminister.

Anfänglich schrieb Henri Bücher über Chirurgie und Pharmakologie, um sein Einkommen aufzubessern. Seiner Berufung in die Französische Academie der Wissenschaften im Jahre 1838 folgte die Ernennung zum Direktor der Krebstier-, Spinnen- und Insektenabteilung des Pariser Museums und zum Entomologen des Jardin des Plantes. Danach erhielt er den bedeutenden Lehrstuhl für vergleichende Physiologie in der Wissenschaftsfakultät der Universität von Paris, wo er sich der Lehre und Forschung widmen konnte. Doch mit dem Erfolg kam auch das Leid, denn eine Reihe seiner Kinder starb im Kindesalter, und dann wurde auch noch seine geliebte Frau durch eine langwierige Krankheit dahingerafft.

Henri ertränkte seinen Schmerz in der See. Er hatte »schon oft den Wunsch gehabt mit einem Taucherhelm ins Meer hinabzusteigen und in der Lage zu sein, in aller Ruhe die unterseeischen Felsen zu untersuchen, die von jenen bewohnt waren, denen mein Interesse galt«. Die Gelegenheit dazu ergab sich, als sein Freund, Oberst Gustav Paulin, Kommandeur der Pariser Feuerwehr, einen Taucherhelm entwarf. Ein Prototyp wurde hergestellt, als acht von Paulins Männern bei einem Lagerhausbrand umgekommen waren. Der Helm war darauf ausgelegt, den Feuerwehrmännern das Betreten von brennenden Kellern zu ermöglichen,

Mechanics' Magazine,

MUSEUM, REGISTER, JOURNAL, AND GAZETTE.

No. 705.   SATURDAY, FEBRUARY 11, 1837.   Price 6d.

M. PAULIN'S SMOKE-PROOF DRESS FOR FIREMEN.

Feuerwehrmann mit Commandant Paulins Rauch-Schutzhaube
(1937), dem Vorläufer von Milne Edwards Tauchhelm

»besonders solchen im Kaufmannsdistrikt, wo alkoholische
Getränke, Schwefel, Harze und andere solcher Dinge gelagert wurden« und die »Luft dick und ätzend war«. Das
Gerät, für das er einen Preis der Akademie der Wissenschaften erhielt, war im wesentlichen eine große Kapuze, die über
den Kopf des Feuerwehrmanns gestülpt und mit einem
Gürtel um die Taille befestigt wurde. Dorthinein pumpte
man Luft, damit der Mann atmen konnte.

Obwohl das Prinzip richtig war, eignete sich das Gerät
nicht für den Gebrauch unter Wasser. Wie dem auch sei, der
Minister für öffentliche Angelegenheiten beauftragte Paulin,

35

eine verbesserte Ausführung davon zu entwickeln, mit der Henri ins Meer tauchen könne.

Im Frühling 1844 brach Milne Edwards zusammen mit seinem naturwissenschaflichen Kollegen Armand de Quatrefages und Herrn Blanchard, einem Techniker des Museums, zu den klaren Gewässern an der Sizilianischen Küste auf, um die erste Tauchexpedition von Meeresbiologen durchzuführen. Ziel war, »die Küste Siziliens Stück für Stück zu erkunden … und bei jedem bewachsenen Felsen, der unseren Nachforschungen Erfolg versprach, Halt zu machen«.

Nach drei Wochen ankerten sie im Schatten des rauchenden Vesuvs, der vor ihnen stand »wie etwas immerwährendes, drohendes Böses«. Die aktiven Vulkane würden ein weiteres Abenteuer für sie werden; sie würden den Stromboli ausbrechen und den Ätna perfekte Rauchringe blasen sehen. Begeistert, nicht nur in die Tiefen des Meeres hinabzusteigen, sondern auch die Berge zu erobern, erkletterten Milne Edwards und seine Begleiter alle drei Vulkane, um einen genaueren Blick darauf zu werfen. Auf dem Ätna, wo Vulkan die Waffen für die Götter schmiedet, hob sich vor ihnen der Boden und bildete einen kleinen, neuen Kessel glühender Lava. Sie stiegen bei Sonnenuntergang auf den Stromboli und schauten in »den Abgrund, der sich zu ihren Füßen auftat, während eine mächtige Feuersäule mit dem Getöse von Artilleriefeuer in die Höhe schoß …, als wollte man uns begrüßen«. Sie stiegen in der dunklen, mondlosen Nacht den Berg hinunter, während der Vulkan hinter ihnen weißglühende Fontänen ausstieß und Asche auf ihre Köpfe regnete. Quatrefages hatte das Gefühl, »als ob ich mich wie im Traum bewegte, inmitten dichtester Dunkelheit über einem Boden, der unter meinen Füßen hinwegglitt«. Als sie die Insel mit dem Boot verließen, trat das Meer mit dem Vulkan in Wettstreit. Es phosphoreszierte und war »in helles Licht getaucht, als ob es in sich etwas von dem versteckten Feuer des Stromboli bewahren würde. Wie die Wellen sich an der felsigen Küste brachen, erweckte es den Anschein, als würde ein leuchtendes Band um das Land gelegt werden, während jede vorspringende Klippe mit einem Kranz aus Feuer umgeben war«.

Sie hatten Schwierigkeiten, ein Boot zu finden, das klein genug war, um es im seichten Wasser zu manövrieren, aber dennoch groß genug, ihre gesamte Ausrüstung aufzunehmen. Ein besonderes Problem stellte dabei die große Messingpumpe mit ihrem Pumpschwegel dar, wie sie bei den besten Feuerwehren jener Zeit in Gebrauch war. Sie entschieden sich für die *La Santa Rosalia*, ein neun Meter langes Fischerboot, das nach dem Schutzheiligen von Sizilien benannt worden war. Es war klein genug, daß man es bei ruhiger See rudern konnte, und außerdem mit einem Lateinsegel ausgerüstet. Die riesige Pumpe wurde am Bug installiert, was dem Boot ein so merkwürdiges Aussehen gab, daß alle, die es sahen, die »unmöglichsten Kommentare abgaben«.

Die Besatzung bestand aus sieben Mann, »von denen fünf ganz offensichtlich fähige und kräftige Leute waren«, während die anderen zwei eindeutig nicht in diese Kategorie fielen. Die Unterkunft der Naturforscher befand sich am Heck in einem mit einer Zeltplane überdachten Unterstand. Sie erhielten drei Kissen, »die sie mit der Bezeichnung Matratzen ehrten, zusammen mit Seemannscapes, die als Betttücher und Decken dienten«. Die Mannschaft suchte sich so gut es ging einen Platz auf den Ruderbänken und den Segeln und Tauen, wobei sie wie Christbaumschmuck wirkten.

Manchmal gingen sie tagsüber vor Anker und ruderten am Abend, wenn es kühler war. Einer der Männer stimmte dann ein Lied an, und die Ruder »begannen sich im Takt der Stimme zu heben und zu senken und sich schon bald im Rhythmus des gleichförmigen Liedes zu bewegen. Jeder Ruderschlag war gefolgt von Irrlichtern im Meer«.

Die eigentliche Expedition begann in Palermo, wo die

Flotte Karthagos seinerzeit überwintert hatte und Nelson und Lady Hamilton sich verausgabt hatten.* 1844 war Palermo eine der schönsten Städte am Mittelmeer, eine maurisch geprägte Stadt mit Gärten und Minaretten. Und obwohl die Moslems schon von den Christen besiegt waren, trugen die Säulen ihrer Gebäude immer noch Inschriften des Korans. Es war ein Ort der Poesie. Die Mitglieder der Expedition sahen die Stadt still daliegen, »umgeben vom leisen Murmeln der Wellen, als sie sich langsam von der Küste entfernten«.

Die *La Santa Rosalia* verließ Palermo an einem ruhigen, klaren Mittelmeermorgen Richtung Osten, wie es in ähnlicher Weise ein Jahrhundert später ein anderer Taucher, Philippe Diolé, auch erlebt hat: »wie ein Traum, der den Morgen überstanden hat und nun über der bewegungslosen See verharrt«. Auch er war in Palermo der Poesie verfallen.

Doch ganz plötzlich, als sie eine Landzunge umfuhren, war die See nicht mehr glatt. Sie befanden sich auf einmal in einer steifen Brise und anschwellenden Wellen. Milne Edwards und Quatrefages »wurden Opfer all der schrecklichen Auswirkungen von Seekrankheit, und in unserem Leiden warfen wir uns auf die Matratzen und gaben uns damit zufrieden, von Zeit zu Zeit einen Blick auf die vorbeiziehende Küste zu werfen«. Ihr Gefährte Blanchard war nicht davon betroffen und »selbst das mächtigste Rollen und Schlingern des Bootes hatte keine anderen Auswirkungen bei ihm, als seinen Appetit noch zu steigern«.

Die Sache wurde noch schlimmer durch die Mannschaft, die, vollgestopft mit Knoblauch und Zwiebeln, in ihren Kleidern, »die ihnen schon jahrelang gedient hatten und gar nicht zu der reinen Luft paßten«, schlief und arbeitete. Das

---

* Horatio Nelson (1758–1805): Englischer Admiral und Emma Lady Hamilton (1765–1815): Englische Adlige, Geliebte von Nelson. Beide treffen sich zum erstenmal 1798 in Palermo und dort beginnt ihre Affäre. Es wird behauptet, sie wären mehrere Tage lang nicht aus dem Bett gekommen. (Anm. d. Übersetzers)

Unheil war perfekt, als in der Nacht Horden von krabbelnden, übel riechenden Schaben aus jeder Spalte des Bootes hervorkrochen und ihren Schlaf störten.

Das Essen machte es auch nicht besser. Ihr erstes Mahl bestand aus ranziger Wurst und etwas, das an sehr alten Schweizer Käse erinnerte. »Es muß festgehalten werden«, so schrieb Quatrefages, »daß nur wenige Menschen weniger Talent zum Koch hatten als dieses unglückliche Individuum«, dessen Anstrengungen darin bestanden, »die Zutaten in eine Speise aus heißem Wasser und pappigem Fleisch zu verwandeln. Selbst am Ende unserer Expedition war er kaum in der Lage, unsere Frühstückseier ordentlich zu kochen.«

Die Befehlskette an Bord stellte die Naturforscher immer wieder vor Rätsel. Als Milne Edwards ein Besatzungsmitglied bat, einen Eimer mit Meerwasser zu füllen, lief der Mann das Boot entlang zu einem anderen Seemann und gab die Bitte weiter. Der wiederum übermittelte sie dem Kapitän, der die gesamte Mannschaft versammelte und erklärte, daß *Il Signor Grande* nach Meerwasser gefragt hätte. Nach all diesen Umständen kam der gleiche Mann, der vor einer Viertelstunde mit dem leeren Eimer verschwunden war, mit einem gefüllten zurück.

Wann immer das Boot von schlechtem Wetter durchgeschüttelt wurde, begaben sich die Wissenschaftler an Land und trafen das Boot im nächsten, verabredeten Hafen wieder. Ihre Wanderungen waren nicht nur einfache Spaziergänge über die Hügel, denn dies war nicht die Mittelmeerlandschaft der blühenden Rosmariensträucher und Zistrosen, gesäumt von Olivenplantagen und Weingärten. Sizilien liegt näher an Afrika als an Rom. Außerhalb der Städte und abseits vom blaugrünen Meer erstreckte sich Unterholz aus Aloen und Kakteen mit scharfen Stacheln über das zerklüftete, von Räubern bewohnte Land. Man sieht vielleicht Neapel und stirbt, doch wahrscheinlich eher an der Cholera; Sizilien hielt ein breites Spektrum an Gefahren für den Besucher bereit.

Einer dieser Überlandmärsche führte von Santo-Vito nach Trapani, keine lange Reise, doch »die rauhe Gangart der Maultiere und das unzureichende Ding, was uns als Sattel diente, schien die Entfernung zu verdoppeln. Das Gefühl der Freude, mit dem wir uns dann schließlich in die nicht allzu weichen Betten begaben ... wird ein jeder verstehen, der, wie wir selbst, den ganzen Tag auf dem Rücken eines sizilianischen Maultiers durchgeschüttelt wurde und den letzten Monat nur mit einem Seemannscape als Unterlage auf den nackten Schiffsplanken geschlafen hat«.

Da sie Empfehlungsschreiben von hochrangigen Offiziellen bei sich hatten, gelangten sie zu der Überzeugung, daß »Despotismus ... eine sehr schöne Sache für die ist, die von ihm profitieren. In Sizilien, wo die Offiziellen die Inkarnation des Gesetzes sind, bewirkten unsere Empfehlungsschreiben, daß wir über allen Vorschriften standen«. Die örtlichen Würdenträger verschafften ihnen auch Unterkunft, von denen aber eine jede etwas zu wünschen übrig ließ, und einige sogar *alles*. In Torre dell' Isola wohnten sie in der ehemaligen Residenz der Grafen von Capaci. Man wies ihnen Räume an, »in denen alles von vollständiger Vernachlässigung zeugte ... Die alten Fresken waren schon längst zu Staub zerfallen. Die hohen Fenster mit ihren verrotteten Rahmen wirkten, als würden sie in Stücke brechen, wenn wir versuchten, sie zu öffnen. Im Laufe der Zeit hatte sich auf den wenigen Scheiben, die es noch gab, eine so dicke Staubschicht angesammelt, daß kein Lichtstrahl mehr hindurchdringen konnte. Nirgendwo existierten auch nur Reste von Möbeln«. In Catellamare mußten ihre Zimmer erst von Bergen verfaulter Zwiebeln gesäubert werden.

In ganz Westsizilien fanden sie »die traurigen Reste früheren Glanzes, der aber schon vor langer Zeit dem Elend gewichen war. Das Gras hatte die geraden Straßen überwuchert, an deren Seiten die Paläste in Ruinen lagen, die kaum noch den paar Bettlern Schutz boten, die sich in ihnen eingenistet hatten«.

Das Boot ging dann vor den wenig besuchten Inseln von Favignana vor Anker, wo die öffentliche Uhr ein Mann mit einem Stundenglas war, der jede Stunde eine Glocke schlug. Ihre Ankunft hatte den gleichen Effekt, als wenn »man einen Stein in einen Ameisenhaufen wirft«. Nichts war den Einheimischen zuviel, sie rissen sogar eine Mauer nieder, um einen Zugang zum Strand zu schaffen, doch als sie feststellten, daß der Dank aus Worten bestand und nicht aus Bargeld, ließ ihre Begeisterung deutlich nach.

Die dortige Kalksteinküste barg die reichste Fauna, welche die Forscher je gesehen hatten: »Ein Block von dreißig Zentimetern im Quadrat barg Material für eine komplette Sammlung ... es gab keinen besseren Ort für zoologische Untersuchungen.«

Außerdem waren die Biologen rechtzeitig angekommen, um Zeuge der *la mattanza* (das Schlachten), der jährlichen, großen Thunfischjagd zu werden. »Bei Tagesanbruch war, soweit das Auge reichte, das Meer mit hunderten von breiten Lateinsegeln übersät.« Die großen Fische wurden durch eine Ansammlung von Netzen getrieben, wobei einige sich wie »Türen« hinter ihnen schlossen und jeder »Raum« kleiner war als der davorliegende: *il salone, il salottino, la sala da pranzo* (der Speisesaal) bis sie schließlich im letzten, der *camera della morte* (Todeskammer), gefangen waren. Mehrere Stunden lang stachen die braunen, halbnackten Fischer auf die um sich peitschenden Fische ein und bearbeiteten sie mit Fischerhaken. Die See färbte sich rot. »Alle Augen glänzten«, schrieb Quatrefages:

Von allen Lippen erhoben sich Triumphschreie ... (Doch das Spektakel) machte uns traurig, und wir fühlten uns unbehaglich, denn wir waren schmerzhaft von diesem riesigen Schlachtfest berührt ... Es schien uns unmöglich, keine tiefen Gefühle zu empfinden ..., wenn man diesen überwältigenden Schmerz sah, dessen einziger Ausdruck die zuckenden Bewegungen der Opfer im Moment des Todes waren, der so gnadenlos über sie hereinbrach. Im Gegensatz dazu strahlten die Gesichter der Fischer vor Freude.

Eine »Gruppe netter Damen« war aus Palermo gekommen, um Zeuge dieses Abschlachtens zu werden.

Dieses alljährliche Ritual besteht bis heute fort, doch während es in den vierziger Jahren des 19. Jahrhunderts bis zu zehntausend Thunfische waren, sind es heute nur noch ein paar hundert. Dennoch versichert uns der Reiseführer, daß die Touristen ihren Spaß daran haben.

An der Atlantikküste enthüllt die ablaufende Flut große Flächen von Seegras und eine Ansammlung von sich zurückziehendem und sich windendem Leben, doch im Mittelmeer, wo der Gezeitenunterschied nur einen Meter beträgt, blieben die meisten Tiere unter Wasser und somit außer Reichweite. Quatrefages blickte sehnsüchtig über die Bordwand des Bootes:

Wir schauten hinunter auf die Hügel, Täler und Ebenen, die vor unseren Augen vorbeizogen ... jähe Abbrüche, die gut dreißig Meter in die Tiefe reichten, und überall waren die Formen so unglaublich deutlich zu erkennen, daß wir langsam unseren Sinn für die Realität verloren ... Es schien uns, als würden wir frei in der Luft schweben, oder besser gesagt, uns in einem dieser Träume befinden, den alle Menschen manchmal haben, in dem man durch die Luft gleitet und auf die vielgestaltige Landschaft herabblickt. Doch in dieser Unterwasserwelt bewegten sich seltsame Gestalten ...

Nur mit einer Taucherausrüstung könnten sie in diese geheimnisvolle Welt vordringen. Diese Ausrüstung bestand nach Milne Edwards Maßgabe aus einem großen »Metallgefäß in Form eines Helmes mit offenem Boden, der durch lange, biegsame Schläuche mit einer Pumpe verbunden war, mit deren Hilfe man Luft zuführte. Ich trug diesen Helm, der ein Sichtfenster hatte und dessen Unterseite abgepolstert rund um den Hals aufsaß, dazu Bleisandalen als Gegengewichte, um die Luft auszugleichen, die ich mit auf den Meeresboden nehmen mußte«. Unter dem Fenster vorne am Helm gab es einen kleinen Hahn, durch den man Luft ablassen konnte. Im Gegensatz zu der Befürchtung, daß zuviel Luft zum Problem werden könnte, war es zuviel Wasser, das zum Problem wurde. Der Helm mußte aufrecht getragen werden. Beugte sich der Taucher nach vorn, drang Wasser ein und die Gefahr des Ertrinkens war groß.

Henri räumte ein, daß »Gewicht und Größe des Taucherhelms es nicht einfach machten, mit ihm umzugehen«. Am schlimmsten waren seiner Meinung nach die langen Befestigungsschnüre, die von den Füßen bis hinauf zum Helm reichten, um diesen an seinem Platz zu halten.

So ausgestattet verschwand der gelehrte Professor zum ersten Mal in den Fluten des Meeres. Die Inseln Lipari und Vulcano brüteten am Horizont, als er sich in den Hafen von Milazzo versenkte, wo Konsul Duilius vor über zweitausend Jahren die karthagische Flotte besiegt hatte.

Oben auf dem Boot schuftete die Mannschaft an dem großen auf- und abschwingenden Pumpenschwegel, und »die so komprimierte Luft kam sofort bei mir unten an und entwich dann durch den Spalt zwischen der Unterseite des Helms und meinem Hals. Dadurch konnte ich nicht nur atmen, sondern das Wasser wurde auch daran gehindert bis zu meinem Mund zu steigen, da ich sonst ertrunken wäre«.

Nur mit einer Hacke bewaffnet, konnte Milne Edwards »die Meerestiere jetzt bis in ihre letzten Verstecke verfolgen«. Er schlenderte dort unten herum und »erfreute sich der Freiheit, alles tun zu können«, verharrte nur, um »die Spalten der unterseeischen Felsen zu untersuchen, die mit

Muscheln, Würmern und Zoophyten übersät waren … Ich konnte alles um mich herum genau erkennen, und nur die Anstrengung hielt mich davon ab, auf dem Meeresboden einen ausgedehnten Spaziergang zu unternehmen, wie man es am Strand tut«.

Er blieb eine halbe Stunde in ungefähr vier Metern Tiefe, während Quatrefages die Rettungsleine umklammerte und nervös über die Bordwand starrte. »Gott weiß, wie sorgfältig ich auf die geringste Bewegung der Leine achtete. Der kleinste Fehler hätte sich für Milne Edwards als tödlich erweisen können. Es erforderte schon eine Menge Hingabe, die unter den Naturwissenschaftlern unserer Zeit nicht oft zu finden ist, um ein solches Risiko einzugehen«.

Der einzige Vorteil des offenen Taucherhelms war, daß, wenn irgend etwas schief ging, der Taucher darunter hervorschlüpfen und zur Oberfläche schwimmen konnte, natürlich nicht, wenn er Bleischuhe trug. Henris Vorsichtsmaßnahme bestand in einer Rettungsleine, die an einem Geschirr, das er trug, befestigt war und über die Rahnock des Bootes führte. Wenn er daran zog, dann war dies das Signal, daß man ihn nach oben ziehen und in Sicherheit bringen sollte. Soweit die Theorie, doch es war gerade diese Rettungsleine, die fast zu einen Unglück führte. Eines Tages, als Henri gerade getaucht war, wurde die See unruhig, und er mußte schnell an Bord gebracht werden. Unglücklicherweise war Henri vierundvierzig Jahre alt und ziemlich kräftig. Als er halb oben war, brach die Rahnock, er sank zurück auf den Meeresgrund und mußte von Hand aus nach oben gehievt werden. Ein anderes Mal zog er versehentlich an der Rettungsleine und war erstaunt, als man ihn hochhievte und die Mannschaft ins Wasser sprang, um ihn zu retten. In der Aufregung hatte einer der Seeleute vergessen, daß er nicht schwimmen konnte, und mußte selbst vor dem Ertrinken gerettet werden. Wie dem auch sei, es hatte mehr als fünf Minuten gedauert, Milne Edwards an die Oberfläche zu bekommen – genügend Zeit, zu ersticken, wenn er in wirklichen Schwierigkeiten gewesen wäre.

Henri tauchte täglich, wobei er sich jedesmal tiefer wagte und länger unter Wasser blieb. »Wir haben ihn in über acht Metern Tiefe gesehen, wo er mehr als eine dreiviertel Stunde mit seiner Hacke unterwegs war, um einige dieser großen Panopeas (Muscheln) zu untersuchen.« Milne Edwards war davon überzeugt, daß »es einfach wäre, in weit größere Tiefen vorzustoßen, wenn mich nicht die Rettungseinrichtungen auf dem Fischerboot davon überzeugt hätten, daß es unklug sei, es zu versuchen«.

Einige der Lebewesen, die er in den seichten Gewässern beobachtete, waren nie zuvor lebend gesehen worden, dazu gehörten Seeschnecken mit »einem gepunkteten Schleier aus feinem Gewebe, der den Kopf dieses hübschen Wesens bedeckte«. Er war der erste Meeresbiologe, der lebende Organismen außerhalb der Gezeitenzone beschrieb, und »jedesmal, wenn er vom Grund auftauchte, war sein Sammelbehälter mit reicher Ernte gefüllt«.

Die Expedition war ein Erfolg. Sie kehrten mit umfangreichen Aufzeichnungen und gefüllten Kisten voller Anschauungsmaterial zurück. Blancard entdeckte Insekten, die den Boden bevölkerten und sammelte zweitausend Exemplare, von denen dreihundert der Wissenschaft bis dahin unbekannt waren. Quatrefages hatte den Auftrag, Reptilien für den »Zoo der Merkwürdigkeiten, der im Jardin des Plantes eröffnet worden war«, zu sammeln, doch fand er daneben noch Zeit für seine Studie über Schalentiere und zweigeschlechtliche Würmer. All dies brachte ihn zu der Feststellung, »daß diese geheimnisvolle Kraft, die den Algen und den Eichen, den Wimperntierchen und den Elefanten Leben einhaucht, uns wie eine allumfassende Grundlage erscheint, deren genaue Natur unserer Erforschung bedarf«.

Milne Edwards konzentrierte seine Studien auf den Blutkreislauf und das Nervensystem verschiedener Meerestiere und sammelte eine riesige Menge ihrer Eier, um ihre Entwicklung verfolgen zu können. Er zog sie in kleinen, natürlichen Basins auf, die vom Meerwasser gespeist wurden. Sein besonderes Interesse galt allerdings den Meerestieren, da ihre winzigen Larven keine Ähnlichkeit mit den ausgewachsenen Tieren haben. Tatsächlich waren viele Larven von wirbellosen Meerestieren als eine eigene Spezies klassifiziert worden. Milne Edwards war der erste, der ihre erstaunliche Metamorphose bis zum Erwachsenenstadium verfolgte.

Er war von seinem Besuch in der Unterwasserwelt beeindruckt, doch er kehrte nie wieder dahin zurück. Seit seiner Rückkehr nach Paris litt er immer wieder unter seiner schlechten Gesundheit und nahm die Laborarbeit wieder auf. Er begann mit Studien der Physiologie der Wirbellosen und der Evolutionstheorie.

Er führte das typische Leben eines in seine Studien vertieften Akademikers, doch es gab auch aufregende Unterbrechungen. Während der Belagerung von Paris 1870 setzte er sich dem Granatfeuer aus, um wertvolle Exemplare, einige hatte er selbst bei seiner Expedition in Sizilien gesammelt, aus dem Jardin des Plantes in Sicherheit zu bringen.

Er war nicht der einzige Biologe seiner Familie. Sein älterer Bruder William-Frédéric bewirkte mit seinem Buch über die verschiedenen menschlichen Rassen eine Sensation und begründete damit die Wissenschaft der Ethnologie in Frankreich. Die größte Freude bereitete Henri wahrscheinlich sein Sohn Alphonse, der auch Zoologe wurde und nun seinerseits wissenschaftliche Expeditionen zur Erforschung der Meeresfauna im Atlantik und im Mittelmeer durchführte.

Milne Edwards schrieb gewichtige Werke über die Biologie von Korallen, Muscheln und Säugetieren. Eine vergleichende Anatomie der Menschen und anderer Tiere wuchs zu vierzehn Bänden an. Seine Naturgeschichte der Crustacea, obwohl nur dreibändig, ist ein Meilenstein der Forschung, in der er Ordnung in diese Gattung brachte und hunderte von neuen Arten beschrieb. Und obgleich sie es nie auf die Bestsellerlisten schafften, waren seine Werke genauso bekannt wie die von Jules Verne. In dem Roman *Zwanzigtausend Meilen unter dem Meer* ist Professor Aronnax, der Gefangene auf dem Unterseeboot *Nautilus*, Professor für Naturgeschichte am Pariser Museum und eindeutig Milne Edwards nachempfunden. Er bezieht sich sogar auf »Milne Edwards, meinen hochverehrten Lehrer«. Damit kommt er näher an die Unsterblichkeit, als es vielen Wissenschaftlern vergönnt ist.

In einer Zeit, in der sich die Biologen damit zufrieden gaben, über getrocknete Pflanzen und in Spiritus eingelegte Tiere zu brüten, war Milne Edwards einer der ersten, die erkannten, was heute auf der Hand zu liegen scheint: um zu verstehen, wie das Leben funktioniert, muß man *lebende* Exemplare studieren. »Meine Ansicht über die Unzulänglichkeit der Untersuchung in Alkohol konservierter Tiere wurde immer mehr bestätigt. Die Beobachtung von lebenden Tieren ermöglicht es, die Gründe für Fehleinschätzungen zu erkennen ... und diese zu korrigieren«.

Er war ein wahrer Naturwissenschaftler, der sich Gefahren und Unbill aussetzte, um zu erfahren, wie die Organismen wirklich leben. Wohin er sich unter Wasser begeben hatte, dahin würden andere folgen.

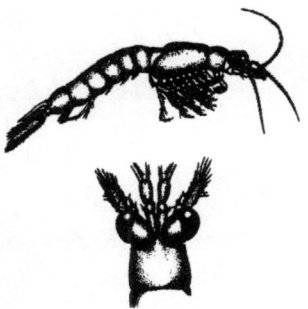

Acanthomysis longicornis (Long-horned thorny ghost shrimp, dt.: Garnele). Eine der vielen von Milne Edwards zuerst beschriebenen und benannten Meeresspezies

Roy Waldo Miner beim Studium der Meeresfauna zu Land, um 1930

Der Mann, der es fast geschafft hätte
Roy Waldo Miner 1875–1955

Roy Miner aus Massachusetts war ein strebsamer und fleißiger Schüler, und von seinen Anlagen her war jedermann klar, daß er es weit bringen würde, doch unter Umständen auch nicht zu weit. 1897 machte er seinen Abschluß am Williams College und trat in das General Theological Seminary in New York ein. Auch wenn er niemals im Sinn hatte, Priester zu werden, war sein Stil bei der Beschreibung jener grotesken Lebewesen, die mehr zufällig zum Inhalt seiner Studien wurden, seit dieser Zeit von der Ausdrucksweise bei Predigten und erbaulichen Abhandlungen geprägt.

Roy wurde Lehrer für Latein und Biologie und später dann stellvertretender Schuldirektor. Im Jahre 1903 heiratete er und die Geburt dreier Kinder hätte ihn in finanzielle Schwierigkeiten gebracht, wenn er nicht Mitglied des Kollegiums des American Museums für Naturgeschichte in New York als Assistenzkurator der Abteilung »Wirbellose Tiere« geworden wäre. Dort sollte für die folgenden achtunddreißig Jahre sein Arbeitsplatz sein.

Es war eines der größten Museen der Welt mit grenzenlosen Ambitionen und unerschöpflichen Mitteln. Der aus fünfzehn Gebäuden bestehende Komplex, der sich an der Längsseite des Central Parks entlangzog, war ein fast zehn Hektar großer Irrgarten aus Hallen, Labors und Korridoren. 1938 wurde der Wert der dort existierenden Sammlungen auf dreißig Millionen Dollar geschätzt, wobei dies noch eine sehr zurückhaltende Schätzung war. Sie beinhalteten unter anderem 3 000 Meteorite, 800 000 Vögel, mehr als eine Million Muscheln und zwölf Millionen Insekten. Außerdem befand sich im Besitz des Museums die Edelsteinsammlung von J. P. Morgan und das Fell eines Bernhardiners, der zu seinen Lebzeiten eine Vorliebe für das Dominospiel hatte.

Miners hatte die Aufgabe, neue Ausstellungen zu konzipieren. Er erstellte Modelle der Wattzonen und von Landungsstegen mit ihren im Wasser stehenden Pfeilern, wie man sie an der Küste Neu-Englands finden kann. Es waren keine schlichten Aquarien, sondern Modelle in Originalgröße, in denen sich Nachbildungen von Seesternen, Butterfischen und Würmern befanden, die Namen von Göttinnen und Nymphen trugen: *Aphrodite, Lycidice, Amphitrite ...*

Miner nahm es überaus genau. Die Modelle mußten exakt sein, und wie konnte man das besser überprüfen, als an die Küste zu fahren und die Lebewesen vor Ort zu studieren. Er geriet in ihren Bann. »Plötzlich«, so schreibt er, »teilten sich die Gräser zu meiner Linken und heraus kam eine große ›Buckie‹ oder Wellhornschnecke. Sie trat auf wie der Hauptdarsteller in einem Theaterstück, der aus den Kulissen auf die Bühne tritt.« Überall war verborgene Schönheit zu entdecken. Die rosettenförmig angesetzten Tentakel von Röhrenwürmern verzauberten ihn.

Während wir beobachteten, schob sich ein wunderschöner, blütenähnlicher Kopf aus der Öffnung eines Schlauches, und es entfaltete sich ein filigranes, farngleiches Federgebilde ...

Jetzt schoben sich aus jedem Schlauch Köpfe bis die gesamte Oberfläche des Riffs voller blühender Tiere war, die in allen Farbschattierungen schillerten. Einige ... trugen patriotische rote, weiße und blaue Streifen ... Durch eine unbewußte Handbewegung fiel ein Schatten auf den pulsierenden Garten. Innerhalb eines Lidschlags schlossen sich alle Blütenkreise und zogen sich in ihren Schlauch zurück … ihre filigrane Schönheit ist weit entfernt von der abstoßenden Häßlichkeit ihres Verwandten, des Regenwurms.

Miner benutzte ein Gefäß mit Glasboden, um das Leben an den verrotteten Stützpfeilern eines aufgelassenen Piers zu beobachten. »Soweit wir durch das trübe, grüne Meerwasser hinabblicken konnten, war der gesamte Pfeiler ein überwältigender Unterwassergarten, bedeckt von bunt gefärbten und üppigen Gewächsen«. Die Unterwasserwelt hielt ihn in ihrem Bann.

Gleichzeitig begann er auch Ausstellungen der tropischen Tierwelt zu konzipieren, doch um dies ordentlich bewerkstelligen zu können, mußte er zuerst die Tropen kennenlernen. Zwischen 1911 und 1915 besuchte er Puerto Rico und vier Inselgruppen in der Karibik, um dort Exponate zu sammeln. Nachdem er sich mit den Tropen vertraut gemacht hatte, nahm er ein Projekt in Angriff, das ihn über dreizehn Jahre seines Lebens beschäftigen sollte. Er wollte ein vollständiges Korallenriff im Museum nachbauen – ein echtes Riff. Dafür begab er sich 1923 auf die Bahamas, um ein passendes Ausstellungsstück zu suchen, und fand es vor der Insel Andros. Es war »groß, unberührt und unglaublich schön«.

Es war die Zeit der Forschungsreisen und großen Entdeckungen. Das Museum für Naturgeschichte schickte jedes Jahr ein Dutzend Expeditionen aus. Zum Beispiel durchquerten vierzig Mann mit einhundertfünfzig Kamelen die Wüste Gobi und brachten ein versteinertes Mastodon sowie das erste Säugetier mit, das noch aus der Zeit der Dinosaurier stammte. Zusätzlich noch siebzig Dinosauriereier. Einer von Miners Kollegen hat den *Tyrannosaurus Rex* entdeckt.

In jenen Tagen waren die Kuratoren des Museums zähe Burschen. Einer wurde von Vipern gebissen, ein anderer von den Stoßzähnen eines wütenden Elefanten an den Boden genagelt, ein dritter erwürgte einen Leoparden mit bloßen Händen, bevor dieser ihn in Stücke reißen konnte. Und der arme Akeley starb im Kongo an Fieber, bevor er seine Afrikaausstellung vervollständigen konnte.

Miner war nicht ganz aus solchem Holz geschnitzt. Für seinen Eintrag im *Who's Who* schrieb er »Republikaner und Episkopianer«, doch dann, als wäre ihm der Gedanke gerade gekommen, ergänzte er »Mitglied des Entdeckerklubs des Williams College«, eine Vereinigung, aus der er über dreißig Jahre zuvor schon ausgetreten war.

1923 begab sich Miner auf seine erste größere Expedition. Mit von der Partie waren Maler, Modellbauer und Fotografen, um die Lebewesen des Korallenriffs festzuhalten. Auch der Filmemacher Ernest Williamson war dabei und seine fantastische Tauchröhre, in deren am unteren Ende befindlichen Beobachtungskammer zwei bis drei Menschen Platz fanden. »Ich werde nie meinen ersten Blick durch das Fenster der Kammer auf das Korallenriff vergessen«, schrieb Miner. »Mächtige Bäume der das Riff bildenden Korallen ... bemerkenswerte Steinwälder mit eng verschlungenen Ästen, ein marmorner Dschungel, der im perlmuttfarbenen Dunst verschwand ...« Der Maler saß in der Kammer, während die Mannschaft auf dem Boot über ihm diese entlang des Riffs bewegte. Plötzlich aufkommende Wellen ließen die Kammer auf und ab tanzen und die Röhre schwang wie ein Pendel hin und her. Nachdem die Kammer einmal gegen das Riff geprallt war, wurde ihr Einsatz auf ruhige See beschränkt. Selbst unter diesen reduzierten Einsatzbedingungen fertigten die Maler noch sechzig Aquarelle an.

Der wichtigste Aktivposten war Williamsons Schiff, die *Jules Verne*. Der zehn Tonnen Ladebaum, der die Röhre samt Tauchkammer ins und aus dem Wasser brachte, konnte dazu benutzt werden, große Exponate an Bord zu bringen. Man legte eine Schlinge um ein Korallenstück, die Ladekette wurde unter Zug gesetzt und mit der nächste Welle riß dann ein zwei Tonnen schweres Stück ab. Eine große Stahlkralle, ähnlich jenen kleinen auf Jahrmärkten, die immer den Preis gerade dann fallen lassen, wenn man ihn fast am Ausgabeschacht hat, wurde dazu benutzt, kleinere Korallenstücke herauszubrechen.

Miner hatte auch zwei unten offene Miller-Dunn-Taucherhelme dabei, die sich nicht wesentlich von dem unterschieden, den Milne Edwards benutzt hatte. Einer der Maler setzte sich mit einem solchen Helm in acht Metern Tiefe mit seiner Staffelei und der Palette hin und malte mit Ölfarben auf Leinwand, die auf eine Glasplatte gespannt war. Seine hölzernen Pinsel trieben so häufig an die Oberfläche und mußten wieder nach unten gebracht werden, daß er nach einiger Zeit auf Malerspachtel zurückgriff.

Roy Miner selbst benutzte den fünfundsechzig Pfund schweren Helm, um zum ersten Mal unter Wasser zwischen den Korallenschluchten umherzuspazieren:

Ich schluckte einmal, um den zunehmenden Druck auf meine Trommelfelle zu reduzieren. Als ich die zweiundzwanzigste Sprosse erreicht hatte, verließ ich die Leiter und betrat den weißen Sand des Meeresbodens. Ein großer, schwarzer Stachelrochen erhob sich fast unter meinen Füßen und schwamm langsam mit eleganten Bewegungen davon. Ich hatte ihn nur um ein paar Zentimeter verfehlt!

Mein Luftschlauch schlängelte sich zur Wasseroberfläche, während eine Wolke von silbernen Luftblasen sich plötzlich von meinen Schultern erhob. Am oberen Ende der Leiter erweckte eine Bewegung an der Wasseroberfläche meine Aufmerksamkeit. Ein Paar Beine erschien geheimnisvoll auf der Leiter. Der dazugehörige Körper war noch nicht zu sehen, verborgen von dem flüssigen Spiegel der Wasseroberfläche. So kam es zu einer Spiegelung, die wie ein seltsames Andreaskreuz aussah.

Klippen lebender Korallen hingen über mir ... Sie waren die Grenze zu geheimnisvollen Abgründen, in deren Tiefe ich zitternde Lichtstrahlen erkennen konnte, die aus versteckten Öffnungen in die angsteinflößenden, blauen Abgründe reichten.

Ein Drückerfisch schwamm direkt vor das Fenster des Helms, um hineinzuschauen, und bewegte dabei sein breites Maul, als wolle er Miner küssen. Auch seine Frau stülpte sich einen Helm über und kam herunter, doch nicht, um ihm einen klirrenden Kuß anzubieten, sondern um ihn mit dem Anblick einer koboldköpfigen Meerjungfrau zu betören.

Miner hatte drei handbetriebene Filmkameras in wasserdichten Gehäusen dabei. Diese Kameras mit fester Brenn-

Miner in 10 Meter Tiefe mit seiner Kamera, nicht schnell genug einen Tintenfisch zu photographieren, 1932

weite waren in der Handhabung nervtötend. »Es war zum
Verzweifeln, wenn bildschöne Drückerfische und bizarre
Trompetenfische in acht Metern Entfernung deutlich zu sehen waren, wir aber unsere Brennweite auf drei Meter eingestellt hatten«.

Die Kamera aufzubauen war ein ebenso mühseliges Geschäft, denn zuerst mußte das Stativ »langsam und mit
nicht geringen Anstrengungen« auf dem Meeresboden plaziert werden. Danach wurde die Kamera vom Boot herabgelassen, über dem Stativ in Position gebracht und
schließlich darauf befestigt. »Unglücklicherweise waren die
Papageienfische zu diesem Zeitpunkt schon verschwunden«. So etwas passierte immer wieder. »Der tropfenför-
mige Körper und die unheilvollen Augen eines Tintenfischs
schoben sich nach vorne, bis das ganze Tier über die Kante
des Korallenstocks kam … Nachdem ich die schwere Kiste
auf das Stativ gehoben hatte, suchte ich nach dem Tintenfisch, in der Hoffnung ihn filmen zu können, doch er war
weg.«

Obwohl sie unter Wasser Farbfotos machten, war es für
die Maler unerläßlich, lebende Exemplare zu haben, um ihre
Bilder anzufertigen. Bei kleineren Lebewesen gab es keine
Probleme. Man brach Korallenstücke heraus, brachte sie
nach oben auf das Boot und tauchte sie immer wieder in
einen Eimer voll Wasser. Bei größeren Fischen setzte Miner
sein »Bang-Bang« ein, ein drei Meter langer Bambusstock
mit zwei Dynamitkapseln am Ende. Ein isoliertes Kabel
ging von dem Stock in ein kleines Boot an der Oberfläche.
Im Boot befand sich ein Seemann mit einem Zündkasten
zwischen seinen Beinen. Der Taucher brachte den Stock
nahe an sein Opfer, gab dem Mann im Boot ein Zeichen und
der zündete die Dynamitkapsel, womit er Taucher und
Fisch gleichermaßen betäubte. Einer der einheimischen
Schnorcheltaucher begab sich dann hinunter und holte den
Fisch mit einem Netz nach oben, wo ihn die Künstler malen

konnten, bevor die Farben verblaßten. Danach wurde von dem Fisch ein Abdruck genommen, so daß man später einen Wachsabguß machen und ihn in einer lebensechten Pose modulieren konnte.

Das künstliche Korallenriff im Museum sollte nicht aus Gips oder Wachs hergestellt werden, es sollte aus richtigen Korallen bestehen. »Einige der Korallen brechen schon bei der kleinsten Berührung«, stellte Miner fest, »andere widerstehen sogar einem Hammer.« Man benutzte Brecheisen, um große Stücke aus den Korallen zu brechen, die dann auf den Strand gelegt und von Zeit zu Zeit mit Wasser übergossen wurden, damit die lebenden Organismen abstarben und nur die gebleichten Kalkreste der Korallen zurückblieben. In New York würden sie dann mit Bienenwachs überzogen und originalgetreu angemalt werden, um sie lebend erscheinen zu lassen. Einunddreißig Kisten wurden mit Korallen gefüllt und in zehn Bootsladungen mit Schwammabfällen zurück in die USA gebracht.

An einer Stelle war »der Meeresgrund über eine große Fläche mit den schönsten Korallen bedeckt, die ich je gesehen hatte, sie waren von einer unvergleichlichen Zartheit und Zerbrechlichkeit«. Einer der Einheimischen »tauchte unermüdlich nach den schönsten Exemplaren, und wir brachten eine riesige Bootsladung zurück«.

Sie entdeckten einen beachtlichen Korallenstock von dreieinhalb Metern Höhe, der wie eine riesige Rosette geformt war und dessen weit ausladende Wedel sich von Stufe zu Stufe nach oben hin verjüngten. »Wollen Sie ihn haben?« fragte der Taucher. »Natürlich will ich ihn«, gab Miner zurück. Mit einer Winde und einem Ladebaum hievten sie ihn an Bord und stellten fest, daß er fast eine halbe Tonne wog. Das größte einzelne Exemplar, daß sie einsammelten wog sogar zwei. Allein bei dieser Expedition betrug die Ausbeute an Korallen vierzig Tonnen. Ein Korallenriff benötigt bis zu einhundert Jahre, um das wieder aufzubauen, was an einem Tag zerstört wurde, doch wenn Miner sich je Gedanken über die Zerstörung gemacht hat, dann hat er sie nie laut ausgesprochen.

Wenn die See zu unruhig war, um zu tauchen, dann bearbeiteten sie die im seichten Wasser befindlichen Felsenriffe mit Hammer und Beil und brachen große Teile des erodierten, wabengleichen Steins heraus. Sie sammelten mehr als eine Tonne dieser Felsen und brachten sie ins Museum.

Zwischen 1923 und 1933 wurden fünf Expedition zu den Bahamas unternommen, um immer mehr Korallenarten, Fische und Seefedern zu sammeln und um zu überprüfen, ob die Farben der bemalten Korallen denen der lebenden entsprächen. Das Museum beschloß, auch eine Szene mit Perlentauchern zu zeigen, also begab sich Miner nach Tongareva in der Südsee, wo er bis zu fünf Tauchgänge pro Tag in einer Bucht machte, die nur ein Stück von dem Ort entfernt lag, wo zwei einheimische Jungs von Haien gefressen worden waren. Er sammelte weitere »zehneinhalb Tonnen schönster Korallen, mehr als 100 Perlmuscheln und die gleiche Anzahl von Tridacna (Riesenmuscheln) sowie mehrere tausend Arten von Weichtieren«.

Das Museum machte keine halbe Sachen. Es rühmte sich des größten jemals gefundenen Meteoriten, der größten Sammlung von Dinosaurierknochen und einer Herde von sieben ausgestopften Elefanten. Selbst das Modell einer gewöhnlichen Stubenfliege war vierzigmal größer als in Natura. Es war klar, daß das Modell des Korallenriffs überwältigend werden mußte, und das wurde es auch.

Das künstliche Riff erstreckte sich über zwei Stockwerke. Von der Ballustrade aus, so als ob man sich über eine Schiffsreling lehnte, sah man von oben durch die »Wasseroberfläche« aus geriffeltem Glas auf das Riff hinunter. Im Vordergrund befanden sich die wabenförmigen Felsen und die windzerzausten Palmen von Goat Cay, und hinter dem

Andros Riff erstreckten sich die Weiten des Ozeans, die auf eine riesige Rundleinwand gemalt waren.

Der Besucher stieg dann wie ein Taucher auf den Grund des Meeres hinab, wo das mächtige Korallenriff eine Fläche von 720 Quadratmetern einnahm und sich in eine Höhe von fast sechs Metern erhob. Eine sieben Tonnen schwere Stahlkonstruktion stützte die vierzig Tonnen der großen Korallen ab, an denen Tausende von kleineren Stücken und Fächerkorallen befestigt worden waren. Bemalte, drei Meter hohe Glaswände waren dazwischen aufgestellt, um einen Tiefeneffekt zu bewirken. Über fünfhundert Modellfische waren »mitten im Wasser« plaziert. Es war mehr als beeindruckend.

Die Öffentlichkeit war begeistert, doch Roy Miner wußte, daß der Zauber des wirklichen Korallenriffs in der Bewegung lag: das Huschen der Sonnenstrahlen über den weißen Sand, das Schwanken des Seegrases, Fische, die geschäftig hin und her schwammen, manchmal wie Vögel dahinzogen, und die blitzschnellen Verfolgungsjagden von Räubern und Beute. Das große, bewegungslose Korallenriff, das er so akribisch gestaltet hatte, wurde 1935 eröffnet, und erst Anfang 1960 mußte es der neuen Großen Ausstellung vom Leben im Ozean weichen.

Die Columbia Universität verlieh Miner 1923 den Doktortitel, und ein Jahr später erhielt er von seiner alma mater die Ehrendoktorwürde. Er wurde Präsident der New Yorker Academy of Science und Herausgeber ihrer Zeitschrift, doch er gehörte nie zu den hochangesehenen Wissenschaftlern. Sein Lebenswerk sollte eine Darstellung der Tierwelt an der amerikanischen Atlantikküste werden, doch es dauerte zu lange, bis sie abgeschlossen war. Die Veröffentlichung war angekündigt für 1935, doch das Werk erschien erst 1950, zu einer Zeit, als sich die Bezeichnungen für viele der Tiere schon geändert hatten.

Miner sah seine Lebensaufgabe darin, die Meeresbiologie

58

populär zu machen. Dazu schrieb er Artikel für Zeitschriften wie den *National Geographic*. Manchmal beschrieb er ein Meereslebewesen mit Worten wie: »Ein Fisch wie ein Aktenordner, ein quadratischer Körper mit einer blödsinnigen Form … schwamm an mir vorbei wie eine farbenprächtige Unmöglichkeit … Jede Art von Lippfischen in schimmerndem Rosé, Lila, Grün, Blau und Gold schossen in alle Richtungen. Das Wasser um mich herum war erfüllt von den Bruchstücken eines Regenbogens.«

Er hatte allerdings auch einen Hang, das Offensichtliche umständlich in Worte zu packen. »Die Geweihkoralle bildet

Miner trifft auf einen Hai

59

ihre Äste durch die absterbenden Korallen, die dann Geweihsprossen bilden, woher sie ihren Namen hat. Die großen hirschgeweihähnlichen Formen wachsen in Ästen wie Strahlen und werden zu breit gefächerten Strukturen, die an ein Hirschgeweih erinnern.«

Die Öffentlichkeit war verrückt nach Unterwasserabenteuern, wenn er nur welche zu erzählen gehabt hätte. Seine Erlebnisse waren ein bißchen aufregend, doch nie wirklich mitreißend. Er wurde einmal von einem portugiesischen Kriegsschiff angefahren, und er traf einmal auf einen Hai, aber das war es auch schon. »Einmal schwamm ein Barracuda, die gefährlicher als Haie sind, über meinen Kopf, als ich mit der Kamera beschäftigt war, doch das bemerkte ich gar nicht. Erst als ich an die Wasseroberfläche kam und Kapitän Joe mir davon erzählte, erfuhr ich davon.« Miner war ein Meister der Nicht-Spannung:

Es war die Zeit, zu der der berühmte Palolowurm ausschwärmte ... an zwei Tagen im Jahr ... der lange, schlanke hintere Teil des Wurms ... trennt sich ab. Unzählige dieser Teile schwimmen dann an die Wasseroberfläche, um sich zu paaren und werden in Massen von den Eingeborenen zum Essen eingesammelt ... An dem großen Tag stehen sie vor Sonnenaufgang auf und fahren mit den Kanus hinaus, um mit Käschern und Körben das Boot mit den zappelnden Würmern zu füllen. Diesmal aber wurden die Eingeborenen enttäuscht, denn aus welchen Gründen auch immer, fand das Ausschwärmen nicht statt.

Roy Miner war ein Abenteurer, der fast ein Abenteuer erlebt hätte, doch er hatte sein Schiff verpaßt, er hatte ihm sogar den falschen Namen verpaßt. Wo andere, publikumswirksamere Forscher eines Tages auf der *Calypso* und der *Xarifa* fahren würden, stach er mit der »dieselgetriebenen *Standard J*« in See.

Er war so nahe daran, berühmt zu werden, doch es klappte nie. Der Ruhm wartete auf einen seiner Zeitgenossen, der eigentlich das gleiche wie Miner tat, doch er berichtete davon so viel anschaulicher und erweckte damit die Unterwasserwelt zum Leben. Sein Name war William Beebe.

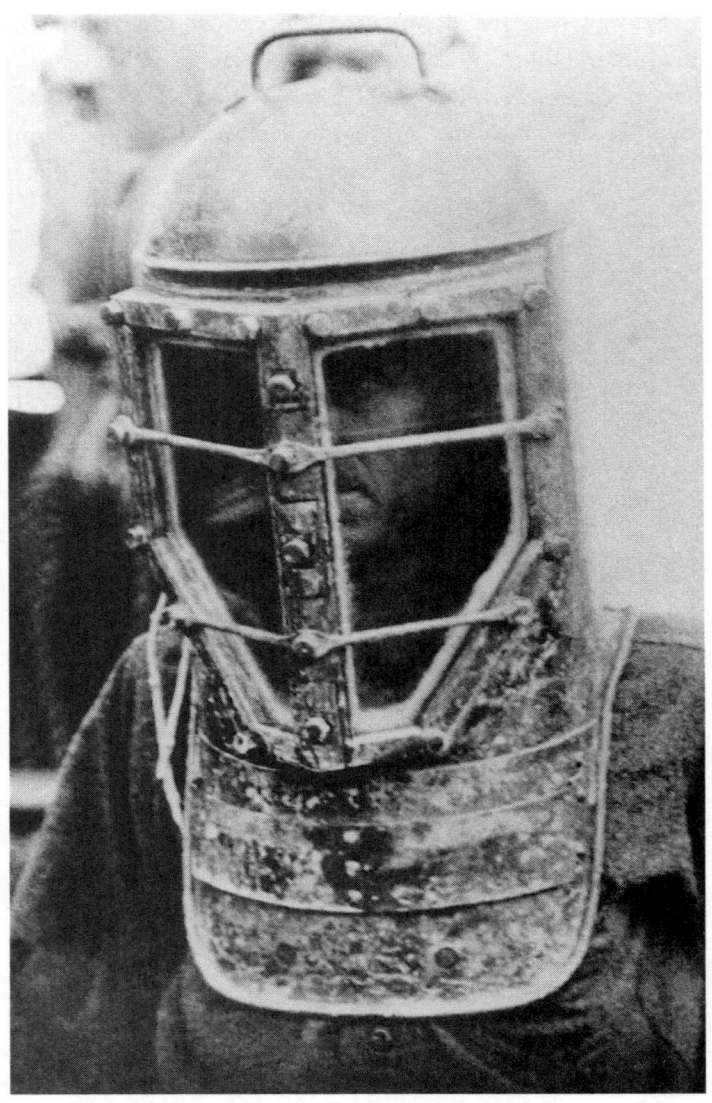

Charles William Beebe in voller »Rüstung« kurz vor einem ritter-
lichen Kampf mit den Bewohnern seines »Königreichs des Helmes«, 1925

Die Freuden des Herumspazierens
Charles William Beebe 1877–1962

William Beebe kam aus einer englischstämmigen Familie, die seit 1650 an der nordöstlichen Küste der Vereinigten Staaten lebte. Der junge Will verschlang Geschichtsbücher und die Abenteuergeschichten von G. A. Hentry und Jules Verne, doch die Abenteuer seines eigenen Lebens bestanden im Studium der Vögel und Insekten auf den Feldern New Jerseys. Er war ein Einzelkind, und seine Mutter Henrietta hatte große Pläne mit ihm. Nachdem er besonderes Interesse an Naturgeschichte gezeigt hatte, gab sie ihn in die Obhut eines der führenden Zoologen. Glücklicherweise wehrte er sich nicht dagegen, die Zoologie sollte seine Bestimmung werden.

Schon bald studierte er an der Columbia Universität, doch 1899 brauchte die erst kurz zuvor gegründete New York Zoological Society für den Zoo der Bronx einen stellvertretenden Kurator für die Abteilung Vögel. Der junge Will gab sein Studium auf und nahm die Stelle an. Er machte nie seinen Abschluß und verärgerte später die Universitätsbehörden, indem er das Gegenteil behauptete.

Er war derjenige, der den größten Vogelzwinger der Welt einrichtete (»Beebes großes Vogelhaus«), in dem man das Verhalten der Vögel unter fast natürlichen Bedingungen studieren konnte. Häufig sah man ihn auf seinem Fahrrad durch den Zoo strampeln und erstaunte Besucher auffordern, sich so schnell wie möglich zu seiner neuesten Errungenschaft zu begeben.

Schon bald aber war er des Lebens im Zoo überdrüssig,

und im Alter von sechsundzwanzig besuchte er Mexiko mit seiner frischangetrauten Frau Mary. Es war die erste von sechzig Expeditionen, die er im Auftrag der Zoological Society in verschiedene Dschungelgebiete und auf tropische Inseln auf der ganzen Welt unternahm. Als Direktor der Abteilung für Tropenforschung widmete er sich acht Jahre dem Studium von einem halben Quadratkilometer Dschungel in Guyana.

Von Anfang an schrieb er seine Abenteuer nieder, und er schrieb gut. Im folgenden Beispiel schildert er den Einbruch der Nacht im Himalaja:

Ohne Vorwarnung verschwand die Sonne hinter einem entfernten Bergzug. Es war, als ob jemand eine riesige Lampe ausgeknipst hätte. Am Himmel, der kurz zuvor noch ganz klar gewesen war, erschienen auf einmal leuchtende Wolken, und das erste Wispern des kalten Nachtwinds war zwischen den Bergspitzen zu vernehmen. Die Insekten verschwanden und nacheinander verstummte das Knacken der Eiszapfen und das Murmeln der Bäche in der hereinbrechenden Dämmerung. Aus einer hochgelegenen Schlucht erklang der klagende Ruf eines weißköpfigen Rotschwänzchens und ein Graufuchs bellte weit entfernt. Dann erschienen im hellen Glühen, das von den schneebedeckten Bergen reflektiert wurde, sieben Vögel über dem Bergkamm. Sie flogen langsam, einer hinter dem anderen, und ich wußte sofort, daß dies die Blutfasane waren, die zu sehen ich gekommen war.

Er hatte fünf Jahre Studienurlaub, um die Fasane der Welt zu erforschen. Zusammen mit Mary quälte er sich durch den Himalaja, machte Bekanntschaft mit dem choleraverseuchten Malaysia, fuhr mit dem Zug nach Mandalay und ritt mit einer Maultierkarawane hinüber nach China. Sie fuhren mit einem Hausboot den Jangtsekiang hinauf und durchquerten auf Kamelen die schwarzen Steppen der Mongolei. Sie wurden von »schrecklichen Schneeinbrüchen, Stürmen und weit verbreiteten Seuchen« gebeutelt. Doch das war noch das Geringste. William und seine Frau wurden von einem Stammeskrieger bedroht, den er kurzerhand erschoß, ein Träger stieß ihn gerade noch aus der Bahn eines heranspringenden Tigers und es stellte sich heraus, daß ihr chinesischer Koch ein mehrfacher Verbrecher war. Sie gerieten in ein Gefecht, aus dem ihr Spurensucher »mit acht frischen, menschlichen Köpfen an seinem Gürtel zurückkehrte«. Beebe fiel in ein Dickicht, griff nach einem Ast und stellte fest, daß es eine Königskobra war. All dies berichtete er mit bewundernswürdiger Untertreibung, zudem ist eine Kobra nicht im entferntesten so giftig wie eine Lanzenotter, die ihm ein paar Tage später über den Weg kroch.

Es schien, als ob Mary dieses harte Leben ertragen und genießen würde, doch kaum ein Jahr nach ihrer Rückkehr reichte sie die Scheidung ein wegen »Grausamkeit und unüberbrückbarer Gegensätze«. Es gab Vorwürfe des Geizes und zugleich der unsinnigen Verschwendung, von häuslichem Schweigen und in der Öffentlichkeit ausgetragenem Streit. Es wurde behauptet, er hätte versucht, sich mit einem Sprung in einen Fluß umzubringen, hätte sich den Lauf eines Revolvers in den Mund gesteckt und hätte seine Kehle mit einem Rasiermesser bearbeitet. NATURFORSCHER WAR GRAUSAM lautete die Schlagzeile der *New York Times*. Beebe wehrte sich nicht gegen die Scheidung.

Danach begab er sich auf weitere Expeditionen, bei denen er immer von einer Gruppe von Assistentinnen begleitet wurde, die so haarsträubende Titel bekamen wie »Historikerin und Technikerin« und »Assistentin für Fischprobleme«.

Beebe war ein schlanker, agiler Mann, bei dem anscheinend schon mit der Geburt der Haarausfall eingesetzt hatte. Sein hoch aufgewölbter Kopf und seine merkwürdigen Augen gaben ihm das Aussehen eines wachsamen Eies. Er war einen

Meter achtzig groß, von schwer definierbarem Körperbau und wirkte größer, so als ob er direkt vom Streckbett kommen würde. Als Jugendlicher hatte er ein paar Medaillen im Stabhochsprung gewonnen, und es gab einige Diskussionen darüber, wo der Stab begann und William endete.

Seine Leidenschaft war die Systematik, die Klassifikation und Benennung von Lebewesen. Zuerst studierte er die Vögel, doch schon als Kind hatte er sich mit einem Stein als Gewicht in die Tiefen sinken lassen, um Seeanemonen zu untersuchen; jetzt galt sein Interesse den Fischen – den Vögeln des Meeres –, was ihn erneut unter Wasser trieb.

1925 fuhr er zu den Galapagos Inseln. *En route* suchte er nach dem mächtigen Humboldtstrom, doch ohne Erfolg. Sein Fehlen war »nicht zu akzeptieren«, und es würde noch viele Jahre dauern, bis man feststellte, daß die großen Meeresströmungen des Pazifiks regelmäßig ihren Verlauf ändern, was verheerende Auswirkungen auf das Klima entlang des amerikanischen Kontinents hat. Dieses Phänomen bekam den Namen El Niño.

Bevor Beebe aufbrach, hatte er sich einen großen Kupferhelm mit zwei schräg zulaufenden Sichtscheiben an der Vorderseite gekauft und einen Gummischlauch, durch den mittels einer kleinen Luftpumpe, wie sie zum Aufblasen von Autoreifen benutzt wurde, Atemluft hineingepumpt werden konnte. Er war etwas beunruhigt, denn »das Zubehör war so einfach, daß ich an seiner Wirksamkeit zweifelte«. Er war angenehm überrascht, als er seine ersten Tauchgänge durch sein »Königreich des Helmes« machte, und die »Freuden des Herumspazierens« genoß. Er trug nur den Helm, Schuhe mit Gummisohlen und, um keine Aufmerksamkeit zu erregen, eine Badehose.

Als ich das erste Mal die Leiter ins Meer hinabstieg, wußte ich, daß ich zu meinem Vergnügen wahrscheinlich Tausende und Abertausende von Meilen in meinem oberirdischen Leben zurückgelegt hatte ... In dem Moment, in dem man unter Wasser ist, dringt einem sofort die Tatsache der absoluten Abgeschiedenheit dieses Ortes ins Bewußtsein. An der Oberfläche wiegt man achtzig Kilo oder so – hier unten kann man dreieinhalb Meter weit springen oder sich mit der Bewegung eines Fingers hochstemmen. Der Fall von einer Klippe ist ein langsames Schweben nach unten und sämtliche Aktivitäten haben die graziöse Eleganz einer Zeitlupenaufnahme ... Hier wird das Phantastische zum Überwältigenden und das Überwältigende wiederum zum Wunder.

Wenn man Beebe glauben will, dann gibt es für jemanden, der unter Wasser war, nur zwei Möglichkeiten: »Wenn man einmal taucht und sprachlos vor Begeisterung wieder an die Oberfläche kommt, dann bleibt nur eins, wieder und wieder hinabzutauchen. Wenn man unbeeindruckt oder enttäuscht zurückkehrt, dann bleibt nur noch, auf der Erde eine längere oder kürzere Zeit auf den Tod zu warten, denn dann kann nur noch wenig in dem Menschen sein, was das Leben lebenswert macht.«

Beebe wiegelte bezüglich der gefährlichen Kreaturen im Meer ab: »Riesige Kraken, Barracudas oder Haie – verschwendet keinen Gedanken daran«, doch er hatte Glück, daß einige seiner Begegnungen gut ausgingen. Er versuchte gerade, mit einem Netz unter Wasser einen Fisch zu fangen, als »aus der Wolke aufgewühlten Wassers an seinem Ellenbogen der Kopf und Hals einer der größten Muränen auftauchte, die ich jemals gesehen hatte und die auch hinter meinem Fisch her war ... Ich schlug mit aller Kraft nach ihr. Es war eine spontane Reaktion aus der Sorge heraus, mein Sammelobjekt zu verlieren, und ich verschwendete keinen Gedanken an die möglichen Konsequenzen«. Glücklicherweise zog sich der zweieinhalb Meter lange, scharfzähnige Aal überrascht zurück. Am gleichen Tag, während er mit einem Köderstock hinter Fischen her war, erschien ein großer, grauer Rücken neben mir ..., es war die Schnauze eines ein-einhalb Meter großen Hais, der aus dem Nichts aufgetaucht war ... Der Hai schob sich direkt über meine Hände hinweg, und ich bemerkte, daß mein Kugelfisch aus dem Netz ge-schlüpft war und die schrägsitzenden Augen des Hai dies be-merkt hatten. Er versuchte, an mir vorbeizukommen. Das war zuviel. Ich wechselte den Griff, mit dem ich das Netz hielt, und stieß ihm den Stock mit aller Kraft genau auf die runde Schnauze. Das Wasser wurde mächtig aufgewühlt ..., der Hai zog sich zurück und verschwand über meinem Kopf ..., dann fing ich den Kugelfisch wieder ein.

Der Wasserdruck war für Beebe die größere Bedrohung. »Fünfzehn Meter ist eine sinnvolle Grenze«, meinte er und warnte »wenn du erst einmal acht oder zehn Faden tief bist, dann laß dich von keiner noch so schönen Muschel oder Ko-ralle in größere Tiefen locken«. Er tauchte nie tiefer als zwan-zig Meter: »Es wäre absolut unklug, noch tiefer zu gehen, denn der Wasserdruck auf den Trommelfellen und jedem an-deren Teil meines Körpers betrug schon zweiundzwanzig Kilogramm pro Quadratzentimeter. Wäre ich doppelt so tief getaucht, dann wäre ich bestimmt bewußtlos geworden und nicht mehr in der Lage gewesen, aufzutauchen.«

Wie alle Taucher, war auch Beebe bald mit allem möglichen Gerät beladen. Um sich Notizen zu machen, während er gemütlich auf einem Korallenstock saß, benutzte er ein Zinkblech oder einen Block wasserfesten Papiers und achtete immer darauf, daß sein Bleistift sicher an einer Schnur befe-stigt war, »denn ansonsten würde der hölzerne Halter nach oben treiben, während die Bleimine nach unten sinkt«. Seit 1920 haben sich die Bleistifte ziemlich verändert.

Er machte Unterwasserfotos und Filmaufnahmen, hatte aber für die mehr traditionell veranlagten Leute, die malen wollten, Ratschläge parat: »Beschwert die Pinsel mit Blei, macht die Leinwände wasserfest ... und setzt euch mit eurer

Palette Ölfarben hin.« Außerdem fügte er noch hinzu: »Von Zeit zu Zeit müßt ihr die kleinen Fische verscheuchen … und manchmal wird eure Palette von einer Schwarm hungriger Inchlinge belagert sein.«

»Wenn euch der Sinn nach der Jagd steht, dann baut euch Unterwasserschleudern und Armbrüste und erlegt, welchen Fisch ihr auch wollt, mit Pfeilen, an deren Spitzen sich Widerhaken aus Messingdraht befinden. Ich benutze inzwischen Dynamitkapseln an der Spitze eines schweren Fischstocks, doch für Anfänger ist eine Schleuder sicherer.« Oft nahm er einen großen Ballen Watte mit ins Wasser, um seinem »liebsten Unterwassersport, dem Schwammstopfen, zu frönen«, wobei er diesen Lebewesen den »Mund« verstopfte.

Abgeschlagene Korallen zogen Fische an, die er dann beobachten konnte. »Ein Gebiet ohne Fische«, so protzte er, »kann durch ein paar Schläge mit dem Brecheisen in eine Oase überquellenden Lebens verwandelt werden«. Auch Köder erwiesen sich als nützlich. »Ein mir unvergeßlicher Anblick war, als wir ein totes Pferd an die westliche Boje banden, und bei Sonnenuntergang wimmelte es um Almost Island nur so vor Haien.«

Sein Hauptanliegen war, so viele Meerestiere wie möglich zu sammeln und zu bestimmen. Er war ganz in den Bann seiner Listen geraten. Wenn er einen unbekannten Vogel sah, so gab Beebe zu: »Kannte ich ihn nicht, dann schoß ich ihn ab.« Während er sich auf Galapagos dem Hochseeangeln widmete, stellte er fest, daß »die Grausamkeit der Fische untereinander immer ein beeindruckender Aspekt des Hochseeangelns ist … In dem Moment, wo einer der Fische in Schwierigkeiten oder durch irgend etwas beeinträchtigt zu sein schien, wurde er sofort zur Beute. Diese Angriffe kamen mir wilder vor als die Jagd im Dschungel«. Beebe machte diese Haltung zu seiner eigenen. »Selbst nach vielen Kugeln aus einer Luger und mehreren Schüssen aus nächster Nähe mit einer Schrotflinte brauchte ein zwei Meter

Beebe reicht seinen Fang hinauf: eine fette Seegurke, gepflückt vom Meeresboden, um 1930

großer Hai gut eine Stunde, bis er verendete«. Er »fing« auch fliegende Fische vom Bug eines Schnellbootes aus, indem er sie mit einer Schrotflinte abschoß. »Ein überaus aufregender und schwieriger Sport« – und aus heutiger Sicht nicht vertretbar und äußerst grausam.

Auf einer Expedition zur Bucht von Kalifornien begegnete er dem größten Fisch der Welt, dem Walhai, der aber ein harmloser Planktonfresser ist. Die Mannschaft des Schiffes befestigte eine großen Harpune mit einem Seil an einem Ölfaß:

Als wir längsseits des Fisches waren …, warteten wir, bis er fast an der Oberfläche war, dann sprangen die beiden Männer mit der Harpune zwischen sich mit einem bemerkenswerten Kopfsprung hinunter. Sie trafen genau und sprangen dann hoch, damit ihr Gewicht die Harpune tief in den Körper trieb. Im gleichen Moment feuerte ich mit dem Revolver direkt auf den Kopf des Tieres und traf es mindestens zweimal. Das Faß wurde über Bord geworfen und verschwand.

Nach fünfzehn Minuten … tauchte es dreihundert Meter

entfernt auf. Wir stellten fest, daß es wie eine Eieruhr in der Mitte total zusammengedrückt war, ein Zeichen für den großen Druck in der Tiefe, in die es hinabgezogen worden war … und in der nächsten Stunde hatten wir den Spaß unseres Lebens.

Zweimal kehrten wir zu unserem Schiff zurück, um weitere Harpunen zu holen, doch unsere großen Anstrengungen führten nur dazu, daß sich die Dinger verbogen, als ob man gegen Stahlplatten stoßen würde … Schließlich befestigten wir eine Schlinge an der Tonne … jetzt saß das Tier fest. Doch in dem Moment, als es den Zug des Schiffs bemerkte, schüttelte es die Harpune wie eine Stecknadel ab und war weg.

Das US Marine Korps bildete Beebe im Gebrauch von Dynamit aus:

Wir brachten zwei Stangen Dynamit mit dem üblichen hervorragenden Ergebnis zur Explosion … Es war ein beeindruckender Anblick … Die Explosion hatte mitten in einer Wolke von Meeräschen stattgefunden, und der Meeresgrund sah aus wie Lametta an einem Weihnachtsbaum.

Man möchte meinen, wo immer er erschien, hätten sich die Meerestiere versteckt, aber die vertrauensseligen Tiere »von Krabben bis zu Haien betrachteten ihn als etwas Neues, aber Harmloses, was die Wellen angetrieben hatten«.

»Ein kluger Taucher wird sich davor hüten, seine Erfahrungen niederzuschreiben«, schrieb Beebe. Doch er selbst hielt sich nie daran.

»Wenn man einen Unterwassergarten anlegen will«, so fügte er für die Umweltbewußten hinzu, »suche man sich eine Höhle, breche mit ein paar Beilschlägen und einem Stemmeisen Korallenstöcke mit purpurnen Seefedern, goldenen Meeresfarnen und den großen, bunten Seeanemonen los. Stecke diese in Felsspalten ... und schließlich sammle man als Abgrenzung des Unterwassergartens eine Reihe von kleinen, runden Gehirnkorallen ...«

Beebe hatte großes Talent, das Verhalten von Lebewesen zu beschreiben, bei denen es ihm nicht gelang, sie zu töten. Fische bezeichnete er als »Nomaden, Schaufler, Surfer, Kaffeemaschine, Siedler oder Dorfbewohner«, und wenn sie in Schwärmen auftraten, dann wurden sie zu »einem Irrgarten von flatternden, goldenen Fahnen ..., die sich auf- und entrollten«. Das Schicksal der meisten Meerestiere ist, gefressen zu werden, es sei denn, sie haben Glück, sind schnell genug oder gut geschützt. Eklig aussehende Tiere stellen diesen Umstand normalerweise heraus und »es vergeht kein Moment, wo nicht irgendwo ein buntes Geheimnis sich auftut und der Anschein der Ungenießbarkeit erweckt wird«.

Tiere nahmen bei ihm Rollen in einem Drama ein. Albatrosse, die über die Wellen glitten, »kennen alle Geheimnisse der weißen Schatten«, die »bösmäuligen« Muränen zeichnen sich durch »eine pessimistische Verwerflichkeit« aus, demgegenüber sind Seepferdchen die »mütterlichen Ritter in voller Rüstung«. Barracudas nehmen manchmal einen »hochmütigen Ausdruck« an, und Haie sind »armselige Feiglinge«. Seine Favoriten waren wahrscheinlich die Meergrundeln, die »von allen Fischen den Eindruck erweckten, am wenigsten Fisch zu sein«.

Auch beeindruckte ihn die Grazie und Ausgelassenheit der Meeressäuger:

Im Moment der grauen Morgendämmerung vergaß ich die Wolken und war fasziniert von einer Schule Delphine, die träge im Wasser trieb, ganz entspannt atmete und sicherlich noch tief schlief. Wie die langsame Bewegung einer Schiffsschraube kamen sie an die Wasseroberfläche, beschrieben einen Bogen und tauchten dann wieder in einer einzigen prachtvollen Bewegung ab. Im gleichen Moment bemerkten sie die Geräusche des Schiffes ... und zweihundert Sprünge fanden gleichzeitig statt ... wie die Splitter einer Bombe schossen sie in die Höhe ... Sie zogen direkt an uns vorbei, schossen immer wieder aus dem Wasser, die Flossen weit von sich gestreckt und fielen mit einem Geräusch wie Gewehrschüsse zurück ins Wasser.

Beebe war der geborene Journalist und ein Genie, wenn es darum ging, reiche Leute davon zu überzeugen, seine Expeditionen zu finanzieren. An dem Tag, an dem er von einer Reise zu den Galapagos Inseln zurückkehrte, wurde er einem neu in den Aufsichtsrat gewählten Mitglied der Zoological Society von New York vorgestellt. »Sie scheinen sehr stark an den Galapagos Inseln interessiert zu sein«, bemerkte das Mitglied. »Wenn Sie jemals wieder dorthin zurückkehren wollen, dann werde ich den Dampfer stellen, wenn Sie jemanden finden, der für die Kohlen sorgt.« So geschah es dann auch, und die nächste Expedition brach noch innerhalb eines Jahres auf. Jahre später räumte Beebe ein: »Ich wollte eigentlich nur einen kurzen Besuch unter Wasser machen, doch dann stellte mir ein Millionär ein Schiff zur Verfügung, danach ein anderer und der Gouverneur der Bermudas überließ mir eine Insel. Ich brachte zehn Jahre mit Tauchen zu.«

Während ihres Aufenthalts auf Galapagos brachen zwei neue Vulkane aus, die gleich nach den Geldgebern benannt wurden. Beebe und ein Helfer machten sich in brütender Hitze über die brodelnden Lavafelder auf, um die Geburt eines Vulkans zu beobachten. Noch bevor sie überhaupt den rauchenden Krater erreichten, waren sie erschöpft. Sie umgingen die Schwefeldämpfe nur, um in den Bereich tödlicher, unsichtbarer Gase zu geraten. Betäubt und blind stolperten sie vom Krater weg, wobei sie immer den Weg nahmen, der am wenigsten gefährlich erschien. Schon lange, bevor sie völlig erschöpft und nicht mehr fähig zu sprechen zurück waren, hatten sie kein Wasser mehr. Sie waren fünf Stunden unterwegs gewesen.

Direkt vor der Küste betrug die Wassertemperatur um das Schiff herum siebenunddreißig Grad. Beebe beschreibt das tragische Schicksal eines Seelöwen, der dem geschmolzenen Lavastrom, der sich zischend in die See ergoß, zu nahe kam: »Fünfmal sprang er über drei Meter aus dem kochenden Wasser hoch, und dann schoß er in blinder Agonie auf den rotglühenden Lavastrom zu … direkt in den Tod.« Am nächsten Tag verließen sie Galapagos, doch das Ruder des hölzernen Schiffs brach und sie trieben hilflos dahin. Wäre das einen Tag früher passiert, hätten sie unter Umständen das Schicksal des Seelöwen geteilt.

Beebe fühlte sich dem Meer verwandt und nahm bald dessen Gewohnheiten an. Einmal, er befand sich weit vor der Küste in einem kleinen Boot, stellte er den Motor ab und ließ sich von der sanften Dünung in völliger Stille treiben, hinein »in die von Wasserwänden umgebenen Täler, die sich Meter über unsere Köpfe erhoben, oder hoch oben auf einer mächtigen Welle balancierend, um dann wieder langsam hinab, hinab und weiter hinab zu gleiten«.

»Ich beugte mich weit über den Bug und brachte mein Ohr ganz nah an das Seegras heran. Das einzige Geräusch in vielen Meilen Umkreis kam von zwei kleinen Krabben, die an einem Beerentangsproß hochkletterten und hörbar das Wasser in ihre Kiemen sogen. Dann im nächsten oder übernächsten Wellental blies ein Wal und versank geräuschlos.«

Beebe tauchte viel und ohne Furcht. »Nach mehr als hundert Tauchgängen verliert man seine Angst«, – und so gab er sich nicht damit zufrieden, nur in seichten Gewässern herumzuspazieren. Er blickte sehnsüchtig in »die grünen Tiefen, wo manchmal das Mondlicht auf hin- und hertreibende Seefarne und umherhuschende Fische fiel, die sich außerhalb der Reichweite meines Atemluftschlauchs aufhielten«.

Mit Präsident Theodore Roosevelt, ebenfalls ein Natur-
liebhaber und Jäger – es waren dies die Zeiten, wo beide Be-
griffe noch keinen Widerspruch darstellten –, hatte Beebe
den Plan zur Konstruktion einer Tauchkammer besprochen.
Roosevelt schlug dafür eine Kugel vor, doch Beebe blieb bei
seinem Plan eines Zylinders. Seine Vorstellungen wurden
1926 in der *New York Times* veröffentlicht, zusammen mit
seiner Behauptung, man würde keine künstliche Lichtquelle
benötigen, denn die Tiefe wäre »hell erleuchtet von den
Lichtorganen der Tiefseefische«, eine Behauptung, die von
all jenen stark bezweifelt wurde, die versucht hatten, um
Mitternacht beim Licht von Glühwürmchen zu lesen. Ein
Ingenieur namens Otis Barton schrieb ihm und legte dar,
daß ein Zylinder, der wie die Trommel einer Waschmaschine
aussah, erheblich weniger Druck standhielt als eine Kugel.
Beebe antwortete ihm nicht, und es dauerte noch eine Reihe
von Jahren, bis Barton eine Audienz gewährt wurde.

Lange bevor Beebe »herumspazierte« war Barton schon
1917 mit einem Eimerhelm getaucht. Außerdem hatte er
einen Haiangriff abgewehrt. Nachdem er an der Columbia
Universität sein Diplom als Ingenieur gemacht hatte, studierte er bei Roy Miner Zoologie am Museum of Natural
History in New York. Wie es damals Mode war, begab er
sich in Persien auf die Suche nach Dinosauriern und Urzeit-
menschen, doch er fand nur den Zahn eines Vorfahrens der
Giraffe und den Fez eines Religionslehrers, der vier Jahre
zuvor verschwunden war.

Die Bücher von Beebe brachten ihn dazu, sich der Biologie zu widmen doch es waren seine Fähigkeiten als
Ingenieur, die ihn unersetzlich machten. Barton entwarf
und baute aus eigenen Mitteln eine Metallkugel mit einem
Einstieg an einer Seite und Bullaugen mit Quarzglasschei-
ben auf der anderen. Seine Tiefseetauchkugel (Tiefenkugel)
kostete die damals immense Summe von 12 000 Dollar und
erinnerte »an einen riesigen, aufgeblasenen Ochsenfrosch,

der etwas schielte«. Sie mußte an einem Kabel ins Meer gelassen werden und hatte keine externe Luftversorgung. Sie war mit Sauerstofftanks ausgerüstet und Chemikalien, die das anfallende Kohlendioxid absorbieren sollten. Für seine Expedition zu den Bahamas mietete er eine alte Hulk mit einer Winde, die aber zu schwach war, die fünf Tonnen schwere Kugel anzuheben. Daraufhin schmolz Barton die Kugel ein und konstruierte eine neue mit etwas mehr als dem halben Gewicht und lediglich dreieinhalb Zentimeter dicken Wänden.

Achtundzwanzig Männer waren an Bord des Mutterschiffs während eines Taucheinsatzes nötig, damit alles reibungslos funktionierte. Die Mannschaft arbeitete gut, doch das Schiff, die *Ready*, war alles andere als bereit. Sie war überladen mit Gerät und bekam drei Meilen vor der Küste ein Leck. Die Mannschaft, die über die Reling aufs Meer blickte, sah einen Fisch, der sich dem Rumpf näherte und darin verschwand. Da keine der Pumpen funktionierte, mußte das Schiff die Küste erreichen, bevor es sank. Danach wurde sie immer von einem Schlepper begleitet, »für den Fall, daß er gebraucht würde«. Es wäre nicht gerade ein Glücksfall, wenn die Kugel unter Wasser wäre und ihr dann das Mutterschiff folgen würde.

Barton kümmerte sich um die technische Seite des Tauchens, denn Beebe »hatte keinen Sinn für Maschinen« und konnte noch nicht einmal Autofahren. Er war besser darin, die Sterne durch ein Teleskop zu betrachten, Kriminalromane zu verschlingen oder den anderen nach dem Abendessen beim Whiskey aus den Werken Kiplings vorzulesen. Beebe kümmerte sich auch um die unerwartet auftauchenden Besucher, denn die Expedition war keinesfalls von der restlichen Welt abgeschnitten. Der Direktor des örtlichen Museums kam gerade in dem Moment zu Besuch als ein Fischer eine seltene Aalart anbrachte, an der die Wissenschaftler vielleicht Interesse haben könnten. Das hatten sie auch, und der Tag endete mit einem unwürdigen Tauziehen, wobei Beebe den Kopf und der Direktor das Schwanzende in den Händen hielten.

Bevor sie den Versuch unternahmen, in Tiefen vorzudringen, in die sich noch nie jemand zuvor gewagt hatte, beschlossen sie, die Tauchkugel erst einmal unbemannt nach unten zu lassen. Man kann sich ihre Enttäuschung vorstellen, als bei der Rückkehr an die Oberfläche Wasser aus der geschlossenen Luke tropfte. Beebe schraubte vorsichtig den Deckel ab, der mit einem schrecklichen Kreischen wie eine Kanonenkugel über das Deck schoß und gegen eine zehn Meter entfernte Stahlwinde knallte. Das eingedrungene Wasser hatte die Luft in der Kugel zu einer kleinen Blase zusammengedrückt. Nachdem der Druck reduziert worden war, hatte sich die Blase wieder zu ihrer eigentlichen Größe ausgedehnt und das Wasser mit hoher Geschwindigkeit hinausgedrückt. Nachdem die Dichtungen ausgewechselt worden waren, war die Tauchkugel bereit, wieder ins Meer gelassen zu werden, diesmal mit Beebe und Barton an Bord.

Sie stiegen durch eine Luke von fünfunddreißig Zentimeter Durchmesser ein, dazu mußten sie sich über Stahlbolzen schieben, fielen dann ins Innere und mußten sich auf dem harten Boden der Kugel zusammenkrümmen. »Ich fragte nach einem Kissen und stellte fest, daß keines zur Hand war. Otis Barton folgte mir, dann entwirrten wir unsere Beine und nahmen Platz.« Ihre Metallbehausung hatte eine lichte Weite von knapp einhalb Metern:

Auf unser Zeichen hin wurde die vierhundert Pfund schwere Verschlußklappe angehoben und glitt über die zehn großen Stahlbolzen mit einem dumpfen Geräusch in die Halterung. Dann wurden die mächtigen Muttern angezogen. Wenn einer von uns beiden nervös werden wollte, dann war jetzt der richtige Zeitpunkt. Es schien, als ob Poes Vorstel-

Beebe (links) & Otis Barton gemütlich zusammengepfercht in der
Tauchglocke nach ihrer Live-Übertragung aus der Tiefe, 1932

lung vom lebendig Begrabensein wahr würde. Nicht mit
einem Schlag, sondern Stück für Stück. Danach setzten die
schlimmsten Geräusche ein, die ich je gehört hatte. Es
genügte nicht, die Muttern nur so fest wie möglich anzuziehen, man mußte den Schraubenschlüssel auch noch mit dem
Hammer bearbeiten, um jedes mögliche Spiel der Muttern
zu verhindern. Ich war mir sicher, daß die Fenster zerspring-
gen würden, doch mit der Zeit gewöhnten wir uns an die
ohrenbetäubenden Schwingungen. Dann herrschte absolute
Stille.

Sie wurden an einem fast drei Zentimeter dicken Stahlseil
über die Bordwand gehievt. »Ich erinnerte mich daran«,
schreibt Beebe, »daß ich über Houdinis Methode, lange in
einem geschlossenen Sarg auszuharren, gelesen hatte und
wir beide begannen, bewußt unsere Atmung zu kontrollie-
ren und uns nur flüsternd zu unterhalten.«
   Die ersten Tauchgänge waren nicht ohne Probleme. In

200 Metern Tiefe erklärte Beebe, daß »nur Tote jemals tiefer gekommen waren als sie«. Und als ob dafür der Beweis angetreten werden sollte, begann Wasser durch die Luke zu sickern. Barton schlug vor, den Tauchgang abzubrechen und sich wieder nach oben ziehen zu lassen. »Lieber nicht«, meinte Beebe. »Wir wollen denen oben an Deck keinen Schrecken einjagen.« In der Zwischenzeit war das dicke Elektrokabel vom Druck aus seiner Halterung gerissen worden und wickelte sich langsam um Barton. »Das erinnerte mich an Laokoons Tod durch die Meerschlangen«, war Beebes Kommentar. Als sie wieder an der Wasseroberfläche waren, hatte die Kugel mehr als zwanzig Liter Wasser aufgenommen, und Barton war von vier Metern Kabel wie von einer Schlange umschlungen.

Bei einem späteren Tauchgang schrieb Beebe seine Beobachtungen und Mitteilungen, die er per Telefon nach oben sandte, nieder:

Zuerst war da ein unvergeßliches Schäumen von Luftblasen vor dem Fenster und dann das schimmernd, helle Grün der oberen Schichten des Ozeans … wir begannen zu sinken und waren auf unserem Weg in die Tiefe.

Zwischen der Oberfläche und einer Tiefe von siebzehn Metern war das Nachlassen des Lichts am deutlichsten spürbar, denn in diesem Bereich wird das rote Licht absorbiert, und zurück bleibt nur noch das Grün und Blau des Spektrums, was bei uns ein Gefühl des Fröstelns auslöste, lange bevor das Thermometer um ein Grad gefallen war.

Die ersten siebzig Meter waren wir damit beschäftigt, unsere Beine und Instrumente für die lange Zeit des Eingeschlossenseins zu arrangieren … Das langsam schwächer werdende Licht war unser einziger Anhaltspunkt, daß wir tiefer sanken. Das Stahlkabel wurde so langsam abgerollt, daß wir nicht das Gefühl hatten, uns überhaupt zu bewegen.

In hundertsiebzig Metern Tiefe nahmen wir eine sorgfältige Überprüfung unserer Lichtsignalanlage vor. Dies war von immenser Bedeutung, denn wenn irgend etwas mit unserer einzigen Verbindung nach oben – dem Telefon – passierte, würde ein Aufblitzen des Lichts anzeigen, daß wir zumindest noch am Leben waren … Bei einem Tauchgang fiel dann auch wirklich das Telefon aus, was ihre Stimmung ziemlich dämpfte, denn die menschlichen Stimmen vermittelten ein viel größeres Gefühl der Sicherheit und Verbindung mit der Oberwelt als das Stahlkabel, an dem ihre Kugel hing.

Ich las sorgfältig das Spektrometer ab und stellte einen Anteil von 80 Prozent Violett und 20 Prozent Grün fest, aber keinerlei andere Farben. In 230 Metern Tiefe wurde die Sonne von Wolken verdeckt und noch bevor man es uns von oben mitgeteilt hatte, konnte ich es an dem intensiver werdenden Blau erkennen …

Als mich in 330 Metern Tiefe eine Stimme daran erinnerte, daß die Tauchkugel unter einem Druck von zweitausenddreihundert Tonnen stand (Beebe benutzt hier die Einheit: *American Short Ton*, die 900 kg entspricht) und auf dem Fenster, an das ich mein Gesicht preßte, der Druck von sechseinhalb Tonnen lastete, machte ich mir nicht viel daraus. Ich beobachtete ein zartes Meereslebewesen, das langsam vorbei schwamm, und jeder Gedanke an den Druck war vergessen. Wir schwebten eine Weile, bis sich meine Augen an das dunkelblaue Zwielicht gewöhnt hatten … Wir überprüften den Zustand unserer kleinen Welt … Ich richtete das Licht auf die Fenster und sah, wie sich Wassertropfen unterhalb der Lampe bildeten. Einen Moment lang fühlte ich Panik in mir aufsteigen …, und dann bemerkte ich überall an den Wänden Wassertropfen und mir wurde klar, daß dies ganz normales Kondenswasser an dem kalten Stahl war, dessen Ursprung die Wärme war, die unsere Körper abgaben. Heftiges Fächern, das alle paar Minuten wiederholt werden mußte, sorgte dafür, daß die Luft kühl und frisch blieb und wir regulierten das Ventil der Sauerstoffflasche auf exakt zwei Liter pro Minute. Dennoch verbrauchten wir den Sauerstoff viel schneller, als uns lieb war, deshalb gab Barton die Meßwerte der Instrumente mit so wenig Worten wie möglich durch, und bei meinen Beobachtungen verzichtete ich auf unnötige Adjektive und Adverbien …

Unser Scheinwerfer warf jetzt einen türkisblauen Strahl durch die Dunkelheit … Von oben erhielten wir die Nachricht, daß wir live im Rundfunk waren (NBC Radio und die BBC), doch einen Augenblick später war dies alles vergessen … Eingeschlossen wie wir waren, weigert sich der menschliche Geist an irgendetwas anderes zu denken als an meinen Gefährten … der in der Lage ist zu hören, was ich sage.

In 500 Metern Tiefe gab ich zu Protokoll, daß es so dunkel wie im Hades sei. Ein Schwarm von hell leuchtenden Laternenfischen schwamm in ihrem grünen Licht vorbei …

Kurz nach drei Uhr erreichten wir eine Tiefe von 550 Metern …, und soweit man mit bloßem Auge feststellen konnte, befanden wir uns jenseits des Sonnenlichts. Seit zwei Milliarden Jahren hatte es von diesem Punkt abwärts nie Tag oder Nacht, Sommer oder Winter oder das Verstreichen von Zeit gegeben, bis wir kamen, um unsere Beobachtungen zu machen … Die Außentemperatur war schon zehn Grad geringer als in der Kugel, und der Druck war auf siebenhundert Pfund pro Quadratzentimeter angestiegen …

Ich begann, die vielen hellen Lichter, die vorbeischwammen zu ignorieren und … meine Augen konzentrierten sich auf Umrisse, um Formen in den vereinzelt erscheinenden Lichtern erkennen zu können. Zum Beispiel beobachtete ich eine Zeitlang sieben Fische, die alle in eine Richtung schwammen … Einer schoß plötzlich auf mich zu, und ich konnte das Aufblitzen langer Fangzähne erkennen.

In 600 Meter Tiefe erwischte uns der erste heftige Schlag. Er kam ganz unerwartet, und ich schlug mir Lippe und Stirn auf, als ich gegen die Fensterverschraubung stieß, während

Barton mit dem Kopf gegen die Luke knallte. Dieser Zwischenfall versetzte uns den größten Schrecken des ganzen Tauchgangs, und ein paar Sekunden lang, die uns wie eine halbe Ewigkeit erschienen, glaubten wir, das Kabel sei gerissen und wir würden uns überschlagen … Zu erleben, wie die große Stahlkugel, die an der Oberfläche absolut solide wirkte, hin und her gestoßen wurde wie ein Fußball, war eine neue Erfahrung, die uns gar nicht gefiel.

In 700 Metern zeigten sich verwirrende Lichter …, als ich mich auf eines der Lebewesen konzentrierte und sich gerade seine Umrisse auf meiner Netzhaut abzeichneten, schoß ein hell strahlender Komet oder ein ganzer Schwarm durch den schmalen Sichtbereich meines Unterwasserhimmels und blendete mich … Ich beobachtete, wie ein glänzendes Licht, so groß wie ein Sixpence-Stück, konstant auf mich zu kam, bis es, ohne die geringste Vorwarnung, zu explodieren schien, so daß ich meinen Kopf vom Bullauge zurückriß. Folgendes war passiert, das Wesen war gegen das Glas geprallt und hatte sich daraufhin in hunderte von Lichtpunkten verwandelt …

Während wir auf unserer größten Tauchtiefe von 730 Metern mitten im Ozean hingen, schwebte ein Fisch von links vor mein Fenster. Die Form seines langgestreckten Körpers war grundsätzlich verschieden von allen Tiefseefischen, die bis jetzt von Menschen gefangen worden waren. Er drehte sich langsam mit dem Kopf in meine Richtung, und in diesem Moment war jeder Lichtschein und auch er selbst verschwunden – doch das konnte nicht sein, denn ich wußte, daß er nicht verschwunden sein konnte …

Einige Minuten später hatte ich die beeindruckendste Begegnung des gesamten Tauchgangs. Zwei Fische, an die zwei Meter lang, schwammen langsam vorbei. Sie hatten im Großen und Ganzen die Form von Barracudas. Ihre Körper wiesen eine einzelne, bläulich leuchtende Linie auf. Der Unterkiefer war mit zahlreichen Zähnen bewehrt … Es gab zwei lange, herunterhängende Tentakel, von denen jedes in einem Paar Leuchtorgane endete, das obere war rötlich, das untere blau. Diese Tentakeln ringelten und zuckten neben dem Fisch ... Später gab ich ihnen den Namen *Bathysphaera intacta*, der unberührbare Tauchkugelfisch ...

Doch nachdem wir aufgetaucht waren ... als ich über den rollenden Ozean blickte und mir bewußt wurde, was mir fast eine halbe Meile unter der Oberfläche erlaubt gewesen war zu sehen, wußte ich, daß ich nie mehr zu den Sternen aufblicken könnte, ohne an ihre lebenden Gegenstücke zu denken, die sich unter diesem schrecklichen Druck bewegten ... viele davon zart und zerbrechlich ... in dem schwarzen, eiskalten Wasser. Es wird immer die lebhafteste Erinnerung meines Lebens bleiben, allein wegen des übernatürlichen Schauders und der Abgeschlossenheit, der ewigen und absoluten Dunkelheit und der unbeschreiblichen Schönheit ihrer Bewohner.

Bei einem späteren, drei Stunden dauernden Tauchgang, erreichten sie im wahrsten Sinne des Wortes mit dem letzten Meter ihres Haltekabels eine Tiefe von knapp tausend Metern, wobei auf den Scheiben der Bullaugen ein Druck von neunzehn Tonnen lastete. Sie waren fünfmal tiefer in den Ozean abgestiegen als irgend jemand vor ihnen, hinab zu einem Ort, wo es nur »Schaudern, Nacht und den Tod« gab. Beebe schwor, daß er »niemals wieder das Wort SCHWARZ ohne Grausen benutzen könnte«. Er gab auch zu, daß er sich Gedanken gemacht hatte über »den schnellen, unbeschreiblich schnellen Tod, der schon bei der kleinsten Beschädigung des Bullauges oder der Metallhülle eintreten würde. Es bestand nicht die geringste Chance zu ertrinken, denn schon die ersten Wassertropfen würden durch Fleisch und Knochen dringen wie Gewehrkugeln.«

Barton hatte da etwas andere Sorgen. Er hatte berechnet, daß die Winde die Spannung aushalten würde, doch er hatte

Zweifel, ob sie stark genug wäre, das Gewicht der Taucherkugel von einer Tonne zusammen mit den zwei Tonnen, die das Stahlkabel wog, wieder nach oben zu ziehen. Die Dampfmaschine, die die Winde antrieb, war schon überlastet, und das war deutlich zu vernehmen. Wenn die Verbindung der Winde mit dem Antriebsaggregat versagte, dann würde das Stahlkabel mit beängstigender Geschwindigkeit abrollen und die Tauchkugel in der Tiefe versinken. Glücklicherweise passierte dies nie.

In der Dunkelheit, umgeben von leuchtenden Meeresbewohnern, beobachtete Beebe eine Reihe von Exemplaren, die der Wissenschaft bis dahin unbekannt waren, doch die Wesen der Tiefsee waren so ungewöhnlich, daß viele seiner Entdeckungen zu seiner Zeit nicht anerkannt wurden. Während des Zweiten Weltkriegs wurde die Tauchkugel zum Militär eingezogen und auf eine geheime Mission geschickt, bei der die US Navy die Auswirkungen großer Tiefen untersuchte. Danach ging sie im American Museum of Natural History in Pension und fand ihren Platz neben Miners Korallenriff.

Barton drehte weiter Unterwasserfilme und 1949 erreichte er ohne Beebe mit einer verbesserten Kugel, seinem »Augapfel an der Leine«, eine Tiefe von 1500 Metern.

Einige Jahre zuvor hatte Beebe die halb so alte Schriftstellerin Elswyth Thane geheiratet, die den Helden ihres ersten Romans nach ihm gestaltet hatte. Zusammen brachten sie eine heruntergekommene Farm in Vermont wieder auf Vordermann, und sie schrieb einen weiteren Roman *Reluctant Farmer*, in dem eine junge Schriftstellerin zusammen mit einem älteren Naturforscher sich ein Heim aufbaut. Beebe waren die Winter in Neuengland und möglicherweise auch seine Ehe zu kalt, deshalb kaufte er ein Haus auf den Bermudas, wo er jedes Jahr sechs Monate zubrachte. 1949 erwarb er auf Trinidad ein Stück Land und baute ein tropisches Forschungslaboratorium auf. Er übereignete es der New York Zoological Society, aber blieb und arbeitete dort als Direktor bis kurz vor seinem Tod.

Er war niedergeschlagen, als er erfuhr, daß eine seiner Dschungelforschungsstätten einer Bananenplantage hatte weichen müssen, daß die Seelöwenkolonie, die er bei Guadeloupe studiert hatte, abgeschlachtet worden war, um Hundefutter herzustellen und daß die endemischen Leguane auf Galapagos, über die er geschrieben hatte, von gelangweilten, amerikanischen Soldaten, die sie als Zielscheiben benutzten, ausgerotten worden waren. Er verwendete nun seine Kraft darauf, die Korallenriffe vor der Zerstörung durch Touristen und Taucher zu schützen. All die zerstörerischen Sammelaktionen seiner Jugend waren vergessen und Biographien über ihn stellen heraus, daß einer seiner größten Beiträge zur Wissenschaft sein Eintreten für die Umwelt war.

Seine Gesundheit verfiel und ein minder schwerer Schlaganfall beeinträchtigte sein Sprechvermögen, dennoch blieb er bis zuletzt guten Mutes. Eines Abends unterhielt er einen Besucher mit schaurigen Geschichten über die Freßgewohnheiten der örtlichen Vampirfledermäuse, dann schlich er sich um Mitternacht in das Zimmer des Gastes, zwickte ihn in die Zehe und weckte ihn mit einem fürchterlichen Schrei auf.

Beebe hatte gehofft, an Herzversagen zu sterben, während er gerade ein neues, atemberaubendes Wunder erblickte, doch er starb im Bett an »dem alten Mannes Freund«, der Lungenentzündung. Er wurde auf dem Friedhof von Port of Spain auf Trinidad begraben.

Trotz seiner umfangreichen Monographien über Vögel und Fische, Dutzenden von wissenschaftlichen Artikeln und den vielen neuen Arten, die er benannt hat (einige davon sehr zum Mißfallen anderer Systematiker lediglich aufgrund eines kurzen Eindrucks, den er aus dem Bullauge der Taucherkugel hatte), erinnert man sich an ihn nicht als Wissenschaftler, sondern als jemanden von großer Publikumswirksamkeit. Er war im wesentlichen ein unermüdlicher Vogelbeobachter und Fischsucher, doch auch ein Sternengucker. Es gibt nur wenige Unterwasserforscher, die nicht von seinen Büchern inspiriert wurden. Rachel Carson schreibt in ihrem Bestseller *The Sea Around Us*, daß ihre Beschäftigung mit den Geheimnissen und der Bedeutung des Meeres von ihrer Freundschaft und der Förderung durch William Beebe angeregt wurde.

Unter Wasser, so behauptete er, war es, als ob »ein halbblinder Mann, geplagt von Rheumatismus und Lähmungserscheinungen, in eine der geschäftigsten Straßen einer Stadt kommt und darum gebeten wird, das, was um ihn herum passiert, zu beschreiben und irgendeine Erklärung dafür zu geben«. Dennoch haben nur wenige seine Beschreibung des Zaubers der Unterwasserwelt übertroffen:

Ich tauchte nah am Fuß der großen Klippe und ... brachte mich dazu, mir der Einzigartigkeit der Sache bewußt zu werden. Ich glaube, was mich zuerst am meisten überraschte, war, daß sich alles unablässig bewegte, nicht so sehr die einzelnen Dinge als vielmehr alles um mich herum, wenn man es im Kontrast zu den Felsen und dem Meeresboden sah. Ich wußte natürlich, daß sich das Boot in der Dünung hob und senkte, so wie sich die Wellen an den Klippen brachen. Die gleiche Bewegung nahm ich hier unten wahr, nur weniger stark, und auch in zehn Metern Tiefe erstarb sie nicht. In dem Moment, ungefähr sechs Meter unter der Wasseroberfläche, fühlte ich sie ganz deutlich. Ich wollte mich ruhig hinsetzten, bewegungslos verharren, als sanft und ohne Anzeichen auf einmal jeder Fisch in Sichtweite, jedes Stück Seegras, die Ankerkette, der Schatten des Bootes, mein Luftschlauch und auch ich selbst auf die Küste zugetrieben wurde. Man hätte sich dagegen wehren und sich an einen Felsen klammern können, doch der ungaubliche

Genuß, da etwas Vergleichbares an Land völlig unmöglich war, bestand darin, sich treiben zu lassen bis man sicher am nächsten Felsen angekommen war. Darauf folgte eine Zeit der Ruhe, und dann ging es den Weg wieder zurück. Es war so angenehm, so rhythmisch, daß man sich in einem Zustand höchster Behaglichkeit befand.

Seine Bücher bieten Heere von Adjektiven auf, um ein Bild der Unterwasserwelt zu zeichnen. Er war der erste, der beschrieb, wie Pinguine und Seelöwen unter Wasser schwimmen und wie tauchende Kormorane Seebarsche im Wasser jagen. Dieser »Wanderer auf dem Meeresgrund« verlor nie seine Zuneigung für diesen Ort der »überraschenden Ereignisse, des besonderen Zaubers und der unnützen, farbenprächtigen Geheimnisse«. Wundert es, wenn er manchmal die Welt oben im Vergleich dazu langweilig und ereignislos empfand?

Beebe wurde berühmt. Neben seinen Büchern und der Rundfunkübertragung aus der Taucherkugel erschienen von ihm Cartoons im *New Yorker*. H. G. Wells' Kurzgeschichte *In der Tiefe* und Dennis Wheatleys Bestseller *They found Atlantis* haben beide den Abstieg mit einer Tauchkugel zum Inhalt. Beide gaben sich nicht mit den von Beebe beschriebenen tatsächlichen Wundern zufrieden, sondern ihre fiktiven Forscher finden Menschen in der Tiefe. Unsere Überheblichkeit führt dazu, daß wir nur Wesen wie uns selbst interessant finden.

Obgleich nur wenige Leser Beebes inständiger Bitte folgen würden, nicht zu »sterben ohne geborgt, gestohlen, gekauft oder sich irgendwie sonst einen Taucherhelm besorgt und einen Blick auf diese neue Welt geworfen zu haben«, hatte er doch in der Öffentlichkeit das Interesse an der Erforschung der Tiefen des Ozeans geweckt.

Andere Wissenschaftler würden sich »Milchkannenhelme« aufsetzen, um die Meere zu studieren, und der bedeutendste von ihnen war ein Engländer namens Jack Kitching.

John Alwyne Kitching vor einer Wanderung durch die Unterwasserlandschaft bei Carsaig in Schottland, 1937. Im Hintergrund seine zukünftige Frau Evelyn

Versorgt mit Süßigkeiten
John Alwyne Kitching 1908–1996

Im Alter von sechs Jahren verbrachte Jack Kitching einmal seine Ferien in Cornwall. An der Hand seines Vaters betrachtete er die Gezeitentümpel und streifte auf der Suche nach Grashüpfern und Schmetterlingen durch die Wiesen. Noch in der gleichen Woche kehrte sein Vater von einem Spaziergang nicht zurück. Er war an einem Herzanfall gestorben. Diese ersten, schicksalhaften Ferien bedeuteten einen Wendepunkt in Jacks Leben. Er hatte seinen Vater verloren, aber seine tiefe Liebe zur Natur entdeckt. Sie war es auch, die ihn unter Wasser führte.

Es war im Juli 1931 am Wembury Bay an der Küste von Devon. Der Taucher trug ein Rugby Trikot und kurze Hosen, und als der Sommer sich dem Ende zuneigte, zog er einen Wollpullover, Tweedhosen und feste Wanderschuhe über. Es wirkte, als ob er eine Tour durch felsübersäte Täler in Angriff nähme, was wahrscheinlich auch so war.

Über den Kopf hatte er eine Milchkanne gestülpt, in der sich vorne eine Sichtscheibe befand. Ein fünfzig Meter langer Gartenschlauch war daran angebracht, der für die Luftzufuhr sorgen sollte. Die Bleigewichte, die den ordentlichen Sitz des Helms sicherten, waren so schwer, daß sie erst angebracht werden konnten, wenn der Taucher im Wasser war.

Der Taucher war Jack Kitching, zu diesem Zeitpunkt dreiundzwanzig Jahre alt, und er hatte gerade seine Abschlußprüfung in Zoologie in Cambridge hinter sich gebracht.

Sobald die Untersuchung dieses Unterwassergrabens in Devon abgeschlossen wäre, würde er sich nach Argyll in Schottland begeben, um dort für die nächsten fünf Jahre jeden Sommer im Sound of Jura zu tauchen. Ohne Taucheranzug war es schwer, die Kälte länger als zwanzig Minuten auszuhalten, doch da er und seine Kollegen abwechselnd unter Wasser arbeiteten, schafften sie es, die Tauchzeit auf eine Stunde pro Tag auszudehnen. Durch das häufige Tauchen entwickelte er einen »Heißhunger auf Zucker und Süßigkeiten«, eine Vorliebe, der er für den Rest seines Lebens treu blieb, ob er nun tauchte oder nicht. Er hatte eine einzigartige Ernährungsweise. Um sich für den nächsten Tauchgang vorzubereiten, aß er häufig Erdnußbutter und Marmelade oder Zuckersirup auf Grillwürstchen und Speck, wobei er immer behauptete, 200 Millionen Amerikaner könnten nicht irren. Einmal bestrich er ein Rosinenbrötchen mit Erdnußbutter, Sirup, Himbeermarmelade und scharfem Bengalchutney und beschrieb den Geschmack als »interessant«. Er aß sogar einmal einen Schokoladenriegel, in dem sich schon die Maden tummelten. »Nicht schlecht«, meinte er dazu. »Jede Menge Proteine«.

Sein Taucherhelm hatte eine Telefonverbindung, wobei das Mikrophon fast gänzlich mit Wachs ausgefüllt und von einem Luftballon umhüllt war, um es trocken zu halten. Eigentlich war die Telefonverbindung dazu da, Beobachtungen nach oben durchzugeben, wo sie notiert werden sollten, doch meistens bestanden die Mitteilungen nur aus den Worten: »Mehr Luft! Mehr Luft!«

An der Oberfläche kontrollierte seine Verlobte Evelyn die Sicherungsleine, während ein weiterer Helfer an zwei Fußpumpen, die eigentlich zum Aufpumpen von Autoreifen gedacht waren, schuftete und den Augenblick herbeisehnte, wenn sie ihre Plätze tauschen könnten. Jahre später räumte einer der Männer an der Pumpe ein: »Manchmal ließen wir

Vor dem Abstieg in eine Unterwasserschlucht, 1933

Jack ein bißchen leiden, indem wir beim Luftpumpen etwas langsamer traten.«

Lediglich mit einer Heckenschere bewaffnet, bahnte sich Jack seinen Weg durch den Riementang und stieg wie ein gespenstischer Gärtner durch einen Wald hinab auf dreizehn Meter Tiefe zu einem »Park«, wo der Bewuchs nicht ganz so dicht war. Von diesem Punkt aus »war es möglich, im trüben Wasser zu erkennen, daß sich der Park weiter den steil abfallenden Boden hinab ausdehnte«. Er war der erste Biologe, dem es vergönnt war, einen Tangwald unter Wasser zu sehen.

Doch Kitching tauchte nicht zu seinem Vergnügen; er war dort, um wissenschaftliche Arbeit zu leisten. Er lieferte als erster eine Beschreibung des Waldes, der Vegetation und der Tiere, die in dem Riementang und seiner Umgebung lebten. Er begutachtete jede Schnecke und jede Meerespflanze und beschrieb ihre Verbreitung unter Berücksichtigung des Bodens, der Hangneigung, der Umgebung und der Lichtverhältnisse. Mit Fotozellen und diversen Filtern führte er Buch über die Art und Intensität des Lichts in verschiedenen Tiefen und unter dem Baldachin des unterseeischen Waldes. Dieser war so ausgedehnt wie irgendein tropischer Urwald und diente als Wellenbrecher wie auch als Sonnenschutz. Wenn man einen Teil des Birntangs entfernte, dann war der Wald in der Lage, sich innerhalb eines Jahres wieder zu regenerieren. Jack lieferte eine für jene Zeit erstaunliche Arbeit ab.

1937 erhielt er einen Lehrauftrag für experimentelle Zoologie an der Universität von Bristol, und die Arbeit mit den Studenten veränderte seine beruflichen Ziele. Die Studenten waren gerade von einer unterhaltsamen Exkursion zum Lough Ine, einem schönen Meerwasser-»See« im südlichen Irland, zurückgekommen und baten Jack, im nächsten Jahr eine ordentliche, wissenschaftliche Expedition dorthin zu organisieren. John Ebling war einer der Studenten und damit begann eine Partnerschaft, die neununddreißig Jahre lang währen sollte.

Jack war als Quäker erzogen worden, doch diese Erziehung hatte ihm weder Gott nähergebracht noch hatte er die ablehnende Haltung der Quäker gegenüber jeder Art von Ritual angenommen. Am Lough Ine war alles ritualisiert: die Zeremonie des Kaffeekochens, das Schauspiel des Abwaschens, selbst der Gesang am Sonntag waren der Abklatsch eines Gottesdienstes, ein Plätzchen, ein Sherry und ein Liederbuch mit alten Weisen.

Dann kam der Krieg. Jack wurde eingezogen und einer Gruppe von Physiologen an der Universität von Toronto zugeteilt, die in Zusammenarbeit mit der Royal Canadian Air Force, der USAF und der Royal Air Force an Problemen von entscheidender militärischer Bedeutung arbeiteten. Sie entwickelten elektrisch beheizte Stiefel und Handschuhe, um zu verhindern, daß die Piloten in großer Höhe an ihren Instrumenten festfroren, sowie wassergefüllte Fliegerkombis, die verhindern sollten, daß die Piloten ohnmächtig wurden, wenn sie einen Sturzflug abfingen. Während eines solchen Manövers floß das Wasser zu den Beinen des Piloten hinab, und durch den Druck, der so auf die unteren Extremitäten ausgeübt wurde, blieb das Blut im Kopf.

Jacks Spezialgebiet war, Vorkehrungen für das Überleben der Piloten zu treffen, die ins Meer fielen. Er schrieb eine Abhandlung mit dem Titel »Die Ermittlung der Körpertemperatur bei Männern, die großer Kälte ausgesetzt waren.« Einer der Männer war, wie konnte es anders sein, er selbst. Er wirkte bei der Entwicklung eines Überlebensanzuges mit, der wie eine leere Ballonhülle aussah, und ließ sich damit im Winter vor der Küste von Neuschottland im Atlantik aussetzen, um »zu sehen, wie es mir ergeht«. Das »Überlebenspäckchen« enthielt Angelzeug und ein Reparaturset, das genügend Haken und Nadeln enthielt, mit denen er sein Schlauchboot hätte perforieren können. Falls es nötig sein sollte, ein Feuer zu machen, hatte er auch Streichhölzer zur Verfügung. Seine Überlebensration enthielt Pulver für Erbsensuppe, die »unappetitlich«, und Schokolade, die zum »Erbrechen« schmeckte. Eine ernstzunehmende Kritik von einem Mann, der normalerweise kaum ein Nahrungsmittel zurückwies.

Er überlebte und drei Monate nach dem Test, wurde der

Kitching mit Sichel & Seegras nach einem Tauchgang im Lough Ine, 1951

Überlebensanzug produziert und an Bomberbesatzungen ausgegeben. 1947 erhielt Jack den *Order of the British Empire* – für, wie er sich lustig machte, »Gewöhnlichen, Blödsinnigen Einsatz«.*

Ab 1946 führte Jack alljährlich Expeditionen durch, um die Ökologie von Lough Ine zu erforschen. 1948 untersuchte er die Felsklüfte, durch die das Meerwasser so heftig in und aus dem Fjord schoß, daß man höchsten für fünfzehn Minuten auf beiden Seiten im ruhigen Wasser tauchen

---

* OBE: Order of the Britisch Empire. Nachfolgend steht im englischen Original: Ordinary Bloody Effort. (Anm. des Übersetzers)

konnte. Zu diesem Zeitpunkt besaß er schon einen ordentlichen Trockentauchanzug und große, mit Bleisohlen versehene Stiefel, doch er trug immer noch seine Milchkanne auf dem Kopf. Zuerst untersuchte seine Gruppe den Zusammenhang von Wellen und Strömung in Bezug auf die Verbreitung von Tieren und Pflanzen. Jack arbeitete unter Wasser mit einer riesigen Sichel, um Seegras zu schneiden und in Dutzenden von Körben an die Oberfläche zu bringen, wo die Pflanzen untersucht werden konnten. Er entwickelte eine raffinierte Miniaturtauchglocke, um damit einzelne Felsen nach oben zu holen. Man konnte sie über einen Felsbrocken stülpen und dann sämtliches Wasser vorsichtig herauspumpen, so daß der Schlick auf dem Stein verblieb und man ihn, nachdem der Brocken an die Wasseroberfläche gebracht worden war, in Augenschein nehmen konnte. Einen Monat lang wurden fast täglich Felsbrocken nach oben gebracht. Ein Kollege von Jack beschrieb dies im Logbuch mit einem Knittelvers, der an die Gedichte, die man in Kinderbüchern findet, erinnert:

Jack, der Froschmann, sucht am Meeresboden
Nach Steinen, und die soll'n nach oben.
Manchmal gelingt's, manchmal auch nicht
Dann versucht er's erneut, wenn der Tag anbricht.

Wenn das Tauchen eine anstrengende Sache war, dann war das Hinabpumpen der Luft eine Sträflingsarbeit. Die Leute an den Pumpen brachen immer dann in Jubel aus, wenn der Apparat kaputtging.

Nichts war's mit dem weiteren Tauchen,
Mit Glück, ist das Ding nicht mehr zu gebrauchen.

Mit ansteigender Zahl der eingesammelten Felsbrocken wurden die Leute immer erschöpfter und die Verse prägnanter:

Kitching beim Ankleiden für den Unterwassereinsatz im Lough Ine,
Anfang 1950

8. Juli: Um mehr Informationen zu bekommen,
kann ein weiterer Brocken sich sonnen.

9. Juli: Am Morgen, wie an jedem Tag,
Unsre Arbeit bei den Felsen lag.

13. Juli: Ab heute wußten wir nun ehrlich,
die ganze Sache ist zu beschwerlich.

18. Juli: Jacks Anzug war plötzlich nicht mehr dicht,
Bei Eddy Creek fand er's heraus, der Wicht.

19. Juli: Nun ist sein Anzug fast wieder wie neu,
und wir schuften weiter – brav und treu.

21. Juli: Der täglich Trott, die gleiche Müh -
Warum all das von spät bis früh?

Auch für den Taucher war es keine angenehme Sache. In den frühen fünfziger Jahren hatte Jack seinen Helm durch eine Tauchermaske ersetzt. Immer noch wurde er mit Luft von der Oberfläche versorgt, doch jetzt konnte er das Wasser nicht aus der Maske bekommen, wenn diese vollief. Bei einem Zwischenfall hielten zwei Studenten seinen Kopf aus dem Wasser, während die anderen wie verrückt pumpten, um das Wasser am weiteren Eindringen in die Maske zu hindern. Jack fluchte über seine Telefonleitung und gab gurgelnde Geräusche von sich, als das Wasser bis über Mund und Nase stieg. Ein anderes Mal verlor er sein Gebiß, und es mußte erst wieder vom Meeresboden geborgen werden.

Seit den Tagen seiner Jugend, in denen er ein begabter Segler war, liebte Kitching das Meer. In der Schule hatte er eine klassische Bildung genossen, denn in jenen Tagen beschäftigten sich nur schlechte Schüler mit Mathematik und Wissenschaft. In Cambridge schrieb er sich für Biologie ein, doch der Meeresbiologie galt vorerst nicht sein Hauptinteresse. Er war wahrscheinlich der bestgeeignetste Vertreter der experimentellen Zoologie, um die Protozoen zu studieren, jene winzigen Tierchen, die sich in einem fast unsichtbaren Umfeld bewegen. Kitching deckte auf, wie diese anfälligen, einzelligen Organismen ihren Wasserhaushalt regulieren und wie ihr Leben organisiert ist.

Es war seine Überzeugung, daß Mikroorganismen dabei helfen können zu verstehen, in welcher Weise Zellen von dem hohen Druck in großen Meerestiefen beeinflußt werden. Bei Laborversuchen kam es bei diesen Organismen häufig zu Störungen des Wachstums, der Fortpflanzung oder im Bewegungsablauf. In Anerkennung seiner Verdienste wurde er 1960 zum Fellow of the Royal Society gewählt. 1964 wurde ihm die Ehre zuteil, eine Gründungsprofessur an der neuen Universität von East Anglia zu erhalten, wo er nicht nur den Lehrplan für Biologie aufstellte, sondern wo auch die Labors nach seinen Maßgaben gestaltet wurden.

Ich begegnete Jack zum erstenmal 1964 am Lough Ine. Als ich sein Labor betrat, war ich erstaunt, die Beine einer Leiche durch eine Öffnung im Dachboden herabbaumeln zu sehen. »Mein Taucheranzug«, erklärte er. »Er hält ungebetene Besucher fern.«

Er war hoch gewachsen, mit langen, dünnen Beinen, und die Haut auf seiner Nase schälte sich, weil sie zuviel Sonne abbekommen hatte. Wenn er ein Hähnchen gewesen wäre, man hätte ihn nicht essen wollen. »Nenn' mich Jack«, sagte er mit einer Stimme, die wie ein weit entferntes Nebelhorn klang.

Er trug eine schmuddelige, kurze Hose und einen Pullover, in dem schon einige Stücke fehlten. Es war seine typische Expeditionskleidung, Stufe drei. Es gab fünf Bekleidungsstufen, die davon abhingen, wieviel Stoff er noch am Leibe trug. Stufe fünf war praktisch nur noch ein Spinnen-

98

netz von einzelnen Fäden. Wenn es kalt war, zog er einfach so viele Pullover übereinander, bis jedes Loch im Stoff irgendwie bedeckt war. Einmal beschloß seine Frau, daß er eine neues Sportsakko bräuchte, und begleitete ihn durch die Geschäfte. Er war nie sonderlich begeistert, wenn man ihn aus seinem geliebten Garten herausholte. Auch seine Frau war nicht begeistert, als er in einem erstklassigen Bekleidungsgeschäft in Norwich seine Jacke auszog und darunter ein Pullover der Stufe vier zum Vorschein kam.

Wie es sich für eine Expedition gehört, nahm er nur das Minimum an persönlichen Dingen mit zum Lough Ine. Jedes Jahr ließ er seine Sachen im Basis Camp zurück. Dazu zählte auch sein typischer, wie ein altertümlicher Liegestuhl gestreifter Schlafanzug, dessen Hosenschlitz bis zur hinteren Naht aufgerissen war, so daß die Hosenbeine sich selbständig gemacht hätten, wären sie nicht durch den Gummibund zusammengehalten worden.

Seine Erziehung durch die Quäker bedingte möglicherweise sein etwas steifes Verhalten in Gesellschaft. Es fiel ihm nicht leicht zu lachen, es hörte sich immer an, als hätte er es aus einem Buch gelernt. Aus Höflichkeit brachte er ein gequältes Gelächter hervor, das nicht wirklich echt klang. Doch ganz selten, wenn man ihn wirklich mit etwas Überraschendem amüsieren konnte, dann konnte er sein eingeübtes Verhalten vergessen und warf, ohne einen Laut von sich zu geben, seinen Kopf zurück, bis ihm die Tränen übers Gesicht liefen.

Einen milden, irischen Sommer verbrachten wir damit zu messen, mit welcher Intensität das Licht in bestimmten Tiefen auf das Seegras trifft. Der Wald aus Riementang absorbierte mehr als neunzig Prozent davon, und unter diesem Baldachin herrschte ewiges Zwielicht. Schöne, nach Licht dürstende, rote Meeresalgen wuchsen, um mehr Licht abzubekommen, oben auf dem Riementang, doch die unten auf den Felsen gaben sich mit den kurzzeitigen, aber hellen

Sonnenstrahlen zufrieden, die hinabdrangen, wenn sich der Baldachin einmal teilte.

Jack schickte mich nach unten, um die Fotozellen zu holen, und während er im Boot auf meine Rückkehr wartete, wurde er von einem neugierigen Einheimischen angesprochen, der wissen wollte, warum hier jemand ohne Angelrute oder Netz in einem Boot sich von den Wellen schaukeln ließ.

»Angeln Sie etwa?« fragte er.

»Nein«, gab Jack in seinem überaus präzise gelangweilten Ton zurück. »Wir zeichnen die Strahlungsverhältnisse bei den *Laminaria* in küstennahen Zonen auf.«

»Ach ja, das dachte ich mir schon.« Doch er blieb in der Nähe, um herauszufinden, was da *wirklich* vorging.

Ich tauchte auf, reichte Jack die Fotozellen, und er sagte mit lauter Stimme: »Ist der Sprengkopf intakt, Leutnant?«

Während ich mich wunderte, was er meinte, bemerkte ich einen Kerl, der Hals über Kopf und was das Zeug hielt in Richtung Küste ruderte. Am nächsten Tag gab es in der Stadt niemanden, der nicht von der Rakete gehört hatte, die vor Lough Ine ins Meer gestürzt war und den ganzen Bereich radioaktiv verseucht hatte.

Direkt an der Mündung des Meeresarms reichte eine Höhle, kerzengerade wie ein Tunnel, einhundert Meter tief in die Felsen. Die Verbreitung der Meeresalgen entspricht, wenn man sich horizontal in die Höhle hinein begibt, fast genau dem, was ein Taucher vorfindet, wenn er ins Meer hinabtaucht. Doch die Bedingungen sind unterschiedlich. Mit zunehmender Tiefe wird das Licht schwächer, aber auch die Farbe verändert sich, da das Wasser das Spektrum unterschiedlich absorbiert. In der Höhle wurde das Licht auch schwächer, doch ohne seine Zusammensetzung zu ändern. Wir führten ein Experiment durch, um herauszufinden, welche Bestandteile des Lichts die Pflanzen am meisten beeinflußten. Deshalb installierten wir Fotozellen, die die unterschiedlichen Wellenlängen des Lichts in größer werdenden Abständen zum Höhleneingang maßen. Als wir damit fertig waren, mußten die Fotozellen wieder eingesammelt werden. Jack hatte das erst für den nächsten Tag geplant, doch das Wetter begann sich zu verschlechtern.

»Der Wind frischt von Westen her auf«, stellte Jack fest.

»Stimmt«, antwortete ich.

»Es sieht so aus, als ob es bis zum Morgen noch schlechter wird. Ich mache mir Sorgen um die Fotozellen in der Höhle.«

»Willst du sie jetzt herausholen?«

»Ich denke schon.«

Also stiegen wir im Mondlicht die Felsen hinunter, und als wir die Höhle erreichten, war es fast Mitternacht. Wir drangen in die absolute Dunkelheit vor, und als wir die Fotozellen aufnahmen, schimmerten ihre Befestigungsschnüre wie fluoreszierende, grüne Würmer. Ein großer, phosphoreszierender Fleck glänzte am Ruderblatt, doch im Licht der Taschenlampe war nichts zu entdecken.

Eine der Halteschnüre trieb im Wasser.

»Sie hat sich losgerissen«, meinte Jack niedergeschlagen.

»Das ist wohl so«, stimmte ich ihm zu.

»Sie ist außer Reichweite. Wir werden die Fotozelle im Sturm wahrscheinlich verlieren.«

»Soll ich hinabtauchen und sie holen?«

»Ohne Tauchausrüstung? Würdest du das machen?«

Ich zog mich aus, schwang mich über die Bordwand in das kalte Wasser und holte das Gerät herauf. Unter Wasser zeichneten sich die Umrisse meines Körpers mit grünen Funken ab.

»Trevor brachte die verlorene Fotozelle zurück«, schrieb Jack Jahre später, »und kam über und über phosphoreszierend nach oben – sehr beeindruckend.«

Was er aber damals sagte, war: »Wenn ich nur ein Skalpell hätte, dann könnte ich eine Probe nehmen.«

Jack liebte das Leben in freier Natur und er begab sich ohne weiteres ins eiskalte Wasser, um Proben zu sammeln, doch ich habe ihn nie aus reinem Vergnügen tauchen gesehen. Ich werde nie seine wilde Art zu rudern vergessen oder seine knallenden Schritte, wenn er durchs Labor hetzte und rief: »Schnell, schnell«, während man selbst versuchte, ihn auf etwas aufmerksam zu machen.

Er liebte das Wandern, doch tat er es niemals aus reinem Vergnügen. Für ihn war das schnelle Marschieren eine Möglichkeit, den Kopf frei zu bekommen. Wenn er eine Gruppe von Studenten führte, dann stürmte er querfeldein durch stachelbewehrtes Brombeergestrüpp, klebriges Nadelgehölz und mannshohe Farne, in denen es vor Zecken nur so wimmelte. Zwanzig Zecken später würde er Rast machen und jedem einen halbgeschmolzenen Schokoriegel aus seiner Gesäßtasche anbieten.

Jack, der Dauerläufer, befand sich immer an der Spitze, denn er machte die größten Schritte und war blind für Kneipen. Indem er den kürzesten Weg nahm, versuchte er immer das doppelte Pensum zu schaffen, und war grundsätzlich verblüfft, wenn die Straße ohne besonderen Grund eine Biegung machte. Als er schon über siebzig Jahre alt war, lehnte er nach einem anstrengenden Tag querfeldein Marschierens eine Mitfahrgelegenheit entrüstet mit den Worten ab: »Nein danke, ich brauche das Training.«

Für Jack existierten nur zwei Zustände: Ruhe oder Rennen. Vielleicht war seine hektische Aktivität der Grund dafür, daß er jederzeit in der Lage war einzuschlafen. Aufgrund seines guten Schlafs bereitete es ihm häufig ein besonderes Vergnügen, die faulen Studenten bei Tagesanbruch zu wecken. Einmal rüttelte er mich und rief: »Schnell, halte das!« Ich fuhr im Bett auf und taumelte dann los wie ein Hund, den man gerade bei seinem Nickerchen vor dem Kamin geweckt hat. Als ich einigermaßen bei mir war, stellte ich fest, daß ich mit aller Kraft ein Seil umklammerte. Ich bemühte mich, einen klaren Kopf zu bekommen, und kroch aus dem Zelt. Das Seil reichte quer über den ganzen Zeltplatz. In meinem Pyjama und barfuß stolperte ich durch das vom Morgentau feuchte Gras hinunter zum Bootssteg. Das Seil war an einem Boot befestigt, das auf dem Lough trieb. Jack hatte auch noch eine Variante davon auf Lager. Er gab zwei Studenten in verschiedenen Zelten jeweils ein Ende eines Seil in die Hand und forderte sie auf zu ziehen.

Er hatte eine Vorliebe für die lauten Spielarten des Weckens. Einmal blies er eine Plastiktüte auf und wollte sie, indem er darauf sprang, mit einem lauten Knall zum Platzen bringen, doch in seiner Begeisterung sprang er zu hoch und setzte sich selbst außer Gefecht, als er mit dem Kopf gegen einen niedrigen Ast knallte. Seine bevorzugte Methode war das »irische Warzenschwein«. Er füllte etwas Wasser in eine Plastikflasche, die er unter der Zeltplane hindurch schob. Wenn er dann die Flasche zusammenpreßte, gab sie laute Rülpsgeräusche von sich. Hatte dies nicht die beabsichtigte Wirkung, dann schlug er leere Blechdosen mit einem Spaten platt.

In einem Jahr hatten wir im Lager Probleme mit Ratten, und das muß mich wohl beim Einschlafen beschäftigt haben. Am nächsten Morgen probierte Jack eine neue Weckmethode aus. Er befestigte an einem Trichter aus Zinn ein Stück Schlauch. Der Plan war, diese improvisierte Trompete unter meiner Zeltwand hindurch so nahe wie möglich an mein Ohr zu schieben und dann ein lautes Wecksignal zu blasen. Es war sechs Uhr morgens, als ich langsam aus dem Schlaf erwachte. Etwas raschelte an der Zeltwand und versuchte hereinzukommen. Ratten! Nur halb wach, griff ich zur nächsten verfügbaren Waffe, einem großen Holzhammer, mit dem wir normalerweise die Heringe einschlugen. Dann folgte eine wütende Attacke auf den unsichtbaren Feind, Schlag auf Schlag, bis ich ein Stöhnen vernahm. Ratten quieken, kam es mir in den Sinn. Es war aber ein sehr tiefes Quieken.

Jack lag am Boden, betäubt, und hielt sich den Kopf und einen schwer demolierten Trichter. Nie mehr hat er versucht, mich auf diese Art zu wecken.

An der Universität von East Anglia machte er sich einen Spaß daraus, sämtliche Fenster des Labors zu öffnen, um den Winter hereinzulassen, oder die Scheiben herausfliegen zu lassen, wenn eines seiner Hochdruckexperimente wieder einmal daneben ging. Sein größtes Vergnügen war es aber, auf der Treppe an wesentlich jüngeren Kollegen vorbeizustürmen.

Er konnte ziemlich unbeholfen sein und bei Sitzungen war er oftmals vernünftig bis zu dem Punkt, wo die Unvernunft einsetzt. Seine Kollegen verzweifelten, und nur selten wurde sein Name genannt, ohne daß man hinzufügte: »Ein schwieriger Mensch.«

Ich kannte ihn nur vom Lough Ine – Jack, den Wilden –, habe aber immer vermutet, daß der mit dem zerrissenen Pyjama und den Stufe-fünf-Pullovern auch der wirkliche Jack war. Lough Ine war ein Ort, wo man kindliche Abenteuer erlebte und gute wissenschaftliche Arbeit leistete.

Kitching und seine Mitarbeiter revolutionierten die Meeresbiologie, indem sie bewiesen, daß man ökologische Experimente besser im Meer als im Labor durchführte. Sie stellten als erste Experimente an, bei denen man Organismen von einem Ort zu einem anderen brachte und beobachtete, wie sie sich dort verhielten. Man setzte Freßfeinde ein oder entfernte sie und hielt genau fest, wie sich dies auswirkte. Diese Experimente haben die Art und Weise verändert, wie man Organismen des Meeresbodens studiert, und Meeresökologen auf der ganzen Welt haben diese Methoden übernommen. Paul Dayton, ein anerkannter amerikanischer Ökologe, erzählte mir einmal, daß er nach Irland zu Kitchings Labor gepilgert sei. »Für einen alten Atheisten wie mich«, so schrieb er, »war ich so nah an eine Religion geraten, wie ich nur kommen konnte.«

Kitching führte auch noch lange nach seiner Pensionierung jeden Sommer Forschungen am Lough Ine durch. Dort begrüßte er dann die Erstsemester mit »Nennt mich Jack« und erstaunte sie mit seiner Energie und seiner Begeisterung für die Arbeit, seiner Bereitschaft, die niedrigsten Verrichtungen zu übernehmen, und der Fähigkeit, alles zu essen, ob es nun genießbar war oder nicht.

Doch wie auch schon William Beebe legte ihm eine Reihe von Schlaganfällen Zurückhaltung auf. Seine Stimme verblaßte zu einem Flüstern, und auch seiner Fähigkeit zu schreiben, ging es nicht besser. Seine Handschrift war schon immer klein gewesen, doch jetzt war sie winzig, wie die Spuren einer kleinen, verlorenen Spinne, die fast vom Blatt herunterfällt.

1993 kam er in ein Pflegeheim. Jack, der früher einmal über die Hügel geeilt war, konnte nicht länger gehen oder stehen. Er, der für die Auslastung von Erdnußbutterfabriken gesorgt hatte, war nicht mehr in der Lage, selbst zu essen. Er nahm seine Abhängigkeit von anderen nicht gerade gelassen hin.

Dann versank er in Teilnahmslosigkeit. Es gab nur noch einen hellen Moment. Er erhielt ein Exemplar des Lehrbuchs über Meeresbiologie, das er begonnen hatte und das von einem Kollegen beendet worden war. Er verbrachte viele Stunden damit, es zu betrachten, wendete langsam die Seiten, so als ob es die Seiten seines Lebens wären. Er starb im Alter von siebenundachtzig Jahren in seinem Bett.

Jacks erste Publikation, bei der auch das Tauchen eine Rolle spielte, erschien 1934, seine letzte 1990, und seine Forschungsarbeit wird von vielen Meeresökologen weitergeführt, denen er Mut gemacht und die er inspiriert hat. Lough Ine wurde dank ihm zu einem offiziellen Meeresreservat und zu einem Mekka für tauchende Biologen. Nur wenige Tauchgründe können sich mit dem Erlebnis messen, bei den Rapids, wenn die Strömung einsetzt, unter einem Wald aus Riementang zu liegen und zu beobachten, wie sich die großen Pflanzen über dem Kopf hin und her bewegen, bis, und das kommt vor, die Strömung dir Maske und Flossen wegreißt und dich hinaus in den Meeresarm schleudert.

Die Höhle von Bullock Island

Denker und Taucher

Die Wissenschaftler waren von den Problemen fasziniert, die ein Vordringen in Tiefen mit sich brachte, wo der Sauerstoff zu einem Gift wird und der Wasserdruck einen Elefanten zermalmen könnte. Heute befestigen Meeresforscher zum Spaß einen großen Styroporbecher an Geräte, die sie in große Tiefen hinablassen, und wenn sie wieder an die Oberfläche kommen, hat der Druck sämtliche Luft aus dem Becher gepreßt, der dann nur noch die Größe eines Fingerhuts hat.

Ein Taucher hat Lungen und andere Körperhöhlen voller Luft, und seine Ohren sind höchst empfindlich, denn dort trennt nur eine dünne Membran das Wasser von der Luft im Inneren. Mitte des achtzehnten Jahrhunderts wurden die Perlentaucher in der Karibik erst dann als zu alt für ihre Arbeit angesehen, wenn sie aus »Augen, Mund und Nase blutend« wieder auftauchten, doch noch schlimmer war, wenn sie an einem »Blutsturz oder einer Gehirnblutung« starben. Selbst William Beebe war noch überzeugt davon, daß es aus vierzig Metern Tiefe für einen Taucher keine Rückkehr geben könne, denn »er wäre nicht in der Lage, wieder aufzusteigen«.

So furchteinflößend der Druck in der Realität auch ist, der Gedanke daran erweckte noch viel weitergehende Ängste. Man nahm an, daß der Druck selbst das Wasser zusammenpressen und damit seinen Aggregatzustand verändern würde. Jedes Objekt, so glaubte man, sinke nicht bis zum Meeresgrund hinab, sondern nur bis zu einer Tiefe, wo das Wasser die gleiche Dichte hätte wie es selbst. Sogar hölzerne

Schiffe und ihre Kanonen würden in unterschiedlichen Tiefen zur Ruhe kommen. Und die schlimmste Vorstellung war, daß die menschlichen Körper, die versunken waren, für immer in einer bestimmten Tiefe einen schwebenden Friedhof bildeten.

Man äußerte Zweifel, ob die Transatlantikkabel wirklich auf den Meeresgrund sinken würden, und wenn dem so wäre, ob die Stimmen, die man so durch den Ozean schickte, nicht zu einem »Quieken« zusammengepreßt würden.

Tatsächlich aber ist der Abstieg in die Tiefe wesentlich ungefährlicher als die Rückkehr an die »sichere« Oberfläche, bei der die Lungen bersten können und das Blut wie Sodawasser aufschäumen kann. Taucher wurden verletzt und getötet, und man mußte herausfinden, warum.

John Scott Haldane mit dem Prototyp seines Beatmungsapparates in einem Kohlebergbauschacht.

Der zerstreute Professor
John Scott Haldane 1860–1936

Physiologen, die nur sehr selten eine Neigung zum Tauchen verspürten, interessierten sich dennoch stark für die Probleme, die das Arbeiten und das Überleben unter Wasser mit sich brachten. Der bedeutendste von ihnen war John Scott Haldane.

Er kam aus einem robusten, schottischen Geschlecht, das als eine von nur fünfzehn Familien in Britannien jeden Nachkommen der männlichen Linie bis ins Jahr 1250 n. Chr. zurückverfolgen konnte. Der Hauptvorteil davon lag in dem Umstand, daß »ihnen der ungeteilte Respekt des Establishments« zuteil wurde. Die Haldanes waren seit dem dreizehnten Jahrhundert Lords of Gleneagles. Einer aus dem Geschlecht hatte die Schwester von General Montrose* geheiratet, ein anderer war bei Flodden** gefallen. Johns Bruder Richard, der Lord Haldane, wurde Lord-Kanzler im Kabinett von Asquith***. Die Haldanes waren Erfolgsmenschen, und zu jedem Silvester versammelte die Sippenälteste die Familie um ihr Bett, und dann mußten sie mitteilen, was sie im letzten Jahr erreicht hatten und was sie im neuen Jahr erreichen wollten.

John machte an der Universität von Edinburgh seinen

---

* James Graham Montrose (1612–1650): schottischer General, kämpfte für Charles I. im Bürgerkrieg, später gefangengenommen und gehängt. (Anm. d. Übersetzers)

** Flodden: Schlachtfeld in Northumberland, wo die Invasionsarmee der Schotten unter James IV. 1513 von den Engländern geschlagen wurde. (Anm. d. Übersetzers)

*** Herbert Henry Asquith (1852–1928): englischer Politiker. Premierminister von 1908–1916. (Anm. d. Übersetzers)

Abschluß in Medizin und arbeitete für kurze Zeit am Royal Infirmary Krankenhaus, bis er als Assistent an das University College of Dundee ging. Er bewahrte sich sein Interesse an der Medizin, und nachdem vom Central Hotel in Glasgow berichtet worden war, daß dort infizierte Ratten aufgetaucht seien, übernachtete er immer dort, in der Hoffnung, eines der infizierten Nagetiere würde in seinem Zimmer auftauchen. Das Wichtigste, was aus seinen Tagen als Arzt zurückblieb, war ein Koffer, auf dem LONDONER SEUCHENKRANKENHAUS stand, und den er jahrelang auf seinen Bahnreisen mit sich führte, um sicherzustellen, daß Mütter mit ihren ungezogenen Kindern weitergingen und er das Zugabteil für sich hatte.

Sein Hauptforschungsinteresse galt dem Einfluß der Luftqualität auf die menschliche Gesundheit, eine Frage, die ihn bis zum Ende seines Lebens beschäftigte. Er untersuchte die Luft in Slums, Fabriken, Schulen und Abwasserkanälen, immer mit einem Riechfläschchen mit Bitterorangenaroma ausgestattet oder mit einem Tuch vor Mund und Nase, je nachdem wie starke Gerüche eine Fabrik absonderte. Er räumte mit der damals weit verbreiteten Auffassung auf, Typhus würde durch Krankheitserreger übertragen, die man durch die Gerüche der Abwasserkanäle aufnähme. Er hatte bewiesen, daß – wie er es ausdrückte – »Krankheitserreger nicht springen«.

Er stellte fest, daß in den Slums von Dundee, wo sich manchmal sechs, ja sogar acht Personen ein Bett teilten, wenn es überhaupt ein Bett gab, während der Nacht der Anteil des Kohlendioxyds und der Bakterien alarmierend anstieg. Für die unterernährten Bewohner war der Slum eine Brutstätte für Krankheiten. Wenn diese Erfahrungen ihn nicht überhaupt erst zum Radikalen werden ließen, dann waren sie bestimmt dazu geeignet, ihn in seiner dementsprechenden Einstellung zu bestärken.

Später trieb er sich in der Londoner U-Bahn herum und

sammelte in einem Behälter, den er zum Fenster hinaushielt, die rauchgeschwängerte Luft, von der er dann mittels eines Röhrchens Proben nahm. Der Anteil des tödlichen Kohlenmonoxids war so hoch, daß man aufgrund von Jacks Ergebnissen die Bahnlinien elektrifizierte. Er wurde zum Gasbeauftragten zuerst von London und dann von ganz England ernannt und mußte in dieser Funktion die Qualität des in den Haushalten verwendeten Kohlegases überwachen, einer Substanz, von der »er nicht viel hielt«. Wie dem auch sei, die Bezahlung dieser Teilzeitarbeit übertraf seine Einkünfte an der Universität fast um das Doppelte.

Im Jahre 1887 heiratete er Kathleen Trotter, die aus einer reichen, schottischen Familie stammte. Ihre Flitterwochen verbrachten sie im verschlossenen Schlafzimmer, wobei sie das Diktat für sein neues Buch über Vitalismus (Der Vitalismus vertritt die Ansicht, daß man die Lebenszusammenhänge nicht nur rein mechanistisch verstehen kann) aufnahm. In ihrem neuen Heim lagen haufenweise unbezahlte Rechnungen und unfertige Manuskripte herum, und Kathleen war bald klar, daß dies keine gewöhnliche Ehe werden würde. Sie beklagte sich zum Beispiel, daß Haldane Schränke voll mit Kleidungsstücken besaß, die, »wenn man die Schubladen öffnete … mir entgegenflogen. Ich habe noch nie zuvor eine solche Anzahl von Motten gesehen«.

Im Jahr ihrer Hochzeit nahm er eine befristete Stelle als Lehrbeauftragter am Lehrstuhl seines Onkels für Physiologie an der Universität von Oxford an. Die Frau des Professors bat alle »wichtigen Leute«, Kathleen zu besuchen, doch das Hausmädchen gab die abgegebenen Visitenkarten nicht weiter, da sie der Ansicht war, Mrs. H. »hätte viel mehr Besucher, als gut für sie sei«.

Schon bald wurde der Sohn, Jack, geboren und fünf Jahre später die Tochter, Naomi (die spätere Schriftstelle-

Haldane übt mit seinem zweijährigen Sohn Jack das Fahrrad-
fahren

rin Naomi Mitchison). John versprach, bei Tisch keine
Aspekte des Körpers »unterhalb des Zwerchfells« zur Sprache zu bringen oder über seine atheistischen und liberalen
Vorstellungen in Gegenwart der Kinder zu sprechen. Er erlaubte Kathleen, sie mit der Religion (d. h. der Bibel, wobei
man die »schmutzigen Teile« beiseite ließ) sowie ihren An-
sichten über das Empire und Patriotismus zu überschütten.
Das Ergebnis war, daß beide Kinder Preise in der Bibel-
stunde gewannen, und Naomi später zu einer Anklägerin
sozialer Ungerechtigkeiten wurde und Jack ein Kommunist.

Als Haldane 1897 in die Royal Society gewählt wurde,
war er immer noch ein gewöhnlicher Assistent an der Universität. Nicht lange danach wurde sein Onkel Dekan der
medizinischen Fakultät, und John war bitter darüber enttäuscht, nicht als Nachfolger seines Onkel die Professur für

Physiologie zu erhalten. Sein Onkel, der Vorwürfe über Vetternwirtschaft überdrüssig, hatte ihn nicht protegiert, und so akzeptierte John statt dessen die Mitgliedschaft an einem College. Er liebte das Leben am New College in Oxford, besonders die formalen Essen mit ihren Ritualen.

Zu dieser Zeit faszinierten ihn die Gase, die sich in Bergwerken bildeten. Grubenexplosionen waren an der Tagesordnung, und jedesmal schnappte sich Haldane seinen Schutzhelm und begab sich zu Untersuchungen vor Ort. Um seine Frau zu beruhigen, schickte er Telegramme, die aber häufig überaus konfus waren und lediglich mitteilten, daß er dem einen oder anderen giftigen Gas ausgesetzt gewesen war. Manchmal erreichte sie dasselbe Telegramm zweimal, wenn John noch so benommen war, daß er das erste vergessen hatte. Während er unterwegs war, brüteten die Kinder über furchteinflößenden Bildern in den Büchern ihres Vaters, die Titel trugen wie *Bergwerkskatastrophen* oder *Gefährliche Berufe*.

Haldane fand heraus, daß die meisten Todesfälle bei Explosionen in Bergwerken nicht aus der Detonation selbst resultierten, sondern auf Ersticken durch Kohlenmonoxid oder sogar reinen Stickstoff zurückzuführen waren. Dazu kam noch der Tod durch großflächige, aber eigentlich nicht lebensbedrohliche Verbrennungen, die nicht rechtzeitig behandelt werden konnten. Er entwickelte Vorgehensweisen, um eine jede dieser Todesursachen zu bekämpfen, und er war der erste, der eindeutig nachwies, daß die Pneumokoniose ihren Ursprung im Einatmen von Staubpartikeln hat. In seinem Labor führte er Experimente ohne Einwilligung des Innenministeriums durch. Als man sie ihm verbot, teilte er dem Ministerium mit, daß er seine Experimente trotzdem weiterführen würde und wenn sie ihn ins Gefängnis würfen, jeder Bergmann in Britannien in den Streik trete. Daraufhin erhielt er die Genehmigung.

Um die Auswirkungen einer Kohlenmonoxidvergiftung

zu untersuchen, inhalierte er es, schrieb die Symptome nieder und nahm Blutproben, um seinen Hämoglobinwert zu bestimmen. Als er eine Sättigung von sechsundfünfzig Prozent erreichte, war er nicht mehr in der Lage, zu gehen oder zu stehen. Blutproben, die man erstickten Bergleuten entnommen hatte, wiesen eine nur um vier Prozent höhere Sättigungsrate auf.

Haldane wurde Direktor des Forschungslabors der Kohleminen in Doncaster und die Hälfte der Bergleute in Yorkshire kannte ihn nur als »den Doktor«. Er war häufig unter Tage, wo er Proben der Luft nahm und die Staubdichte maß. Er nahm seinen Sohn mit hinunter, als dieser gerade mal vier Jahre alt und »sehr verängstigt« war. Ein paar Jahre später verliefen sie sich in einem Irrgarten von Stollen und hörten irgendwo entfernt in der Dunkelheit den unheimlich tönenden Gesang eines Bergmanns. Sie krochen in einen Schacht, der von Methangas erfüllt war und er wies seinen Sohn Jack an, er solle sich aufrecht hinstellen und den Monolog von Antonius »Freunde! Römer! Mitbürger!« aus Shakespeares Tragödie *Julius Cäsar* aufsagen. Innerhalb weniger Augenblicke wurde er bewußtlos, brach zusammen und fand sich in der atembaren Luft am Boden wieder. So hatte Jack gelernt, daß »Grubengas« leichter als Luft und nicht tödlich ist – zumindest wenn man ihm nur eine kurze Zeit ausgesetzt war.

Um zu beweisen, daß der Kohlenstaub der Grund für die meisten unterirdischen Explosionen war, wurde auf der Oberfläche ein künstlicher »Stollen« von dreißig Metern Länge gebaut, der aus alten, zusammengeschweißten Dampfkesseln bestand. Auf der Innenseite brachte man Kohlenstaub auf und dann löste man an einem Ende eine kleine Explosion aus. Die Druckwelle der Explosion schoß die Röhre entlang und riß die letzten beiden Segmente in Stücke. Haldane und sein Sohn standen gut einhundert Meter entfernt, dennoch flog ein großes Bruchstück über ihre

Köpfe hinweg. Spätere Experimente zeigten, daß Kalkstaub in der Lage war, die Explosion zu hemmen.

Die Familienurlaube wurden in Cornwall verbracht, so daß der Vater den Hakenwurmbefall bei den Bergleuten in den dortigen Zinnminen untersuchen konnte. Er nahm Jack in der »großen Menschenmaschine« mit hinunter in einen Schacht; es war ein fünfundvierzig minütiger Abstieg in den Abgrund, wobei man sich in absoluter Dunkelheit von einer schwankenden Leiter zur nächsten hangeln mußte.

Haldanes Erkenntnisse über die Gefährlichkeit von Kohlenmonoxid machten die Arbeit unter Tage sicherer. Aufgrund seiner Experimente wurden zuerst Mäuse, dann Kanarienvögel als eine Art Frühwarnsystem eingeführt. Tests mit dem vorhandenen Rettungsgerät zeigten, daß das meiste davon nutzlos war, also entwickelte er besseres. Praktische Probleme wie diese bestimmten den größten Teil seiner Arbeit als Physiologe, und seine Ergebnisse reduzierten in vielen gefährlichen Berufen das Risiko. Für ihn war die Anwendung neuer wissenschaftlicher Erkenntnisse zum Wohle der Menschheit die größte Herausforderung der Wissenschaft. Er verschwendete einen großen Teil seiner wertvollen Zeit damit, Regierungsstellen und königlichen Kommissionen Auskunft zu geben und dem Innenministerium Beine zu machen, wenn es sich wieder einmal nur sehr zögerlich um die Verbesserung der Sicherheit bei den Arbeitsprozessen kümmerte.

Abordnungen der Minenbesitzer wurden ins Haus der Haldanes eingeladen und dort zuvorkommend behandelt, obwohl Kathleen »keinen zu großen Gefallen an der arbeitenden Klasse« fand. Sie war entsetzt, als die Sprößlinge von erfolgreichen Geschäftsleuten in der Privatschule ihrer Kinder auftauchten. »Selbstverständlich war ein Zahnarzt kein Gentleman und man konnte niemals mit ihm gesellschaftlich verkehren.« Nach Aussage ihrer Tochter waren selbst die Ehefrauen der Universitätsdekane oftmals »weit davon entfernt, von meiner Mutter als gesellschaftlich ebenbürtig angesehen zu werden«. Man kann sich nur schwer den Abscheu vorstellen, den sie bei dem Gedanken empfunden haben mußte, daß ihr Mann seine Arbeitszeit mit Bergleuten, Kanalarbeitern und Eisenbahnangestellten verbrachte. Das bekannte Kinderbuch *The Railway Children* hat sie aus dem Kindergarten verbannen lassen, weil die jugendliche Heldin darin einen Dienstmann küßt.

Ruhm war keine Entschuldigung dafür, »sich nicht seiner Stellung bewußt zu sein«. Marie Stopes* war willkommen als Expertin auf dem Gebiet der fossilen Pflanzen und besuchte Haldane öfter, um die »Datierung von Kohleschichten« zu diskutieren. Dann veröffentlichte sie *Married Love* ...

Als Jack in jungen Jahren ein Buch über die Zukunft der Wissenschaft veröffentlichte, in dem er auch die künstliche Befruchtung voraussagte, sprach man in Oxford von nichts anderem, und sein Vater war von dem Spott peinlich berührt. Mrs. Haldane schrieb an Julian Huxley**, um ihrer Besorgnis über ihre »bessere Hälfte« Ausdruck zu verleihen: »Würden sie alle bitte davon Abstand nehmen, ihn damit aufzuziehen? ... Bis heute hatte ich keine Ahnung, wie sehr es ihn wirklich trifft – diese Liberalen sind seltsame Menschen, und ich habe kein Verständnis für sie! ... Halten Sie diese Leute von ihm fern, oder er wird sie alle hassen! (Was nicht nur traurig für ihn, sondern auch überaus unbequem für mich wäre).«

Haldane hatte immer ein gutes Verhältnis zu seinem Bruder Richard, dem Viscount Haldane. Richard hatte in der Abteilung für Sprengstoffe des Kriegsministeriums Dienst geleistet und ein Referat, das er mit John zusammen halten

---

* Marie Carmichael Stopes (1880–1958): Pionierin der Geburtenkontrolle in England (Anm. D. Übersetzers)
** Julian Huxley (1887–1975): englischer Biologe, Halbbruder von Aldous Huxley (Anm. d. Übersetzers)

wollte, mit dem Titel angekündigt: »Ein öffentliches Seminar über Explosivstoffe, gehalten von R.B. Haldane MP, mit Experimenten, die Professor J.S. Haldane durchführt«. Die Polizei wurde auf die Plakate aufmerksam und traf schon früh am Veranstaltungsort ein, um die ersten drei Sitzreihen freizumachen, bevor die Explosionen des Professors sie auf wesentlich dramatischere Art leeren könnten.

Die beiden Brüder schrieben auch gemeinsam an einem Werk über Philosophie und reisten 1890 zusammen nach Deutschland, um führende Philosophen zu befragen. 1912 fand eine noch bedeutendere Reise statt. Richard war zu diesem Zeitpunkt Kriegsminister, und die Regierung war beunruhigt über Deutschlands Flottenbauprogramm. Sie waren darauf bedacht, einen teuren und gefährlichen Rüstungswettlauf zu vermeiden. Möglicherweise wären informelle Gespräche besser als eine offizielle, deutlich Stellung beziehende Regierungsmission. Richard war darüber hinaus noch Vizekanzler der Universität von Bristol, und unter diesem Deckmantel konnte er Berlin besuchen, um sich dort einen Eindruck über das Ausbildungssystem für technische Berufe zu verschaffen. Sein Bruder John, ein Physiologe, würde ihn begleiten, um die Tarnung perfekt zu machen. Sie täuschten niemanden. Deutsche Zeitungsreporter belagerten ihr Hotel, und John stellte sich ihren Fragen. Die Reporter kamen zu dem Schluß, daß er der verkleidete Premierminister Asquith sei und sich in Berlin aufhalte, um einen Vertrag zu schließen. Sie unterzeichneten nach Verhandlungen mit deutschen Ministern und Admiral Tirpitz tatsächlich ein Papier. Dreißig Jahre später hatte sein Sohn Jack entscheidenden Anteil an der Versenkung des Stolzes der deutschen Marine, des Schlachtschiffs *Tirpitz*.

Sowohl John als auch Richard erhielten von der Universität Birmingham die Ehrendoktorwürde. Sie fuhren beide im Zug zur Verleihung und wurden dabei von Männern von

Scottland Yard begleitet, die sie vor Übergriffen der Suffragetten beschützen sollten.

John und Kathleen lebten über sechzig Jahre im selben Haus in Oxford (später wurde daraus das Wolfson College). Obgleich es dunkel und mit allen möglichen Dingen vollgestopft war, so waren die Tapeten doch von William Morris* und das Badezimmer war mit de Morgan Kacheln gefliest. Die Zahl der Hausangestellten erhöhte sich mit der Zeit und umfaßte schließlich einen Butler, ein Hausmädchen, ein Kindermädchen, einen Kutscher für den Landauer und später dann einen Alkoholiker als Chauffeur für den Daimler.

Außer seinem Arbeitszimmer auf dem Dachboden hatte John Haldane sich ein Labor mit einer luftdichten Kammer eingerichtet, in der er das Verhalten verschiedener Gase untersuchen konnte. Manchmal zog er Naomi bei seinen Experimenten hinzu, damit sie ihn im Auge behielte und falls er zusammenbräche, aus der Kammer zöge und wiederbelebte. Noch mehr Spaß machte es Naomi aber, mit ihrem Bruder Jack in das verlassene Labor zu schleichen, Quecksilber auf den Boden zu gießen und zu versuchen, die Kügelchen wieder einzufangen. Außerdem schnüffelten sie Stickstoff und bekamen davon quiekende Stimmen oder begannen unter der Wirkung von Chloroform herumzukichern.

Zu diesem Zeitpunkt konnte Haldane fast ausschließlich zu Hause arbeiten. Ohne Unterschied nahm er immer um Mitternacht Milch und Rosinenbrötchen als Abendessen zu sich, arbeitete dann die Nacht durch und stand pünktlich zum Mittagessen auf, das für ihn zum Frühstück wurde. Gewöhnlich arbeitete er immer an verschiedenen Projekten gleichzeitig, wobei er die Entwicklung jedes einzelnen genau im Auge behielt. Diese Form strenger Organisation und

---

* William Morris (1834–1896): Engl. Dichter, Maler und sozialistischer Schriftsteller (Amn. D. Übersetzers)

Genauigkeit fand sich allerdings nicht in seinem Privatleben wieder. Jahrelang arbeitete er mit einer Uhr, die keinen Minutenzeiger mehr hatte, und mußte kleinere Zeitabschnitte allein von der Stellung des Stundenzeigers ableiten. Da er die Uhr auch nie stellte, mußte er einen Korrekturwert für die größer werdende Ungenauigkeit hinzu addieren – dennoch verpaßte er nie einen Zug. Auch hatte er ein tiefes Mißtrauen gegenüber solchen Neuerungen wie Schreibmaschine und Rechenschieber, und so führte schon in sehr jungen Jahren sein Sohn Jack die Berechnungen für seinen Vater durch.

Als Kathleen mit Masern im Bett lag, lief ihr eine Maus übers Gesicht. Am nächsten Tag endete die Maus sehr zu Johns Unwillen in einer Mausefalle. »Du hast meine Maus umgebracht?« fragte er ungläubig und gab ihr das Gefühl, eine Mörderin zu sein. Obwohl er Mäuse für seine Experimente benutzte, so lehnte er doch Tierversuche ab und »hat niemals etwas an einem Tier erprobt, wenn es auch ein Mensch machen konnte«. Er gewöhnte sich an, die Angst zu ignorieren, und zog es vor, seine Experimente an sich selbst oder anderen Menschen durchzuführen, die so von ihrer Arbeit begeistert waren, daß sie Schmerz akzeptierten, genauso wie ein Soldat »sein Leben oder eine schwere Verwundung in Kauf nimmt, um den Sieg zu erringen«. Leiden wurde denn auch zum Familienmotto. Als die kleine Naomi einmal schwer stürzte und weinte, machte ihr der Vater klar, daß dies »im Namen der Tapferkeit absolut verboten sei«. Haldane war nicht wirklich mutig; er war nicht schwindelfrei und zu ungeduldig, um Schwimmen zu lernen, doch sobald er an einer Sache arbeitete, kannte er keine Furcht. Damit war er dem kleinen Jack ein beeindruckendes Vorbild, der später dann ebenfalls gefährliche Experimente durchführte, bei denen er und seine Kollegen als Versuchskaninchen dienten.

Nach Darstellung seiner Frau war der Teppich in Haldanes Arbeitszimmer »unter Schichten von Papier begraben, Stapel türmten sich auf seinem Schreibtisch ..., und auf den Stühlen lagen Berichte, Notizen und Blätter mit Berechnungen«. Wenn sie in Laune für den Frühjahrsputz war und fragte, ob man den Teppich aufhängen und ausklopfen könne, stimmte er ohne Umschweife zu, »solange du keines der Papiere von der Stelle bewegst«.

Im Labor, wo er seine Freude daran hatte, mit Gummischläuchen und Quecksilber herumzuhantieren, erwartete er, daß die Experimente peinlich genau funktionierten. Doch wenn man in eine der Schubladen schaute, in denen sich merkwürdige Teile verschiedener Apparate befanden, dann konnte man dort auch eine alte Dynamitstange finden, die schon ganz spröde geworden war.

Aldous Huxley wohnte bei den Haldanes, als er sich 1915 in Oxford aufhielt. Sein bleiches Gesicht, darüber ein wirrer Haarschopf, saß auf einem mageren Körper, und seine Gliedmaßen waren so lang, daß kein Möbelstück sie fassen konnte. Seine langen Arme baumelten über die Rückenlehnen von Sofas, und seine Storchenbeine wanden sich um die Stühle. Obwohl damals schon halbblind, war sein Blick einnehmend und vermittelte Verletzbarkeit. Naomie porträtierte ihn in ihren ersten Theaterstücken. Ihr sehnlichster Wunsch war es, von ihm geküßt zu werden, wozu es aber nie kam.

Huxley berichtete von einer absolut schrecklichen Teegesellschaft »mit einem belgischen Professor, der auf Deutsch mit Haldane sprach, seiner Frau, die sich mit Jack auf Französisch unterhielt« und den armen Aldous »mit seinen englischen Sätzen im Niemandsland stehen ließen ... Die daraus resultierende Anspannung war beängstigend«.

Selbst als Freund der Familie schreckte Huxley nicht davor zurück, Haldane in seinem Roman *Kontrapunkt des Lebens* in der Figur des Edward Tantamount abzubilden, eines Wissenschaftlers ohne Zeitgefühl, der sich in seinem

Labor auf dem Dachboden esoterischen Spinnereien hingibt. Tantamount, »der in allem außer seiner Intelligenz wie ein Kind war« forscht über die Regeneration von verlorenen Körperteilen bei Wassermolchen. »Wassermolche?« fragt ein Bekannter. »Diese Viecher, die schwimmen? ... Aber warum verlieren sie Körperteile?« »Nun, im Labor«, erklärt Tantamount, »verlieren sie sie, weil wir sie ihnen abschneiden.«

Doch Haldane war viel zu exzentrisch, als daß man ihn wirklich hätte parodieren können. Manchmal hielt er beim Zerteilen eines Fleischstücks bei Tisch inne und betrachtete die Blutgefäße und Muskelstruktur. Einmal ignorierte er bei einem Essen völlig die anderen Gäste, während er über ein physiologisches Problem grübelte. Wenn ein Kuchen als Dessert gereicht wurde, konnte es passieren, daß er ihn wortlos nahm und in sein Labor brachte, um sich weiter seinen Experimenten zu widmen. Bei einer anderen Gelegenheit kam er zu spät zum Essen nach Hause und hatte vergessen, daß sie Gäste hatten. Er eilte nach oben, um sich umzuziehen, kam aber nicht zurück. Seine Frau sah nach, wo er denn bliebe, und fand ihn in tiefem Schlaf. »Entschuldigung«, sagte er, »ich bemerkte plötzlich, daß ich mich auszog, und dachte, es wäre Zeit, ins Bett zu gehen.«

Als er im Jahre 1906 gebeten wurde, sich mit den körperlichen Aspekten des Tiefseetauchens zu beschäftigen, richtete er sein Augenmerk auf die Auswirkungen von hohen Drücken. Die Admiralität war besorgt über die Gefahren und Schwierigkeiten, wenn man in Tiefen unter zwanzig Metern arbeitete, denn viele Taucher hatten mit Erschöpfung, Bewußtlosigkeit, Lähmungen und Schlimmerem zu kämpfen.

Haldane wurde unterstützt von Dr. Teddy Boycott vom Lister Institut in London und einer Gruppe von erfahrenen Tauchern der Artillerie- und Tauchschule der Marine, wozu auch Leutnant Guy Damant und der Richtschütze Catto gehörten, dessen Bruder später Direktor der Bank von England wurde. In der Royal Navy war das Tauchen immer ein Privileg der Schiffsartilleristen gewesen, und für Damant »waren die Ausflüge unter Wasser eine wunderbare Erfahrung und in jeder Beziehung dem Studium der Ballistik oder dem Geschützdrill vorzuziehen«. Aber nicht alle Taucher waren so begeistert. Ich besitze ein Foto von einem von ihnen, der in der typischen »Ich-mache-mir-gleich-die-Hosen-voll«-Haltung dasteht, wie sie so vielen »Freiwilligen« zu eigen war.

Früher schon hatte man Experimente mit Ziegen unternommen, da sie die einzigen zur Verfügung stehenden Tiere waren, die in etwa dem menschlichen Körper entsprachen. Ein Ziegenbock hatte Geschmack an Mantelknöpfen gefunden und zusätzlich auch noch eine Uhr und mehrere Tabaksbeutel verschlungen. Nachdem seine Zeit abgelaufen war, bekam er auf dem Gehöft von Damants Bruder auf der Isle of Wight sein Gnadenbrot, wo seine Hörner in Anerkennung seiner treuen Dienste golden angestrichen wurden. Anders als viele der übrigen Dienstverpflichteten erreichte er ein hohes Alter.

Die Männer wurden in einer Druckkammer des Instituts einem Druck von sechs Atmosphären ausgesetzt, doch Haldane erweckte den Eindruck, als ob er nicht sonderlich an den Ergebnissen der Tests interessiert sei, denn er war sich ziemlich sicher, was dabei herauskäme. Möglicherweise führte er die Experimente nicht in erster Linie durch, um seine Vermutungen zu bestätigen, sondern um den Tauchern den Eindruck zu vermitteln, daß er genau wußte, was er tat, denn schließlich lag ihr Leben in seinen Händen.

Danach begab sich Haldane mit seinem Team und seiner Familie auf die HMS *Spanker* im Firth of Clyde, ein Fjord in Schottland. Naomi und Kathleen wohnten in einem örtlichen Hotel und erkundeten die farnbedeckten Hügel und die Überbleibsel vorgeschichtlicher Festungen, während es dem kleinen Jack erlaubt war, an Bord in einer Hängematte zu schlafen, die sich in einem Raum voller Gewehre befand.

Die Taucher trugen den üblichen »Harthelm«-Taucheranzug, bei dem der metallene Helm auf den Anzug des Tauchers geschraubt wurde. Dabei war eine verläßliche Versorgung mit Atemluft von der Oberfläche lebensnotwendig: zu wenig Luft ließ den Taucher ersticken. Der Luftdruck innerhalb des Helms schirmte ihn auch gegen den äußeren Wasserdruck ab, solange beide gleich blieben. Wenn ein Taucher von der Luftversorgung abgeschnitten wurde und das Einwegventil im Helm versagte, hatte er keine Zeit, sich darüber Gedanken zu machen, denn er wurde plötzlich und in schrecklicher Weise dem Wasserdruck ausgesetzt. Man nannte das »die Presse«. In entsprechender Tiefe hatte das zur Folge, daß sein gesamter Körper in den Helm gepreßt wurde, außer den Weichteilen, die durch den Atemschlauch nach oben schossen.

Zuviel Luft war genauso gefährlich, denn dann blähte sich der Gummianzug des Tauchers auf, und er schoß wie ein Korken nach oben, so schnell, daß sich seine Lungen aufbliesen und explodierten. Haldane löste diese Probleme, indem er den Bleigurt einführte und die Beine des Taucheranzugs abband, so daß dort keine Luft eindringen konnte.

Die Taucher wurden auf eine Tiefe hinuntergelassen, die fast das Doppelte der erlaubten Tauchtiefe von dreißig Metern betrug, und so wurde jedesmal der Tiefenrekord gebrochen. Sie mußten anstrengende Übungen ausführen, während von der Luft, die sie ein- und ausatmeten, zur späteren Analyse Proben genommen wurden. Bis auf einen Fall verliefen die Tauchgänge ohne Zwischenfall. Als Catto in fünfundfünfzig Metern Tiefe versuchte, ein Gewicht an einer Trosse zu befestigen, verfing er sich in dem Kabel. Es dauerte zwanzig angstvolle Minuten, bis er sich befreien konnte, da die Pumpe ihn bei seinen Anstrengungen nicht ausreichend mit Luft versorgen konnte und er nahe daran war, ohnmächtig zu werden. Er kam gerade noch rechtzeitig an die Oberfläche.

Haldane vermutete, daß die Erschöpfung bei den Tauchern vielleicht auf zu viel Kohlendioxid zurückzuführen sei, und Proben, die bei tiefen Tauchgängen aus den Helmen genommen wurden, zeigten auch einen Anteil von fast drei Prozent des Gases im Helm. Doch schien eine ausreichende Luftversorgung gegeben zu sein, besonders für Taucher in seichten Gewässern. Wie dem auch sei, die Auswirkungen des Einatmens von drei Prozent Kohlendioxid in vierundzwanzig Metern Tiefe (dort beträgt der Druck drei Atmosphären) entspricht einem Anteil von neun Prozent unter normalem Druck. Die damals verwendeten Pumpen verloren mehr als die Hälfte der Luft durch die Kolben und waren nicht in der Lage, eine ausreichende Luftversorgung zu gewährleisten, die den Aufbau von Kohlendioxid im Helm verhindert hätte. Also war es an Haldane, die erste brauchbare Pumpe für die Luftversorgung der Taucher zu entwickeln.

Die bei weitem größte Gefahr, der sich die Taucher ausgesetzt sahen, war die »Taucherkrankheit«. Nach der Rückkehr zur Oberfläche mußten sich die Taucher häufig übergeben und litten unter starken Schmerzen in den Gelenken. Lähmungserscheinungen waren an der Tagesordnung, und in schweren Fällen kam es zu Todesfällen. Peter Throckmorton beschreibt die Symptome bei türkischen Schwammtauchern: »Wenn es dazu kommt, kann man während des Schlafs gelähmt werden, und man wacht als Krüppel wieder auf. Man kann dadurch ersticken, plötzlich sterben, oder man wird zu einem schreienden Bündel mit schrecklichen Schmerzen in den Gelenken. Manchmal kommt man mit Kopfschmerzen oder einem juckenden Ausschlag davon.«

Im Jahre 1670 hatte Robert Boyle eine Schlange hohem Druck ausgesetzt, und als sie wieder auf Normaldruck war, hatte er im Auge der Viper eine Blase bemerkt. Es hat weitere zweihundert Jahre gedauert, bis Paul Bert in Frankreich diese Blase als Stickstoff identifizierte, der sich im Körpergewebe bildet und sich löst, wenn der Taucher nach oben kommt. Es war auch bekannt, daß sich Symptome, wie die der Taucherkrankheit, beheben ließen, indem man den Taucher wieder hinunter schickte und erneut dem Druck aussetzte.

Um der Taucherkrankheit vorzubeugen, wurden die Taucher angewiesen, langsam nach unten zu gehen, was viel Zeit kostete, ohne meßbaren Erfolg zu zeigen. Auch wies man sie an, zunächst langsam aufzutauchen und erst wenn sie näher an der Oberfläche waren, schneller zu werden – es war genau das Gegenteil von dem, was sie hätten tun müssen. Haldanes Ergebnisse zeigten, daß die Gefahr ausschließlich im letzten Teil des Aufstiegs vor dem Erreichen der Oberfläche lag. Der Druck, den das Wasser auf einen Taucher in zehn Metern Tiefe ausübt, entspricht dem der Atmosphäre, die sich meilenweit über dem Kopf eines Menschen erstreckt und auf ihm lastet. Das bedeutet, wenn man aus zehn Metern Tiefe zur Oberfläche aufsteigt, reduziert man den Druck von zwei Atmosphären auf die Hälfte, doch wenn er doppelt so tief ist (20 Meter), verdoppelt sich der Druck von zehn auf zwanzig Meter Tiefe nicht wieder, sondern es sind nur drei Atmosphären. Wenn man sechzig Meter tief ist, dann muß man über dreißig Meter weit aufsteigen, bis sich der Druck um die Hälfte reduziert hat.

Haldane vertrat die Ansicht, da sich keine Anzeichen der Krankheit bei Tauchern gezeigt hatte, die schnell aus zehn Metern Tiefe aufgestiegen waren, wobei sich der Druck halbierte, müßte es auch ungefährlich sein, den Druck auf diese

Weise von vier auf zwei Atmosphären oder von sechs auf drei zu reduzieren. Und so war es auch.

Er berechnete ein System von Dekompressionsstufen, nach dem ein Taucher schnell zu einer Tiefe aufstieg, wo der Druck nur noch die Hälfte betrug, und dann in Etappen nach oben kam, die gewährleisteten, daß der Anteil des Stickstoffs in seinem Blut nie mehr als das Zweifache des Stickstoffanteils seiner Atemluft ausmachte. Die ersten Dekompressionstabellen berücksichtigten die maximale Tauchtiefe und die Zeit, die der Taucher dort verbracht hatte. Diese, im Jahr 1907 veröffentlichten Tauchtabellen wurden allgemein anerkannt und waren bis 1956, als sie überarbeitet wurden, in Gebrauch. Die »Haldane Berechnungen« blieben die Grundlage für alle Tabellen, die danach erstellt wurden. Keine andere Entwicklung in der Geschichte des Tauchens hat so viele Leben gerettet. Die Anerkennung der Admiralität bestand darin, daß Mrs. Haldane zu einem Silberschmied gehen und sich dort eine Kaffeekanne, Kerzenleuchter und ein verziertes Tablett aussuchen durfte.

Haldane kam zu der Erkenntnis, daß die Rate der Stickstoffaufnahme der verschiedenen Körperteile deutlich voneinander abweicht. Der größte Teil des Gewebes absorbiert ungefähr siebzig Prozent mehr Stickstoff als das Blut, wobei das Gewebe des zentralen Nervensystems, obwohl mit geringer Blutzufuhr, eine große Menge Stickstoff aufnehmen kann. Auch im Fettgewebe lagert sich etwa die sechsfache Stickstoffmenge an wie im Blut, und es sind die Stickstoffbläschen in dem die Nerven umgebenden Fettgewebe, die für die Schmerzen bei der Taucherkrankheit verantwortlich sind. Bei Druckexperimenten mit Ziegen wies Damant nach, daß fette Tiere anfälliger für die Taucherkrankheit waren als magere und daß sie eine längere Dekompressionszeit brauchten. Die Forschungsgruppe machte weiter und untersuchte die Auswirkungen von hohem Druck über einen längeren Zeitraum hinweg, wie das bei Tunnelarbeitern, die in Unterwasserdruckkabinen arbeiteten, der Fall war.

Inzwischen eine Autorität für die Atembedingungen unter hohem Druck, widmete Haldane sich nun den Auswirkungen von extremen Höhen und niedrigem Druck. Man wußte, daß die Höhenkrankheit bei Bergsteigern aus dem Mangel an Sauerstoff in großen Höhen resultierte, doch die Erfindung des Flugzeugs und die damit verbundenen möglichen Gefahren für Piloten, die immer größere Höhen erreichten, brachte die Physiologen dazu, auf Berge zu klettern und dort Experimente durchzuführen. Auf einer Konferenz machte Haldane nebenbei die Bemerkung, wenn es einen hohen Berggipfel gäbe mit einem brauchbaren Hotel darauf, dann wäre er bereit, die Veränderungen im Blut und bei der Atmung in großen Höhen zu untersuchen. Ein Physiologe aus Yale nahm Haldane beim Wort und brachte ihn für fünf Wochen in das Hotel auf dem über 4300 Meter hohen Pikes Peak in Colorado, um die Anpassung an den Sauerstoffmangel zu untersuchen. Nachdem sie sich an die Höhe gewöhnt hatten, ergötzten sie sich schadenfroh an dem Anblick der Touristen, die aus der Gebirgsbahn ausstiegen und sofort höhenkrank wurden. Athleten, die heute die Vorteile des Höhentrainings genießen, müssen Haldane dafür danken, daß wir um die körperlichen Veränderungen, die dabei vor sich gehen, wissen.

* * *

Haldanes wissenschaftlicher Ruhm gründet auf seiner Entdeckung, daß die wesentliche Funktion der Atmung im Austausch von Kohlendioxid und Sauerstoff in den Lungen und daraus folgend im Blutkreislauf liegt. Bei Tieren im Ruhezustand reguliert die Atmung die Menge des in der Lunge vorhandenen Kohlendioxids. Selbst kleine Veränderungen der Kohlendioxidkonzentration im Blut, das von den Lungen zum Gehirn fließt, führt zu großen Veränderungen der Atemfrequenz. Diese Erkenntnisse revolutionierten die Physiologie, da sie eine Erklärung für die natürliche Veränderung der Atmung bei unterschiedlicher körperlicher Belastung lieferte. Haldane zeigte auch, daß eine Veränderung der Blutzusammensetzung zu offensichtlichen Veränderungen in verschiedenen Teilen des Körpers führte, die man mit erstaunlicher Deutlichkeit und Genauigkeit nachweisen konnte. Damit erkannten die Physiologen erstmals, daß der körpereigenen Chemie eine ebenso große Bedeutung zukommt wie dem Nervensystem.

Haldane entwickelte Versuchsanordnungen und Apparate, die die Physiologen in die Lage versetzten, Untersuchungen durchzuführen, die vorher nicht möglich gewesen waren. Sein Gasanalysegerät ermöglichte zum Beispiel, die gesamte Menge Blut im Körper eines Tieres anhand einer winzigen Blutprobe zu bestimmen.

Als er älter wurde, verlagerte sich sein Interesse zunehmend auf die Philosophie und die Rolle der Wissenschaft in dem, was er als spirituelle Welt ansah. Er war der Inbegriff eines Wissenschaftlers und Gentlemans, höflich und menschenfreundlich und selbstverständlich zerstreut. Kein Wunder, daß er über das Benehmen der »Blaublütigen« am College entsetzt war – Banden von wissenschaftsfeindlichen Vandalen aus der gesellschaftlichen Oberklasse, die die Labors verwüsteten, Aufzeichnungen zerstörten und wissenschaftliche Geräte mit Quecksilber übergossen. Doch der Erste Weltkrieg würde schon bald Philister und Poeten gleichermaßen hinwegraffen.

1915 bekam Haldane von seinem Bruder Richard, der inzwischen Lordkanzler geworden war, den Auftrag, herauszufinden, welches Giftgas die Deutschen einsetzten, und eine Schutzmöglichkeit für die Truppen in den Schützengräben zu entwickeln. Er eilte nach Frankreich, um bei der Obduktion eines der ersten Opfer dabeizusein, einem jungen kanadischen Offizier, der durch das Einatmen von Chlorgas gestorben war. Haldane wurde wütend, als Kitchener die britischen Mütter aufforderte, (unnütze) Gasmasken für die Truppen anzufertigen. Es war lediglich der Versuch, die Besorgnis in der Bevölkerung zu mindern und ihnen das Gefühl zu vermitteln, etwas würde getan.

Das Haus der Haldanes war nun erfüllt von Husten und Keuchen, das vom Dachboden herabklang und zeigte, daß die Experimente gute Fortschritte machten. Vater und Sohn atmeten giftige Gase ein und testeten selbst entwickelte Gasmasken. Bevor sie Erfolg hatten, waren Haldanes Lungen ruiniert und sie sollten es für den Rest seines Lebens auch bleiben. Naomi und Aldous Huxley häckselten Baumwollstoff, um damit die Filter der Atemmasken auszustopfen. Sie probierten es mit Strümpfen, Jacken, Naomis Strickmütze und Aldous' Schal, bis sie das Richtige fanden und die erste brauchbare Gasmaske entwickelt hatten.

Haldane hielt immer noch Vorlesungen und nahm an Seminaren des Colleges teil. Naomi, die ihn oft begleitete, hatte die Anweisung, ihn in die Rippen zu stoßen, wenn es »zu offensichtlich wurde, daß er eingeschlafen war«.

Im Alter von fünfundsiebzig Jahren, gerade von einer Forschungsreise aus dem Mittleren Osten zurückgekehrt, wo er die Auswirkungen von Hitzschlägen bei Arbeitern bei Ölbohrungen untersucht hatte, brach er zusammen und bekam eine Lungenentzündung. Seine Lungen hatten sich nie von den Experimenten mit Giftgas erholt, und sein Herz war schwach.

In seinem verblassenden Geist spukten Gedanken herum, von denen sich einige mit seinen Kollegen beschäftigten. Seine letzten Worte waren: »Ich habe ein Telegramm bekommen, daß auch Priestly im Sterben liegt, doch ich glaube, das habe ich mir nur eingebildet.« Er starb unter einem Sauerstoffzelt, als die Uhr Mitternacht schlug, und

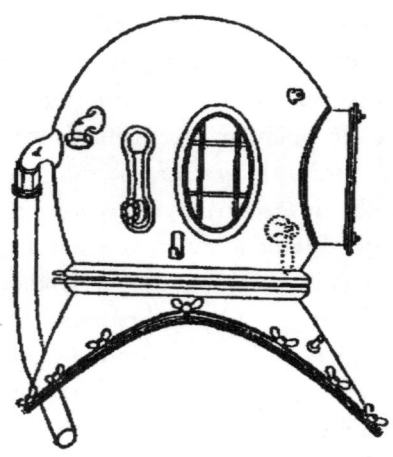

Abbildung des Taucherhelms aus Haldanes und Priestleys 1935 erschienenem Klassiker »Respiration« (Die Atmung)

auf seinem Gesicht war ein »sehr interessierter Ausdruck, so als ob er an einem wichtigen Experiment der Physiologie teilnähme, das er sorgfältig verfolgen müßte«.

Das Anatomische Institut der Universität Oxford, dem er seinen Körper zur Verfügung stellte, bat darum, von der Pflicht, einen Freund und Kollegen sezieren zu müssen, befreit zu werden. So wurde er verbrannt, und seine Asche auf dem Familienfriedhof an der Mündung des Gleneagles verstreut. Die Familie war entsetzt, als Jack als »überzeugter Kommunist« darauf bestand, die Asche mit dem Zug zu überführen – in der dritten Klasse im Gepäcknetz.

John Haldane blieb seinen Kindern in nachhaltiger Erinnerung. Noch Jahre nach seinem Tod träumte Naomi von ihm, und er erschien ihr als »ein Hort der Sicherheit, manchmal als Exorzist oder auch als jemand, der etwas erklärt und der ihr klar machte, daß, wenn man nur den Gesamtzusammenhang erkenne, alles völlig in Ordnung sei ... In diesen sich wiederholenden Träumen ist es immer mein Vater, niemals meine Mutter, die ja eigentlich in meiner Kindheit Inbegriff von Sicherheit und Verläßlichkeit war«.

Haldane hinterließ der Wissenschaft zwei Erbschaften. Die eine war die neue Richtung, die er der Erforschung der menschlichen Physiologie gewiesen hatte und die andere war sein Sohn, der auch einen wichtigen Beitrag zur Erforschung der physiologischen Zusammenhänge beim Tauchen leisten sollte.

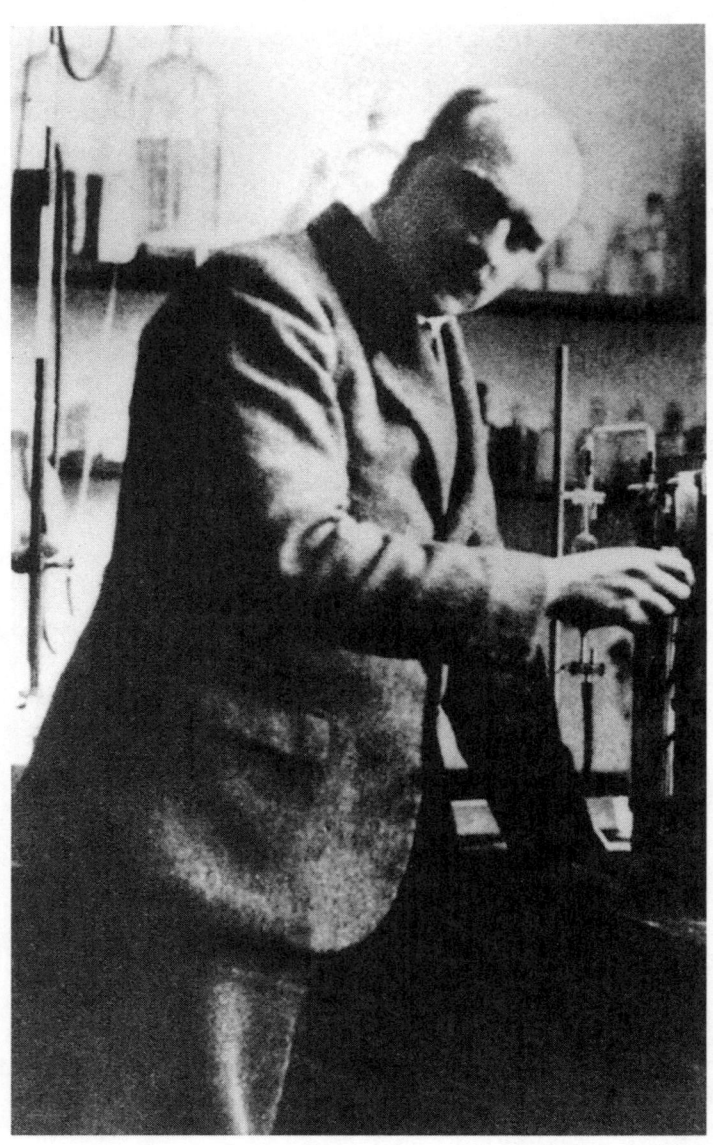
John Burdon Sanderson Haldane bei der Arbeit in seinem Labor in Cambridge, Anfang 1920

Der knuddelige Kaktus in der Kammer des Schreckens
John Burdon Sanderson Haldane 1892–1964

Haldanes Sohn Jack (allgemein bekannt als J. B. S.) war der hellste Kopf, der sich je mit Tauchen beschäftigt hat. Er wurde in der Guy Fawkes Nacht* geboren und was er auch anstellen würde, es gab immer ein Feuerwerk.

Er war ein erstaunliches Kind. Wenn sein Vater über Blut sprach, dann wurde der dreijährige Jack ungehalten. »Ist es nun Oxihämoglobin oder Karboxihämoglobin?« fragte er. Noch vor seinem fünften Geburtstag erwartete man von ihm, daß er die Zeitungsartikel über die Zusammenkünfte der Britischen Wissenschaftlichen Gesellschaft vorlas. Mit fünf hatte er *Gullivers Reisen* gelesen, und obwohl er noch zu jung für den Lateinunterricht war, bestand er die Prüfung. »Ich weiß, daß Sie mich nicht darin unterrichtet haben«, erklärte er dem Lehrer, »aber ich habe gehört, wie Sie Latein gesprochen haben, und das kommt aufs gleiche heraus.«

Jack hatte eine ungewöhnliche Kindheit. Im Alter von sieben sammelte er Muscheln, und als er seinen Vater bat, ihm bei der Bestimmung zu helfen, gab dieser ihm ein zweibändiges Bestimmungsbuch in Deutsch. Mit acht vertraute man ihm soweit, daß er die Ergebnisse, die ihm sein Vater bei seinen Experimenten mit dem Gasanalysegerät zurief, niederschreiben durfte, und schon bald führte er sämtliche

---

* Guy Fawkes (1570–1606): Englischer Verschwörer in der sogenannten »Schießpulververschwörung«, die König James I. zusammen mit dem Parlamentsgebäude in die Luft sprengen wollte (1605). In der Guy Fawkes Nacht, 5. November, wird traditionell ein Feuerwerk abgebrannt. (Anm. d. Übersetzers)

135

Berechnungen durch, die bei den Experimenten nötig waren. Einige Jahre später, als sein Vater bei einem Forschungsunternehmen die Logarithmustabellen vergessen hatte, erklärte er: »Kein Problem, Jack wird sie für uns ausrechnen.«

Als er einmal mit dem Fahrrad seines Vaters unterwegs war, stürzte er und erlitt einen Schädelbruch. Sein Leben stand auf Messers Schneide. Wenn er gestorben wäre, so stellte seine Mutter eindeutig klar, hätte sie ihren Mann dafür verantwortlich gemacht. Nach langer Bewußtlosigkeit erholte sich Jack und war gleich wieder voll da. Als er mitbekam, wie der Chirurg die Dosierung eines Medikaments bestimmte, öffnete er seine Augen und sagte: »Sie sind für die mechanischen Arbeiten zuständig, überlassen Sie das andere dem Chemiker.«

Zusammen mit seiner Schwester Naomi streute er Schießpulver aus und sie steckte es an, wobei sie sich die Augenbrauen versengten. Aus anatomischem Interesse zerlegten sie eine ihrer Puppen und häuteten pelzige Raupen, um einen Teppich für Naomis Puppenhaus herzustellen. Er erschreckte seine Schwester mit etwas, das im dunklen Geschirrschrank leuchtete und von dem er Stein auf Bein schwor, es sei Radium. Jack war voller wahnwitziger Ideen. Er steckte den Kopf einer Schaufensterpuppe neben seine Schwester ins Bett, so daß sie beim Aufwachen erschrocken zu schreien begann. Er führte elektrische Leitungen von der Steckdose zum Handwaschbecken, warf dann Münzen ins Wasser und wartete darauf, daß Naomi nach ihnen greifen würde. Um das Hausmädchen zu erschrecken, setzte er sogar das Waschbrett unter Strom.

Während seiner ersten achtzehn Monate in Eton war er es dann, der von den älteren Jungs geärgert und gequält wurde. Jack haßte die Schule, war aber, als er größer wurde, aufgrund seiner beeindruckenden Erscheinung und seiner aggressiven Haltung gegen Anfeindungen gewappnet. Diese kämpferische Haltung half ihm später bei vielen Auseinandersetzungen mit Vorgesetzten und der Regierung. Seine Ausnahmestellung gegenüber seinen Mitschülern, die er aufgrund seiner Brillanz und Arroganz einnahm, machte es ihm möglich, sich mit den ausgebeuteten Massen zu identifizieren, deren Anliegen ihm für den Rest seines Lebens immer am Herzen lagen.

1908 wurde sein Vater von der Admiralität zur Erprobung eines neuen Unterseeboots eingeladen und brauchte einen Assistenten. Die Auswahl wurde durch die Geheimhaltungsvorschriften eingeschränkt. »Warum nimmst du nicht den Jungen mit?« meinte seine Frau. Er wand sich an Jack und fragte: »Was ist die chemische Formel von Natronkalk?« Jack nannte sofort die richtige Formel und das nächste, an das er sich erinnern konnte, war, daß er sich in einem streng geheimen Unterseeboot befand.

Jack war gerade dreizehn Jahre alt, als er zum ersten Mal mit einer Metallhelmausrüstung auf zwölf Meter Tiefe tauchte. »Meine Ohren schmerzten«, so räumt er ein, »doch die Trommelfelle platzten nicht.« Der Anzug war natürlich viel zu groß und die Manschetten zu weit. Er füllte sich schnell mit Wasser. Der Junge betätigte vorsichtig die Luftventile und es gelang ihm, den Wasserpegel knapp unter seinem Kinn zu halten. Selbst in diesem Moment war er furchtlos und bewahrte auch unter großer Anspannung die Ruhe.

Mit neunzehn veröffentlichte er seinen ersten wissenschaftlichen Aufsatz, eine Gemeinschaftsarbeit mit seinem Vater, und ging nach Oxford, um Mathematik zu studieren, doch schon bald wechselte er zu einem angeseheneren Fach, der klassischen Philologie. An seinem Lebensende würden ihn ein paar Schlucke Alkohol dazu bringen, endlos klassische Verse zu rezitieren. Häufig schneite er uneingeladen bei Julian Huxley herein, normalerweise zur Teezeit, und »verschlang haufenweise Biskuits, wobei er darauf beharrte, keinen Bissen essen zu können, während er Gedichte von Shelley oder Milton hersagte oder von jedem anderen Dichter, den man ihm wahllos nannte … Einmal rezitierte er Homer so lange, daß ich ihn nach unten zur Haustür bringen mußte, während er die ganze Zeit auf Griechisch vor sich hin murmelte«.

Jack war in seinem Element. Er entwickelte sich zu einem ausgezeichneten Kletterer, so daß er auch nach den offiziellen Stunden das College verlassen konnte, indem er die Mauern rauf und runter kletterte. Jahre später, als er selbst Lehrer an diesem College geworden war, sorgte er dafür, daß die einfachen Wege unpassierbar gemacht wurden, um so die Fähigkeiten der mitternächtlichen Kletterer herauszufordern.

Jack nahm sich ein Jahr frei und studierte Zoologie, und obwohl er nie einen Abschluß in Biologie machte, begann er schon damals mit Experimenten auf dem Gebiet der Genetik. In seinem Elternhaus quoll das Badezimmer über von Glasgefäßen mit Strandflöhen und der Vorgarten wurde zu einem Gehege für Meerschweinchen und Mäuse. Jedes Tier war nach einem berühmten Wissenschaftler benannt, und sie wurden von Naomi und Aldous Huxley versorgt, der inzwischen schon fast zur Familie gehörte. Jack führte Buch über die Vererbung bestimmter Merkmale wie der Farbe des Fells. Die daraus resultierende Publikation war die erste Darstellung von Erbkombinationen (die Vererbung von zwei oder mehr Merkmalen zusammen) bei Wirbeltieren.

Seine herausragende Abschlußprüfung in klassischer Philologie im August 1914 war, wie Jack zugab, »irgendwie überschattet von anderen Ereignissen«. Der Artillerieoffizier Haldane im schottischen Regiment der Black Watch bezeichnete den Krieg als »eine sehr erfreuliche Erfahrung«. Den April 1915 – »einer der glücklichsten Monate meines Lebens« – verbrachte er unter dauerndem Beschuß. Feldmarschall Haig bezeichnete ihn als den »mutigsten und den am wenigsten gepflegten Offizier der Armee«.

In der Nacht führte er Stoßtrupps ins Niemandsland, um

die feindlichen Truppen zu belauschen oder sie in Furcht zu versetzen. Seine Heldentaten wurden zu Legenden, und Naomi beschreibt ihn als »einen Killer, der leise zu der besonders gefährlichen, aber einzig richtigen Stelle schleicht, von wo aus man die Granaten in die feindlichen Schützengräben feuern kann«. Er gestand ein, daß ihm die Möglichkeit, Menschen zu töten, gefiel, da es ein »achtenswertes Erbe des primitiven Menschentums war«. Genauso war es natürlich auch umgekehrt. Einmal radelte er mitten am Tag über eine von den Deutschen frei einsehbare offene Fläche in dem festen und wie sich herausstellte richtigen Glauben, sie wären viel zu überrascht, um das Feuer zu eröffnen, bevor er wieder in Deckung war. Er nannte das »ohne Befehl ein ungewöhnliches Risiko eingehen … und es genießen«. So ist es nicht verwunderlich, daß er zweimal schwer verwundet wurde, wobei es sich bei dem zweiten Mal um Beschuß aus den eigenen Reihen handelte. Glücklicherweise wurde er vom Prinzen von Wales gefunden und zu einem Verbandsplatz gebracht. Wenn er nicht zu dieser Zeit seinem Vater bei der Entwicklung der Gasmaske geholfen hätte, dann wäre er bei der vernichtenden Schlacht von Richebourg L' Avoué dabeigewesen, wo fast alle Offiziere seiner Einheit umkamen.

Seine nächste Aufgabe bestand darin, eine Ausbildungseinheit für den Umgang mit Granaten aufzubauen. »Ich begann mit der Erklärung des Aufbaus von Handgranaten, und jeder Schüler mußte mit den Zähnen die Zündkapsel in den Zünder einsetzen.« Er wies seine Schüler darauf hin, daß, »sollte die Zündkapsel explodieren …, der Mund deutlich vergrößert würde. Männer, die bei dieser Bemerkung nicht lachten, wurden zurück in ihre Einheiten geschickt, da sie nicht das Zeug hatten, gute Ausbilder zu werden«. Neben all dem anderen Schabernack, den sie trieben, warfen sie sich auch scharf gemachte Handgranaten zu, bevor sie diese aus dem Schützengraben schleuderten. »Wenn man ein gutes Zeitgefühl hat, dann ist dies nicht gefährlicher, als über die Straße zu gehen … doch für Zuschauer ist es viel beeindruckender.« Und obwohl es zu keinen Unfällen kam, »brachte irgendein Idiot die Sache im Parlament zur Sprache, und die Armee erließ eine Vorschrift, in der solche Dinge verboten wurden«.

Gewöhnlich schleppte er in seiner Hosentasche Zündkapseln, Gelatinedynamit und Streichhölzer mit sich herum und »schon bei der kleinsten sich bietenden Gelegenheit, begann er über ihren Gebrauch zu referieren«. Verständlicherweise betrachteten ihn seine Offizierskameraden mit »Furcht und Mißtrauen«, besonders wenn er seine brennende Pfeife mit einer Zündkapsel nachstopfte und dabei erklärte, wie schnell Unfälle passieren können. Man muß nicht erst erwähnen, daß er Freudenfeuer und Feuerwerke liebte und niemals ein Streichholz ausblies, bevor es nicht bis zu seinen Fingerspitzen heruntergebrannt war.

Nach dem Krieg kehrte er nach Oxford zurück und begab sich dann nach Cambridge, wo er mit seinen physiologischen Experimenten begann, bei denen er sich selbst und seine Kollegen als Versuchskaninchen benutzte. Diese Experimente beschäftigten ihn die nächsten sechzehn Jahre. Seine ersten Versuche bestanden darin, Natriumbikarbonat zu schlucken und danach Salzsäure, um den Säuregehalt des Blutes zu untersuchen. »Konzentrierte Salzsäure löst die Zähne auf«, stellte er fest. »Die höchste Konzentration, die ich wagte, zu mir zu nehmen, bestand aus einem Teil Salzsäure auf hundert Teile Wasser, doch ein halber Liter reichte, um meine Kehle und meinen Magen anzugreifen.« Unglücklicherweise besagten seine Berechnungen, daß er fast sieben Liter davon hätte trinken müssen, um den gewünschten Effekt zu erreichen. Er versuchte seinem Körper die Säure mit einem Trick zuzuführen, indem er sie in eine Kapsel füllte, die sich im Magen auflöste und die Säure freisetzte. Es funktionierte, doch er mußte zugestehen, daß seine Leber wohl Seignettesalz geähnelt habe, doch selbst wenn er ein Fenster im Bauch gehabt hätte, durch das er den Vorgang hätte beobachten können, er viel zu sehr damit beschäftigt gewesen war, zu atmen, als daß er darauf hätte achten können. Er litt unter schweren Symptomen einer Säurevergiftung. Ein Kollege fand ihn »betrunken« auf den Stufen und eilte ihm zu Hilfe. »Es ist nichts«, versicherte ihm Haldane. »Nur daß ich im Moment ein aus achtzig Prozent Natriumchlorid bestehender Haldane bin.« Diese Methode wurde später bei Kleinkindern angewandt, die aufgrund extrem alkalischen Bluts an Krämpfen litten.

Haldane führte diese Experimente an sich selbst durch, da ein Kaninchen ihm nicht sagen konnte, wie es sich fühlte und »sich natürlich auch nicht bemühte zu kooperieren«. Dazu kam noch, daß, »wenn man die gleichen Dinge mit einem Hund anstellen wollte, man ein Formular in dreifacher Ausfertigung bräuchte, das von zwei Erzbischöfen unterschrieben ist«.

Bei seinen Experimenten nahm es Haldane peinlich genau, doch bei allem anderen war er unbeholfen. Er fuhr im klapprigsten Auto, das Arthur C. Clarke* je gesehen hatte, mit »furchtloser Hingabe, wenig Geschick und einer altertümlichen Höflichkeit die Tooting Road entlang und verpaßte Pfeiler und Polizisten nur um Haaresbreite«. Daneben hatte er sich einen kindlichen Humor bewahrt und brachte Tabuthemen mit lauter Stimme öffentlich zur Sprache. Er war berühmt dafür, sämtliche Damen aus einem Lyons-Teeladen zu vergraulen.

Aldous Huxley verspottet ihn gnadenlos in seinem Roman *Narrenreigen*. Der beleibte Physiologe James Shearwater verbringt Stunden damit, in einem »Schwitzkasten« auf einem Rad zu fahren, wobei ihm der Schweiß von seinem Schnurrbart tropft und er siebzig Meilen zurücklegt,

---

* Arthur C. Clarke (geb. 1917): engl. Science Fiction Autor, bekannt geworden durch 2001 – Odyssee im Weltraum. (Anm. d. Übersetzers)

ohne sich je von der Stelle zu bewegen. Als man ihm vorwirft, an weiblicher Gesellschaft nicht interessiert zu sein, gesteht er ein, daß er pro Tag nur eine halbe Stunde den Frauen opfert, seine Ehefrau eingeschlossen. »Ich weiß bereits alles über die Liebe«, behauptet er und präsentiert eine mathematische Berechnung, die dies beweisen soll. »Ich führe eine ruhige Ehe, in der ich auf Sparflamme koche.« In der Zwischenzeit erreicht seine Frau den Siedepunkt. Während er im Wohnzimmer über Krankheitserreger diskutiert, gibt sie sich im Obergeschoß einem Fremden hin.

1923 veröffentlicht Haldane seine Vorschau auf die Wissenschaft der Zukunft. Seine Vorstellungen über Genetik und künstliche Befruchtung waren sensationell:

Es war im Jahre 1951 als Dupont und Schwarz ... einer Frau, die bei einem Flugzeugunglück umgekommen war, einen frischen Eierstock entnahmen und diesen in ihren Geräten fünf Jahre lang am Leben erhielten ... Jetzt ist dieses Verfahren völlig ausgereift, und wir können den Eierstock einer Frau in einer Nährflüssigkeit über zwanzig Jahre am Leben erhalten, wobei er jeden Monat eine Eizelle abgibt, von denen neunzig Prozent befruchtungsfähig sind, und die Embryonen entwickeln sich problemlos neun Monate lang, bis sie das Licht der Welt erblicken. Frankreich war das erste Land, das offiziell die Exogenese (Kindesgeburt außerhalb des Körpers) genehmigte, und im Jahr 1968 produzierten sie 60 000 Kinder jährlich auf diese Weise.

Wie wir wissen, ist die Exogenese nun allgemeiner Standard, und in unserem Land werden nur noch weniger als dreißig Prozent der Kinder von Frauen geboren.

Aldous Huxley war von Haldanes Vorstellungen fasziniert und benutzte sie als Grundlage für seinen Roman *Schöne neue Welt*.

Haldane glaubte, daß es drei große Bedrohungen für die

Welt gab: den Kommunismus, den Faschismus und den Journalismus. Dann begegnete er Charlotte Burghes, einer Kommunistin, die für den *Daily Express* schrieb. »Das Unterrichten war J.B.S. liebste Beschäftigung«, schriebt sie, »und das Lernen die meine ..., wir trafen uns immer regelmäßiger. Er hielt Vorträge, und ich hörte ihm zu ... und dann, als er mit einem charmanten Anflug von Galanterie des neunzehnten Jahrhunderts mich bat, ihn zu erhören, lehnte ich dies nicht ab.« Sie war zu diesem Zeitpunkt verheiratet, und wie es damals notwendig war, verabredeten sich die beiden in einem Hotel, um einen Grund für eine Scheidung zu liefern. Und obgleich sie 1926 heirateten, befand ein Universitätsgremium (mit dem unheilvollen Namen Sex Viri – die sechs Männer) Haldane »des schwer unmoralischen Verhaltens« für schuldig und entzog ihm seinen Lehrauftrag. Er weigerte sich, die Entscheidung zu akzeptieren, und gewann die Berufung, was auch gleichzeitig das Ende des »Sex Weary« (des sexmüden) Gremiums bedeutete.

Charlotte wurde seine Sekretärin und Agentin und verkaufte seine Artikel. Jack war immer am Schreiben; ob in Zügen oder auf Flughäfen, immer konnte man ihn vor sich hinkritzeln sehen. Er verschwendete keine Minute. Er sollte es schließlich auf dreiundzwanzig Bücher und über vierhundert wissenschaftliche Artikel bringen.

Im Jahre 1928 besuchten sie Rußland und waren beeindruckt von der Wertschätzung, die ihnen von den Wissenschaftlern entgegen gebracht wurde. Jack wurde zum überzeugten Kommunisten. Ihm hatte es die verführerische, sozialistische Maxime angetan, daß Wissenschaft dem praktischen Nutzen der Allgemeinheit dienen sollte, statt nur eine esoterische Beschäftigungen für einige wenige zu sein. Obwohl ihn bei einem nachfolgenden Besuch die Auswüchse des Stalinismus' abstießen, wurde seine marxistische Überzeugung durch die tolerante Haltung der britischen Regierung gegenüber faschistischen Diktaturen wieder bestärkt.

Seine sozialistische und atheistische Einstellung kommt am besten in seinen Worten zum Ausdruck, daß »zwischen 3000 vor Christus und 1400 nach Christus wahrscheinlich nur vier wirklich wichtige Erfindungen getätigt wurden, nämlich der allgemeine Gebrauch von Eisen, gepflasterte Straßen, das Wahlrecht und die religiöse Intoleranz«.

Als er einmal gefragt wurde, was seine Forschungen ihm über Gott gesagt hätten, gab er die berühmte Antwort, »daß er den Käfern ein übermäßiges Wohlwollen« entgegenbringt. Er ergänzte Blakes Ausspruch über die Tiger, »Hat der, der das Lamm geschaffen hat, auch jene geschaffen?«, mit: »Die gleiche Frage kann man mit ebensolcher Berechtigung auch in bezug auf den Bandwurm stellen und eine positive Antwort würde eindeutig auf einen Schöpfer abzielen, dem ganz sicher nicht die Bewunderung der Gesellschaft zuteil würde.«

1933 ging er an das University College in London, zuerst als Professor für Genetik, später dann hatte er den Lehrstuhl für Biometrik inne. In den nächsten Jahren versorgte Hitler Haldanes Institut unabsichtlich mit einem Strom von begabten jüdischen Biologen, die aus Kontinentaleuropa nach England flohen. Er brachte Ernst Chain mit Howard Florey zusammen, und gemeinsam entwickelten sie das Penizillin weiter und stellten als erste ein praktisch anwendbares Antibiotikum her, wofür sie den Nobelpreis erhielten.

Der größte Teil von Haldanes Arbeit lag aber im theoretischen Bereich, wo er die von anderen gesammelten Daten mathematisch auswertete. Mathematische Berechnungen wurden bei der Genetik angewandt, unter anderem auch bei der Untersuchung der Vererbung von Farbenblindheit und der Bluterkrankheit. Er war der erste, der damit begann, die menschlichen Chromosomen zu kartographieren und die Rate der genetischen Veränderungen in menschlichen Genen abzuschätzen. Zu seiner Überraschung stellte er fest, daß die *Häufigkeit* der Mutationen wesentlich entscheidender für nachteilige Entwicklungen in der Bevölkerung war als der durch die einzelne Mutation erzielte Effekt. Es war so, als hinge der Grad der Trunkenheit mehr von der Geschwindigkeit des Trinkens als von der genossenen Menge Alkohol ab. Er begann damit, die Mechanismen der Evolution zu berechnen, und zeigte, daß Darwins Theorie der natürlichen Auslese nicht nur zu Veränderungen führte, sondern daß die Rate, mit der diese Veränderungen stattfanden, ausschlaggebend für die Geschwindigkeit der Evolution war. Sein Buch *The Causes of Evolution* ist noch heute ein Klassiker. Fast im Alleingang legte er den Grundstein sowohl der allgemeinen als auch der menschlichen Genetik. Er entwickelte nicht nur die Werkzeuge, sondern machte sie auch für andere nutzbar.

Während des spanischen Bürgerkriegs arbeitete Charlotte in einem Durchgangslager in Frankreich, wo die Freiwilligen der Internationalen Brigade ausgerüstet und dann nach Spanien eingeschleust wurden. Haldane beriet die spanische Regierung, wie sie sich bei Gasangriffen und Bombardements verhalten sollte.

Bei einem Bombenangriff auf Madrid ging er ebensowenig in Deckung wie die Frau, die neben ihm im Park saß. Als ganz in der Nähe eine Bombe einschlug, wurde die Frau von einem Splitter getroffen und war sofort tot. Haldane blieb unverletzt, er behielt allerdings einen bleibenden psychischen Schaden zurück. Als er drei Jahre später mit seiner Schwester durch die schottischen Berge wanderte, »schaute er sich jedesmal wenn sie stehenblieben instinktiv sofort nach einer Deckung um«.

1938 wurde Jack in die Royal Society gewählt. Er war zu diesem Zeitpunkt sechsundvierzig Jahre alt, hatte glänzende Augen und einen enormen Schnurrbart, der ihn wie ein übel gelauntes Walroß wirken ließ. Er kam sehr gut mit Kindern zurecht, war aber in Gesellschaft von Erwachsenen oft gehemmt. Sie wurden von seiner Brillanz und seinem besonders steifen Verhalten eingeschüchtert. Wenn jemand den Raum betrat, dann stand er auf, trat auf ihn zu und verbeugte sich »wie ein dressiertes Nilpferd«. Seiner Schwester war aufgefallen, daß »er das Gehabe bedeutender Männer an den Tag legte, doch in seinem Inneren fühlte er sich dabei nicht wohl und war eigentlich nicht wirklich erwachsen. Er hatte immer das Gefühl, es könnte jeden Moment jemand kommen und ihn ins Bett schicken«.

Dreizehn Jahre lang war er wissenschaftlicher Berichterstatter für die kommunistische Zeitung *The Daily Worker* und verfaßte nahezu 350 Artikel, die alle wunderbar klare und prägnante Darstellungen wissenschaftlicher Themen, gepaart mit sozialistischer Weltanschauung, waren. Diese Artikel sah er als Teil seiner Pflicht als Biologe an. »Die Feinde der Wissenschaft werfen ihren Vertretern einerseits vor, taub gegenüber moralischen Fragestellungen zu sein und sich andererseits bei ethischen Problemen einzumischen, die sie eigentlich nichts angehen. Beide Vorwürfe können nicht gleichzeitig zutreffen.«

Jack sah seine Bestimmung darin, die Biologie und die Sozialwissenschaften zur Verbesserung der Menschheit einzusetzen, denn »die große Mehrheit von uns ist doch in der Lage irgendeine sinnvolle Tätigkeit auszuüben. Das große soziale Problem unserer Zeit, so wie es sich einem Biologen darstellt, ist, die unterschiedlichen Veranlagungen des einzelnen zu bestimmen und die Gesellschaft so zu organisieren, daß diese unterschiedlichen Fähigkeiten alle in gleicher Weise gefördert werden«.

Haldane war der beste populärwissenschaftliche Autor seiner Zeit und ein Meister bildhafter Vergleiche. Bei einer Diskussion über das Verhältnis von Kraft zu Gewicht beim Fliegen, stellte er fest, daß »ein Engel, dessen Muskeln keine bessere Leistung-Masse-Korrelation aufwiesen als die eines Adlers oder einer Taube, einen Brustumfang von ungefähr eineinhalb Metern haben müßte, um seine Flügel zu bewegen, während, um das Gewicht nicht zu groß werden zu lassen, seine Beine zu dürren Stelzen reduziert sein müßten«. Weiterhin könnten die Riesen in dem Buch *Des Pilgers Reise* von John Bunyan auf keinen Fall so aussehen, wie auf den Illustrationen dargestellt, denn wenn sie die gleichen Proportionen hätten wie ein normalgewachsener Mensch, müßten sie sich, bedingt durch den Bewegungsablauf, bei jedem Schritt die Oberschenkelknochen brechen. »Dies war ohne Zweifel der Grund, warum sie auf dem Bild, an das ich mich erinnere, saßen. Doch dies schmälert etwas den Respekt, den man Christian und Jack, dem Riesentöter, entgegenbringt.«

In der Folge beschäftigte sich sein wacher Geist mit dem schwelenden Konflikt mit Nazideutschland. In Madrid hatte er seine Zeit damit verbracht, akribisch die Auswirkungen von Luftangriffen festzuhalten und zu überlegen, wie man sich dagegen schützen kann. Die potentielle Zahl der Todesopfer bei einem Bombenabgriff sah er als rein statistisches Problem und veröffentlichte einerseits einen Artikel, in dem er den Erfolg von Schutzmaßnahmen mathematisch berechnete, andererseits auch einen Ratgeber für eben solche Schutzmaßnahmen verfaßte, der sich zur Zeit des Münchner Abkommens sehr gut verkaufte. Vergeblich versuchte er, die britische Regierung von der Notwendigkeit unterirdischer Schutzräume zu überzeugen. Um die Unzulänglichkeit des dünnwandigen, oberirdischen Andersonunterstandes* zu beweisen, bot er an, sich hineinzusetzen, während man in immer größerer Nähe Detonationen auslöste. Die Regierung schenkte ihm kein Gehör und Haldane verurteilte ihre Haltung als »ungeschütztes London«. Glücklicherweise flohen die Londoner, als die Bombenangriffe begannen, in die U-Bahntunnel und benutzten diese als Bunker.

---

* Anderson Shelter: Ein einfacher, aus Wellblech bestehender Unterstand, der seinen Namen von dem Innenminister Sir John Anderson erhielt, zu dessen Amtszeit (1939–1940) er in Gebrauch kam. (Anm. d. Übersetzers)

Haldane bemühte sich auch, die Regierung vor der zerstörerischen Kraft der Atombombe zu warnen, und spielte später eine wichtige Rolle bei der Berechnung der genetischen Veränderungen, die durch die radioaktive Strahlung ausgelöst werden würden. Er rechnete hoch, daß unter Einwirkung radioaktiver Strahlung sich die natürliche Mutationsrate auf ein zwanzigstel der normalen Zeit verkürzen würde.

Er nahm mitunter seltsame Projekte in Angriff, unter anderem entwickelte er Techniken, die es Froschmännern ermöglichen sollten, reißende Flüsse zu durchqueren, oder er wollte Tausende von Fischen mit kleinen Magneten ausrüsten, damit sie magnetische Minen aufspürten. Seine große Stunde schlug, als drei Monate vor Kriegsausbruch das Unterseeboot HMS *Thetis* während der Erprobung in der Bucht von Liverpool sank, weil es mit an beiden Enden offenen Torpedorohren getaucht war. Doch obwohl das Boot unbeschädigt blieb und das Heck aus dem Wasser ragte, hatten nur vier der 108 Besatzungsmitglieder überlebt. In der zutreffenden Befürchtung, daß an der Wasseroberfläche keine Hilfe zu erwarten war, hatte sich die Besatzung zu spät entschlossen, das Boot zu verlassen, um sich noch retten zu können. Fast die Hälfte der Opfer waren zivile Arbeiter, und die Gewerkschaften baten Haldane, ihre Interessen bei der öffentlichen Untersuchung des Vorfalls wahrzunehmen.

Zusammen mit einigen Freunden ließ sich Haldane in eine Stahlkammer der Siebe Gorman Fabrik in London einschließen, um die Auswirkungen des Eingeschlossenseins in einem havarierten U-Boot zu simulieren. Sie blieben dort vierzehneinhalb Stunden, und als die Kohlendioxidkonzentration zunahm, setzte ihnen das so zu, daß sie nicht mehr in der Lage waren, das Davis-Rettungsgerät anzulegen. Haldane erbrach einen halben Liter klare Flüssigkeit, obwohl er, um die Verhältnisse auf der *Thetis* so genau wie möglich nachzustellen, während der gesamten

Tortur nichts gegessen hatte. Er erkannte ganz klar, daß die Schwierigkeiten, aus einem unter Wasser havarierten U-Boot zu entkommen, so waren, als ob man »zwischen der Skylla von Stickstoffvergiftung und Stickstoffembolie und der Charybdis einer Sauerstoffvergiftung hindurch müsse«.

Diese Erfahrung vermittelte ihm ein Gefühl dafür, wie schrecklich es war, unter Wasser eingeschlossen zu sein. Haldane bekannte gegenüber seiner Schwester, wie furchtbar es für einige auf der *Thetis* gewesen sein mußte, in der Rettungskammer festzusitzen, zu sehen wie das Wasser steigt und die Rettungsluke nicht öffnen zu können. Er würde niemandem empfehlen, in ein U-Boot zu steigen, »diese schrecklichen Maschinen, in denen der menschliche Einfallsreichtum steckt. Ich kann nicht anders, als gegen den Krieg zu sein«. Später nahm er dann eine etwas verhaltenere Meinung dazu ein: »Es wäre in Ordnung, wenn Physiologen die Auswirkungen von Extremsituationen auf Menschen untersuchen würden, *bevor* diese Umstände schon eine Menge von Menschen getötet haben.«

Er überzeugte die Admiralität von der Notwendigkeit, genau zu untersuchen, was passiert, wenn Menschen in Ausnahmesituationen mit schlechter werdenden Atembedingungen zu kämpfen haben, um so die Überlebenschance der Besatzungen in havarierten U-Booten zu erhöhen. Sie waren bereit, seine Forschungen zu finanzieren, und Haldane wurde einer der wenigen überzeugten Kommunisten, der im Auftrag der Regierung streng geheime militärische Forschungen durchführte. 1940, als die kommunistische Zeitung *Daily Worker* verboten wurde, war Haldane Mitglied der Redaktion und gleichzeitig Berater des Kriegsministeriums bei der Planung, wie einer deutschen Invasion zu begegnen sei. Wenig später verließ er die Kommunistische Partei, nicht, weil sich seine Überzeugung geändert hätte, sondern wegen Rußlands Beharren auf den zwar »politisch korrekten«, aber gänzlich gefälschten genetischen Forschungsergebnissen von Lyssenko* und der Art, wie ihre Kritiker gnadenlos liquidiert wurden.

Er sammelte eine Gruppe von Mitarbeitern um sich, zu der auch Dr. Juan Negrín, ein ehemaliger Premierminister Spaniens, vier Mitglieder der Internationalen Brigade (denn die würden in kritischen Situationen die Nerven behalten), seine Sekretärin und die begabte, junge Studentin Helen Spurway gehörten. Sie alle waren Versuchskaninchen, an denen man zwar nicht bis zum Tode, so aber doch bis zur Bewußtlosigkeit Versuche vornahm. Fast jedes Experiment endete damit, daß jemand in Ohnmacht fiel, blutete oder sich übergab. »Gut«, kommentierte Haldane, »das ist ein weiterer Wert im Diagramm.« Nasenbluten war so üblich, daß einer der Kollegen meinte: »Normalerweise finden wir den Professor, wenn wir der Spur seiner blutigen Taschentücher folgen.«

Die Experimente wurden in einem »Druckkochtopf« durchgeführt, einer Stahlkammer, die aussah wie ein auf der Seite liegender Kessel, der zweieinhalb Meter lang war und einen Meter zwanzig im Durchmesser hatte. Zwei oder drei Personen konnten darin sitzen, aber nicht aufstehen. Die »Kaninchen« hatten keine Telefonverbindung und konnten sich mit der Außenwelt nur durch Klopfzeichen oder geschriebene Mitteilungen verständigen, die sie vor das kleine Fenster hielten.

Eine dieser Kammern war groß genug, um in zwei Meter Wassertiefe hinabgelassen zu werden, so daß besonders anstrengende Unterwassertests durchgeführt werden konnten. Auf einem Brett über der Kammer und direkt an der Wasseroberfläche saß ein Helfer, der sofort zur Rettung eilte, wenn einer der Taucher das Bewußtsein verlor. Hoher Druck und niedrige Temperaturen erwiesen sich als tödliche Kombination. Nur mit einer leichten Hose und einem

---

* Trofim Denissowitsch Lyssenko (1898–1976): Russ. Biologe, der die – scheinbar wissenschaftlich bewiesene – Behauptung aufstellte, daß sich erworbene Fähigkeiten vererben lassen, was natürlich falsch ist. (Anm. d. Übersetzers)

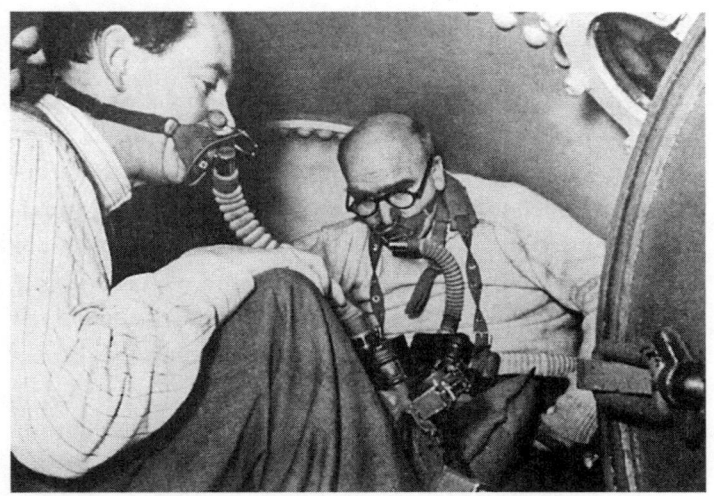

J. B. S. (rechts) mit Martin Case in der »Kammer des Schreckens«, etwa 1940

Hemd bekleidet, von im Wasser schmelzenden Eisblöcken umgeben und eine ungewöhnliche Luftzusammensetzung atmend, die einen zehnmal höheren Druck aufwies als normal, wurde man glücklicherweise ziemlich schnell bewußtlos. Selbst erfahrene Taucher entwickelten in diesen Kammern schwere klaustrophobische Zustände. Haldane gestand ein, »obgleich diese Experimente überaus ungemütlich sind, könne er seine Ergebnisse leider nicht durch andere Experimente erzielen«.

Haldane beschreibt, wie er sich als Versuchskaninchen in der Stahlkammer gefühlt hatte:

Ich atme schnell und tief, und mein Puls ist bei 110 ... schnell geht es mir besser, doch wahrscheinlich ist meine Schrift etwas krackelig. Doch warum kann sich mein Gefährte nicht benehmen? Er macht dumme Witze und versucht, ein Lied zu singen. Seine Lippen sind tiefrot, die Farbe von Hämoglobin, wenn der Sauerstoff fehlt. Ich habe das Gefühl, daß es mir nicht viel ausmacht, tatsächlich ist mir gerade eine lustige

Geschichte in den Sinn gekommen. Es stimmt, ich kann ohne Hilfe nicht stehen. Mein Gefährte schlägt vor, etwas Sauerstoff zuzuführen ... Um ihm einen Gefallen zu tun, nehme ich ein paar Atemzüge. Das Ergebnis ist überraschend. Das elektrische Licht wird viel heller, so daß ich befürchte, die Sicherung würde durchbrennen. Das Geräusch der Pumpe erhöht sich um das Vierfache. Mein Notizheft, in welchem sich Aufzeichnungen über meine Pulsfrequenz befinden sollten, ist gefüllt mit der häufig wiederholten, doch meist unzutreffenden Bemerkung, daß es mir *viel* besser ginge, und mit Bemerkungen über meinen Gefährten, wobei die am wenigsten verleumderische ist, daß er betrunken sei. Ich nahm das Atemgerät ab und fiel in einen nicht unangenehmen Zustand geistiger Verwirrung.

Als Folge dieser Experimente, brüstete sich Haldane, »hielt ich wahrscheinlich den Weltrekord von eineinhalb Stunden« permanenter Zuckungen in den Händen und im Gesicht.

Haldanes Vater nannte die Druckkammer die »Kammer des Schreckens«. Man kann sich vorstellen, warum.

Während der Luftdruck erhöht wurde, erhitzte sich die Kammer genau wie eine Fahrradluftpumpe, wenn man einen Reifen aufpumpt. Haldane fächelte sich mit einer Zeitung Luft zu, doch da die Luft so dicht war, daß eine Fliege nicht mehr hätte fliegen können, ging sie in Fetzen. Bei der Dekomprimierung entstand durch die kalte, feuchte Luft Nebel in der Kammer. Nach ein paar Wochen blieb Haldanes Armbanduhr wegen einer total verrosteten Feder stehen. Er kaufte sich eine wasserdichte Uhr, die beim ersten Druckversuch zerquetscht wurde.

Die Geschwindigkeit, mit der sie den Druck veränderten, bereitete ihnen manchmal Probleme. Haldanes schnellstes »Abtauchen« von einer auf sieben Atmosphären erfolgte innerhalb von neunzig Sekunden, was der Veränderung der Druckverhältnisse entsprach, denen ein Pilot ausgesetzt ist, der senkrecht mit doppelter Schallgeschwindigkeit auf die Erde zufliegt. Schnelle »Abstiege« waren sehr gefährlich. Einmal gab einer seiner verplombten Zähne einen hohen Ton von sich, und die Füllung flog heraus, da sich eine darunter befindliche Lufttasche nicht schnell genug dem Druck hatte anpassen können. Bei einem Kollegen kollabierte mehrmals der eine Lungenflügel. Wären beide Lungenflügel betroffen gewesen, hätte es dem Mann das Leben gekostet.

Leichtere Formen der Taucherkrankheit waren an der Tagesordnung. Haldane trug eine partielle Lähmung der rechten Pobacke davon, glücklicherweise, wie er meinte, »ein nicht besonders empfindliches Körperteil«. Auch platzten ihm beide Trommelfelle. Sie heilten, aber es blieben kleine Löcher zurück. Dadurch hörte er nicht mehr so gut, was aber ein geringer Preis für die Fähigkeit war, Rauchringe durch die Ohren herauszublasen – wie Jack Kitching einmal auf einer Feier selbst beobachten konnte.

Zu den vielen Phänomenen, die man zum ersten Mal systematisch untersuchte, gehörte auch der Stickstoffrausch. Beim Atmen von Preßluft, die zum großen Teil aus Stickstoff besteht, kommt es zu einem Effekt, der dem Genuß von Alkohol entspricht. Helen Spurway beschreibt diesen Effekt unter einem Druck, der einer Tiefe von 100 Metern entspricht: »Meine Finger fühlten sich wie Bananen an« und das Atmen »machte mich über ... überschwen-heng-lich.« Unter hohen Druckverhältnissen versuchte ein ehrenwertes Mitglied der Royal Society, zwei vierstellige Zahlen zu multiplizieren, doch in fünf Minuten brachte er nur zwei Zahlen zu Papier, von denen eine sogar noch falsch war, und meinte: »Das ist ein ganz blöder Test.« Sobald er statt der Preßluft ein Helium-Sauerstoff-Gemisch atmete, stellte sich sein Denkvermögen wieder ein, und er konnte die Zahlen im Kopf multiplizieren. Lediglich Helens mathematische Fähigkeiten verbesserten sich unter Druck.

Haldanes Bewunderung für Helen wurde auch ein Problem

für seine Ehe, die am zerbrechen war. Es gab viele Meinungs-
verschiedenheiten, meist über prinzipielle Dinge. Charlotte
fand die Luftschlacht über England »aufregend und erregend
und ... die Brände, für sich selbst genommen, wunderschön«.
Während J.B.S. im Keller Schutz suchte, blieb sie im Salon
und spielte auf dem Bechsteinflügel, »um das Geräusch der
Geschütze zu übertönen«, oder nahm das Auto, um näher an
die Brandherde heranzukommen. Bei einem Angriff bestand
er darauf, daß sie sich in einen nahegelegenen, öffentlichen
Bunker begaben. Genau in jener Nacht wurde dieser von
einer Bombe getroffen, wobei eine Frau zu Tode kam. Danach blieb Charlotte zu Hause, und Haldane suchte im Keller
des Verwaltungsgebäudes des Regent Park Zoos Schutz, wo
Julian Huxley Direktor war. Auch der Zoo wurde bombar-
diert, doch die ausbrechenden Feuer konnten mit dem Wasser aus dem Teich des Seelöwengeheges gelöscht werden.

Haldane setzte ganz auf die Möglichkeiten, die ein Helium-Sauerstoff-Gemisch bot, was heutzutage allgemein
beim Tiefseetauchen zum Einsatz kommt. Als eine amerikanische Firma 1943 behauptete, dadurch würde die Taucherkrankheit vermieden, begann er damit zu experimentieren.
Da er Deko-Tabellen für eine normale Dekompression benutzte, bildete sich in seinem Rückgrat eine Heliumblase, die
ihm Zeit seines Lebens Schwierigkeiten bereitete und ihn
»skeptisch gegenüber amerikanischen Geschäftsleuten« werden ließ. Doch in der für die Haldanes typischen Art lernte
er, »bestimmte sensorische Empfindungen zu ignorieren«.

Zu dieser Zeit erforderte die Arbeit unter Druckverhältnissen, die einer Tiefe von etwa siebzig Metern entsprachen,
überdurchschnittliche Fähigkeiten und technisches Verständnis. Ein »Abtauchen« auf 130 Meter, wie von Haldanes
Gruppe durchgeführt, lotete die Grenzen des damals Möglichen aus.

Sämtliche Experimente standen unter der Beobachtung
eines Verantwortlichen in der Kammer, doch dieser war den

Auswirkungen häufig genauso ausgesetzt wie die Versuchs-
person und vergaß, den Versuch rechtzeitig zu beenden,
oder war nicht in der Lage, ordentlich Protokoll zu führen.

Die Forschungen führten zu einer Veränderung der Ret-
tungsanleitung bei U-Booten und legten siebzig Meter als
untere Grenze für den sicheren Gebrauch von Preßluft fest.
Unterhalb dieser Tiefe konnten die Auswirkungen des Tiefenrauschs so gravierend werden, daß ein Taucher unter
Umständen seine Preßluftflasche einem vorbeischwimmen-
den Fisch anbot, da er meinte, dieser sei am Ertrinken.

Der Krieg brachte neue Probleme und Zeitdruck, diese zu
lösen. Normale Froschmänner und Unterwassersabotage-
einheiten benutzten Sauerstoff-Kreislaufgeräte, da diese
keine verräterischen Blasen abgaben. Also untersuchte die
Gruppe das Verhalten von Sauerstoff unter hohen Druckverhältnissen. Es folgte das anstrengendste Programm von
Tauchexperimenten, das jemals unternommen wurde – mehr
als tausend Tauchgänge auf dreißig Meter Tiefe unter ge-
sundheitsschädlichen Bedingungen. Zu ihrer Überraschung
fanden sie heraus, daß das geruchs- und geschmacklose Gas,
das normalerweise alles Leben auf dem Planeten erhält, unter Druck wie schales Ingwerbier schmeckte und giftig war.
Es löste Muskelkontraktionen aus, die heftig genug waren,
um Knochen brechen zu lassen. Eine plötzliche Muskelkon-
traktion führte bei Haldane zu einem gebrochenen Wirbel
und einer ausgerenkten Hüfte. Die Unberechenbarkeit ihres
Auftretens war besonders gefährlich; bei einer Gelegenheit
erwischte es Helen nach fünfundachtzig Minuten bei einem
Druck von drei Atmosphären, bei einer anderen nach nur
dreizehn Minuten. Am Anfang war Haldane widerstandsfähiger als die meisten, doch nach ungefähr hundert Experimenten wurde er so empfindlich, daß er heftig zu zittern
begann, wenn er nur fünf Minuten reinen Sauerstoff einatmete. Sie fanden heraus, daß das Einatmen von reinem
Sauerstoff in Tiefen unter zehn Metern gefährlich ist.

Später, als die Admiralität erneut Klein-Unterseeboote in Dienst stellte, wollten sie von Haldane wissen, ob es für einen Taucher möglich sei, ein getauchtes Boot zu verlassen, um eine Mine an einem Schiffsrumpf anzubringen und dann wieder ins Boot zurückzukehren. Er und sein mutigster Mitarbeiter, Martin Case, ließen sich in einem Pseudo-Unterseeboot, in dem sie »wie die Kletten aufeinanderhingen«, auf den Grund des Hafens von Portsmouth versenken. Als die Röhre gerade ins Wasser gelassen werden sollte, flüchtete der Kranführer wegen eines Bombenangriffs in Deckung und ließ sie mitten in der Luft hängen. Dann brachten sie zwei Tage hintereinander auf dem Meeresgrund zu, wobei ihre Beleuchtung und die Telefonverbindung nach oben nur mit Unterbrechungen funktionierte. Ein Schiff fuhr zu dicht über sie hinweg und riß die Röhre aus ihren Verankerungen, wodurch die Eingeschlossenen durcheinandergewirbelt wurden. Sie fanden heraus, daß sie mit einer Sauerstoffflasche bequem drei Tage unter Wasser durchhalten konnten, »ohne daß es zu wesentlichen Einbußen ihrer Handlungsfähigkeit gekommen wäre und sie konnten zwölf Stunden gänzlich ohne Lufterneuerung ausharren«.

Haldanes Vorstellung von Bequemlichkeit war natürlich nicht die gleiche wie Ihre oder die meine. Zu einem späteren Zeitpunkt, zur pragmatischen Vorbereitung auf eine Unterseebootfahrt in arktische Gewässer, setzte er sich einem Druck von zehn Atmosphären aus und sprang dann in null Grad kaltes Wasser. Diese Experimente bereiteten den Weg für den erfolgreichen Angriff auf das Schlachtschiff *Tirpitz*.

1943 ging das Kriegsministerium davon aus, daß – sollte die Invasion der Normandie stattfinden – Froschmänner die Minen und die Küstenverteidigung ausschalten müßten. Die Taucher hätten dabei schnell aufzutauchen, um den Unterwasserexplosionen zu entgehen, die über eine wesentlich größere Entfernung gefährlich waren als Detonationen zu Land. Wenn die Taucher ein Gemisch aus Luft und Sauerstoff atmen würden, dann nähmen sie wesentlich weniger Stickstoff auf und könnten so schneller nach oben kommen. Das Problem bestand darin, das richtige Mischungsverhältnis zu finden. Zu viel Stickstoff würde zur Taucherkrankheit führen, zu viel Sauerstoff zu Krämpfen. Also setzten sich Haldane und Helen einem Druck aus, der einer Tiefe von knapp fünfundzwanzig Metern entsprach, und probierten verschiedene Gasgemische aus. Wenn einer von ihnen unter der Taucherkrankheit litt, dann setzten sie einen Tag aus, bis der Stickstoff wieder abgebaut war. Sie bewiesen, daß man den Auftauchprozeß, der nach den gängigen Tabellen siebenundvierzig Minuten in Anspruch nahm, sicher in zwei Minuten hinter sich bringen konnte. Das von ihnen gefundene Gasgemisch wurde 1944 bei den sogenannten »P-Parties« (Port-Party) eingesetzt, wo eroberte Häfen von Minen geräumt wurden.

Haldane vermutete, man könne Tiere dazu bringen, sauerstoffhaltige Flüssigkeiten anstatt Luft zu »atmen«. Viel später bewiesen Experimente der amerikanischen Marine, bei denen man versuchte, von dem mit Gefahren verbundenen Gebrauch von komprimierten Gasen zur Atmung beim Tiefseetauchen wegzukommen, daß dies möglich ist.

Die einzige Ehrung, die Haldane für all seine kriegswichtigen Arbeiten zuteil wurde, war seine Aufnahme in eine Liste der Nazis von Personen, die nach der Eroberung von England zu verhaften wären.

Dennoch gab es wichtigere Auseinandersetzungen als den Krieg. Universitätsinstitute schlossen Wissenschaftler, die für das Kriegsministerium arbeiteten, aus ihren Labors aus. Einer der betroffenen Kollegen wurde gegenüber einem Dekan handgreiflich, und J.B.S. platzte vor Neid darüber.

1945, als seine Scheidung von Charlotte vollzogen war, heiratete er Helen Spurway. Haldane machte sich Freunde und Feinde mit der gleichen Leichtigkeit. Nett, aber gleichzeitig leicht reizbar, »ein knuddeliger Kaktus«, wie ihn einmal ein

Freund genannt hat. Er besaß die hochfahrende Grobheit von Conan Doyles Professor Challenger, die aber meist auf Fremde abzielte, besonders Journalisten, und weniger auf seine Kollegen. Doch neben seiner Höflichkeit und Sorge um seine Mitstreiter zeigte er immer eine gewisse Distanz und Eigenbrödlertum. Seine erste Frau erinnerte sich an einen Stierkampf, bei dem es plötzlich wie aus Kübeln zu schütten anfing. Alle außer Haldane liefen davon und suchten Schutz. Er saß allein im strömenden Regen, seinen Regenmantel über den Kopf gezogen und rauchte ruhig seine Pfeife. Das einzige andere Wesen, das noch ausharrte, war der einsame Stier in der Arena.

Er führte einen unablässigen Kampf mit den Universitätsbehörden. 1957 verlor er die Geduld und wechselte zusammen mit Helen an das Statistical Institute nach Kalkutta (und später dann gründete er sein eigenes Institut) und meinte: »Das Klima ist großartig, das Leben billig, und es gibt einen großen Bedarf an Lehrern«. Wie dem auch sei, »sechzig Jahre mit Socken an den Füßen herumzulaufen sind genug.«

Er verliebte sich in das Land, trug indische Kleidung, aß indische Speisen und studierte Hindu-Philosophie. In der Nacht saß er auf dem Flachdach seines Hauses und führte Gespräche mit den Sternen oder schwamm im Wassertank seines Gartens, wobei weiche, kühle Fische gegen seine Beine stießen, begleitet von dem Glühen einer großen Zigarre oder seiner Siebe Gorman Pfeife, deren Kopf nach einem Taucherhelm modelliert war.

Einen Großteil seiner Kraft widmete er der Förderung junger indischer Biologen und stellte ihnen großzügig seine Zeit und sein Geld zur Verfügung. Wenn er Anspruch hatte, Erster Klasse zu reisen, dann wählte er die Zweite und benutzte die Differenz, um seine Studenten mitnehmen zu können. Die Honorare für seine populärwissenschaftlichen Artikel finanzierten ihre Projekte. Er war niemals dogmatisch und immer enthusiastisch, wenn es um ihre Projekte ging. Er hatte nur zwei Ratschläge für sie parat: »Haltet die Augen offen und erwartet das Unerwartbare.« Die Kaffeepausen in der Gegenwart des wohl gelehrtesten Wissenschaftlers des Jahrhunderts waren ein Ereignis. Seine Erzählungen, über welches Thema auch immer, waren »Meisterstücke an Intelligenz und Humor«.

Im Alter von einundsiebzig Jahren tauchte er zum letzten Mal. Man hatte ihn zu einem Korallenriff gebracht, und er erklärte: »Die einzige Art, sich Fische anzusehen ist, unter Wasser«, und prompt zog er sich aus und sprang ins Meer.

Doch diese Idylle dauerte nicht an. 1964 stellte man bei ihm eine bösartige Geschwulst im Darm fest. Nachdem man sie entfernt hatte, schrieb er: »Diese Ereignisse richten meine Wahrnehmung deutlicher auf den Umstand, daß ich wohl in ein paar Jahren sterben werde.« Er schrieb sogar ein Gedicht für seinen Tumor, das er *Krebs ist ein lustiges Ding* nannte.

Ich wollt' ich träfe Homers Ton
Und sänge vom Rektalkarzinom
Ich bat den Arzt, einen lieben Mann
Ob er mein Hinterteil examinieren kann
Auf dem Objektträger, da steht's
Ganz sicher, es ist Krebs
So kam ich unters Messer
Auf daß es mir geh' besser
Jetzt hab ich ein Gefühl wie Janus
Der einzige Gott mit Blick auf seinen Anus
Wart also nicht, daß sich der Schmerz verschlimmert
Bevor ein Chirurg sich um deinen Körperausgang kümmert
Es wächst heran, gibt man ihm Zeit
Und bald auch machen sich Ableger breit
Aber begegnet man dem Tumor
Mit einem gewissen Sinn für Humor
und einem kleinen Lachen, dies ist meine Meinung,
Ist es auf jeden Fall gut für die Heilung

J.B.S. in einem indischen Kittel wahrscheinlich auf der Suche nach einem Bügeleisen, 1961

Hunderte von Briefen erreichten ihn, in denen einerseits sein Mut bewundert wird und man andererseits sein Schicksal beklagt.

»Der Held verspürt den Tod nur einmal, doch manch einer«, so schrieb er, »wird erst durch die Berührung des Todes zum Helden.« Haldane stellte sich den Tod als eine Frau vor, die »ohne alles geben zu wollen, doch bereit ist, es zu tun, wenn sich die Gelegenheit ergibt«. Er war davon überzeugt, in Frieden zu sterben, »in einem bequemen Sessel im Sonnenschein auf meiner Veranda und auf die blühenden Bäume und die Vögel blickend«. Er hatte nicht den Wunsch, wiedergeboren zu werden. »Ich zöge es vor, von jemandem ersetzt zu werden, der nicht meine Fehler hat.«

»Das einzige, worüber ich wirklich traurig bin, ist, daß ich nie auf dem Meeresboden nach Frankreich laufen konnte, was natürlich vorher eine Reihe von interessanten physiologischen Forschungen erfordert hätte. Traurigerweise ist mir das Geld dafür erst im Alter von siebzig Jahren zur Verfügung gestellt worden«. Doch er hatte sein Leben genossen. »Ich habe Morphium und Heroin ausprobiert, Haschisch und Ganja. Die Veränderungen, die diese Drogen in meinem Geist ausgelöst haben, waren unerheblich gegenüber jenen, die meine Arbeit mir gebracht hat … Ich hatte die üblichen Abenteuer, wie zum Beispiel aus einer Gletscherspalte gerettet zu werden, und häufiger auch weitaus ungewöhnlichere … Ich bezweifle, daß ich in hundert weiteren Leben größeren Herausforderungen gegenüberstehen würde.«

Er wußte, daß er »möglicherweise innerhalb eines Jahres sterben würde, wenn der Krebs schon auf andere Körperbereiche übergegriffen hatte, vielleicht fünfundzwanzig Monate, wenn es nicht so wäre«. Unglücklicherweise war dem aber so, und innerhalb von wenigen Monaten verlor die Wissenschaft einen ihrer hellsten und mutigsten Köpfe. Er vererbte seinen Körper der medizinischen Forschung und Lehre, hinzufügend, daß dieser »sein ganzes Leben lang dazu benutzt worden war«.

Horace Cameron Wright in seinem geliebten Alpha Romeo

Bumm!
Horace Cameron Wright 1901?–1979

Einige Wissenschaftler, wie zum Beispiel die Haldanes, sind berühmt, doch den meisten ist dies nicht vergönnt. In einem Familienverzeichnis, das jedes tumbe Mitglied der oberen Zehntausend auflistet, würde man wohl vergeblich nach den berühmtesten Physiologen suchen. Während des Zweiten Weltkriegs und in den darauf folgenden Jahrzehnten des Kalten Krieges, gab es eine im Verborgenen agierende Armee von Wissenschaftlern, die den Feind in Hinterzimmern mit ihrem Intellekt und häufig auch mit ihrem mutigen Einsatz bekämpften. Einer von ihnen war Cam Wright.

Er verfaßte fünfundzwanzig Forschungsberichte, von denen alle als geheim eingestuft und nie veröffentlicht wurden. Das Defence Research Information Centre hat weder Kopien noch eine Ahnung, was mit ihnen passiert ist. Von kurzen Erwähnungen in Berichten anderer, bleibt Wright außer für seine alten Freunde und Kollegen ein unbeschriebenes Blatt. Aus ihren Erinnerungen habe ich die Lebensgeschichte dieses bewundernswürdigen Mannes zusammengetragen.

Niemand weiß, was aus seinen Eltern geworden ist, bekannt ist nur, daß er bei dem walisischen Künstler Sir Frank Brangwyn aufwuchs. In den zwanziger Jahren war Brangwyn ein gefeierter Mann. Er war der erste lebende Maler, dem die Royal Academy eine Einzelausstellung widmete. Sie wurde vom Premierminister eröffnet. Ein Kritiker rühmte die »lebensvollen Darstellungen« in seinen Werken, die »Mr. Whistler* so gut kopiert«. D. H. Lawrence, der auch ein begabter Amateurmaler war, meinte: »Ein Gemälde von Frank Brangwyn zu kopieren ist eine wahre Freude und sehr erholsam.« Seine großen Wandgemälde, wie jene in der Londoner Börse und dem Rockefeller Center in New York, machten ihn noch berühmter.

Cam studierte Physiologie und arbeitete am Royal Naval Physiological Laboratory in Alverstoke, Hampshire. In jenen Tagen war dies eine Ansammlung von baufälligen Holzhütten, zusammengeschustert aus ehemaligen Frachtkisten. Es gab keine Heizung, und eine Luftzirkulation war nur durch das Öffnen der in der Mitte geteilten Brettertüren möglich. Eine Gruppe von Parlamentariern, die eine Inspektion vornahm, stellte fest, daß die Verhältnisse, unter denen die Versuchstiere lebten, obwohl noch weit vom optimalen Zustand entfernt, weit besser waren, als die, mit denen sich die Wissenschaftler zufrieden geben mußten.

In jenen Tagen, als Cam liebevoll »Camiknickers«, eine Zusammenziehung seines Namens mit dem Begriff »Knickerbockers«, genannt wurde, führte er gefährliche Experimente durch, mit denen er die Auswirkung von radioaktiver Strahlung auf menschliches Gewebe untersuchen wollte – *sein* menschliches Gewebe. Bei Kriegsausbruch stellten sich ihm neue Herausforderungen. Sir Henry Tizard, wissenschaftlicher Berater im Ministerium für Flugzeugbau, fragte Wright, ob er bei einer Sache, die »schrecklich dringend war«, aushelfen könne. Barnes Wallis hatte eine Bombe entwickelt, die theoretisch wie ein flacher Stein übers Wasser hüpfen sollte, um damit Dämme zu zerstören. Wright sollte während der Versuche an Bord des Flugzeuges die Funktion des Beobachters übernehmen.

Man hatte einen Wellington Bomber speziell für diese

---

* James Whistler (1834–1903): Am. Maler schottischer Abstammung. Wird dem Impressionismus zugerechnet, gilt aber auch als Vorläufer des Jugendstils. (Anm. D. Übersetzers)

164

Aufgabe umgerüstet. Die Klappen des Bombenschachts waren entfernt worden, und an ihrer Stelle ragte nun ein kugelförmiger Auswuchs aus dem Flugzeug, was die Silhouette der Maschine so verfremdete, daß einmal die Mannschaft eines Flugabwehrgeschützes das Feuer auf die Maschine eröffnete, weil sie dachte, es wäre ein Feindflugzeug. Die Versuche standen unter keinem günstigen Stern. Eine Bombe brach auseinander, und Splitter zerstörten das Höhenruder der Maschine, eine andere erzeugte beim Aufprall auf das Wasser eine solche Fontäne, daß die Tragflächen des Flugzeuges beschädigt wurden. Beide Male schaffte der Pilot es gerade noch, die Maschine sicher zu landen.

Nach vielen vergeblichen Versuchen gelang es, die Bombe hüpfen zu lassen. Doch konnte sie ein Loch in einen Damm sprengen? »In Radnorshire gibt es einen kleinen Damm, der keine Funktion mehr erfüllt«, meinte Wallis. »Er wird nicht mehr gebraucht ... und man wird ihn nicht vermissen. Wir könnten versuchen, ihn zu sprengen.«

So befand sich Wright schließlich in einem Flugzeug über Wales. Er startete den Motor, der die Bombe in Rotation versetzte und ihr einen Vorwärtsdrall gab, durch den sie über das Wasser hüpfen konnte. Doch der Auslösemechanismus funktionierte nicht und die Bombe begann sich immer schneller zu drehen, wobei Rauch aus der Aufhängung trat. Der Zünder der Bombe war schon aktiviert, und die Zeit lief davon. Wright klammerte sich an eine Verstrebung und hangelte sich auf die andere Seite des Bombenschachts, schwang seine Beine hinunter und trat auf die Bombe ein. Immer wieder rutschten seine Füße von der rotierenden Bombe ab und schossen nach vorne über die Bombe hinweg. Später gab er zu, gedacht zu haben: »Das ist nicht nur gefährlich, sondern auch eine ziemlich absurde Art, zu Tode zu kommen.« Aber plötzlich kam die Bombe frei und ließ Cam über dem offenen Schacht pendelnd zurück, während unter ihm der Damm explodierte.

Ein anderes Projekt beschäftigte sich damit, wie man am Tag der Invasion in der Normandie Lücken in die Küstenverteidigungsanlagen brechen könnte. Man brachte am Bug eines Bootes eine Raketenabschußrampe an. Es war geplant, die Rakete den Strand hinauffliegen zu lassen, wobei sie einen Feuerwehrschlauch wie einen langen Schwanz hinter sich her ziehen und so eine Schneise in die Stacheldrahtverhaue reißen sollte. Wrights Aufgabe war es, diese Vorrichtung zu testen. Das Landungsboot erreichte den Strand, und die Rakete schoß mit beängstigender Geschwindigkeit los. Der Schlauch rollte wie geplant ab, doch da er mit dem anderen Ende am Boot befestigt war, wurde das gesamte Vorderdeck abgerissen und segelte wie ein verrückter Drache den Strand hinauf. »Ich schloß einfach die Augen«, gab Cam zu, »und hoffte in drei Teufels Namen, daß niemand hinter den Dünen ein Sonnenbad nahm.«

Als der Krieg zu Ende war, wurde die Atmosphäre in den Labors von Averstoke entspannter, ja fast träge. Die Versuchstiere dösten faul auf dem Rasen. Die meisten Leute hingen nur so herum, und wenn sie Bewegung brauchten, dann spielten sie Schach. Der Direktor grübelte höchstens darüber, ob die Dame vielleicht zu bedrohen sei, weil der Läufer eine Blöße offengelegt hatte. Als Wright ihm gegenüber seinen Unwillen über die Art, wie er seine Aufgaben wahrnahm, äußerte, antwortete ihm der Direktor, er solle sich nicht aufregen und Schach spielen lernen.

Wright paßte das überhaupt nicht. Er war ein großer, drahtiger, aufgeweckter, aktiver und rastloser Mann, der seine Arbeit erledigen, ein Problem lösen wollte, um sich dann der nächsten Aufgabe zu widmen. Er sprach »schnell, in schneidendem Tonfall und wechselte häufig und übergangslos das Thema«. Da ihn die praktischen Aufgabenstellungen interessierten, hatte er kein Interesse an weltferner Philosophie, abstrakten Ideen oder Schach.

Er war die geborene Führernatur, schnell bei der Sache

und bereit, Entscheidungen zu fällen. Doch selbst jene, die ihn bewunderten, achteten darauf, nicht seine verletzlichen Stellen zu treffen. Er mochte es nicht, wenn er sich irrte oder Fehler machte, obwohl er für die Fehler anderer Verständnis hatte und seine Freunde wütend verteidigte. Wenn er allerdings an diesem Ort mit Respekt behandelt werden wollte, dann befand er sich an der falschen Stelle.

Das Leben in dem Forschungskomplex war nervtötend. Die einzelnen Gruppen arbeiteten nicht zusammen. Einige Mitarbeiter redeten nicht miteinander und kommunizierten nur über eine Kette von Zwischenträgern. Die Beziehung zum Direktor, der über Wrights Kopf hinweg eingesetzt worden war, wurde so schlecht, daß sie häufig aus ihren Büros stürmten, sich mitten auf dem Rasen trafen und vor der gesamten Belegschaft aufeinander losgingen. Danach zogen sie sich fluchend und brummelnd, so als ob nichts geschehen sei, in ihre Zimmer zurück. Als Cam für eine Auszeichnung vorgeschlagen wurde, versuchte der Direktor vergeblich, dies zu verhindern. Schlimmer noch, er mußte sogar die Verleihung der Auszeichnung öffentlich bekannt geben.

Cams Spezialität waren Explosionen aller Art. Eine seiner liebsten Tätigkeiten war, Neuankömmlinge herumzuführen und ihnen einige der Forschungsprojekte vorzustellen. Einmal führte er eine Gruppe zu einem runden Stahlbehälter voller Wasser, an dem es nur wenig zu sehen gab. Er enthielt keine Versuchstiere. Zumindest in diesem Moment noch nicht.

»Ich demonstriere Ihnen jetzt die Auswirkungen einer Unterwasserexplosion«, kündigte er geheimnisvoll an. »Krempeln Sie Ihren rechten Hemdärmel hoch, und halten Sie Ihre Arme ins Wasser.« Die Leute kamen der Aufforderung nicht besonders begeistert nach. »Fertig. Feuer!«

Es gab einen lauten Knall, und in der Mitte des Behälters erhob sich eine Wasserfontäne. Die Opfer rechneten damit, daß ihre Unterarme abgerissen seien.

»Dies«, meinte Wright genüßlich, »waren die Auswirkungen von gerade mal eineinhalb Gramm Sprengstoff. Stecken Sie jetzt den anderen Arm in eines dieser Rohre und dann tauchen Sie ihn in den Behälter.«

Widerwillig steckten sie ihre Arme in metallene Abflußrohre oder Schaumgummischläuche.

»Feuer!«

Diejenigen, die Abflußrohre gewählt hatten, hatten nun das Gefühl, als wären ihnen beide Arme abgerissen worden, während die mit den Schaumgummischläuchen fast gar nichts gespürt hatten. »Das war's«, sagte Wright. »Wenn man sich mit Schaumgummi schützt, dann spürt man selbst bei einem Druck von fünfhundert Pfund pro Quadratzentimeter keine Wirkung. Nur um zu zeigen, daß kein Trick dabei ist, wechseln Sie bitte den Schaumgummi gegen Metallrohre aus, und dann schließen wir das Experiment ab.«

Durch eigene Erfahrungen wurde Wright ein Spezialist für Verletzungen unter Wasser. Auch wenn die Splitter nicht weit fliegen, sind Unterwasserexplosionen gefährlich, da sich Wasser nicht komprimieren läßt, breitet sich die Druckwelle wesentlich weiter aus als in der Atmosphäre. Schon früher hatte Wright Anzüge entwickelt, die Taucher bei Sabotageakten unter Wasser vor der Explosion schützen sollten. Man testete sie, indem man im Wasser Explosionen auslöste und beobachtete, wie der Taucher damit zurecht kam. Obwohl er Freiwilligen die Summe von zwei Shilling Sixpence pro Tag bezahlte, war Wright selbst sein häufigstes Versuchskaninchen.

Wright wurde Direktor des *Underwater Blast Committee*. Seine Aufgabe bestand darin, zu berechnen, welche Auswirkungen Explosionen auf die Überlebenden von gesunkenen Schiffen und Unterseebooten haben. Zusammen mit dem Arzt A.H. Bebb untersuchte er die zwei Auswirkungen von Unterwasserexplosionen. Zuerst war da die Druckwelle, die den Taucher zerreißen konnte, und dann die »Wasserramme«, die der Druckwelle folgt, und ihn zerquetscht. Cam sprach mit vielen Überlebenden von Explosionen auf See und hörte wiederholt die Geschichte, daß ihre Kameraden auf einmal die Fähigkeit eingebüßt hätten, ihre Arme und Beine zu bewegen und mit einem kurzen Keuchen langsam versunken wären. Er nahm auch an vielen Obduktionen von Soldaten teil, die bei Explosionen gestorben waren, und verglich deren Verletzungen mit denen, die bei Versuchstieren aufgetreten waren, die man Detonationen von bekannter Stärke ausgesetzt hatte. Er stellte eine Akte mit Fotografien der schrecklichen Verletzungen durch Explosionen zusammen. Doch häufig gab es keine äußeren Anzeichen für die umfangreichen inneren Verletzungen.

Um den möglicherweise schützenden Effekt eines Luftkissens zu erproben, legte sich Wright auf eine Luftmatratze und ließ unter sich eine riesige Explosion auslösen. Man sagt, er sei ein ganzes Stück durch die Luft geflogen, doch er wäre unverletzt gelandet. Bei vielen Experimenten griff Wright auf Marinetaucher zurück, die sich freiwillig gemeldet hatten, und natürlich auf sich selbst. In verschiedenen Tiefen wurden immer schwerere Explosionen von TNT in immer näherem Abstand zum »Opfer« ausgelöst. »Es war, als ob man mit dem Kricketschläger einen über den Kopf gezogen bekommt«, räumte einer der Taucher ein. Nachdem jeder von ihnen an die dreißig Detonationen hinter sich hatte, litten alle an einem Pfeifen in der Lunge, rauhem Atem und sogar gebrochenen Rippen sowie geplatzten Trommelfellen. Man verzichtete darauf, weitere Experimente mit Marinetauchern in dieser bestimmten Tiefe durchzuführen.

Wright war sehr darüber erstaunt, daß entfernte Detonationen manchmal zu größeren Verletzungen führten als schwächere, die in geringerem Abstand erfolgten. Also tauchte er auf siebzehn Meter, und in etwa siebenhundert Metern Entfernung wurde eine 200 Pfund Ladung gezündet. Die Druckwelle der Explosion bewirkte bei Wright ernsthafte Schmerzen im Rücken, die Unfähigkeit, seine Arme und Beine zu bewegen, und er wurde bewußtlos. Man zog ihn total gelähmt aus dem Wasser, und er blutete heftig aus Mund, Nase und Ohren.

Während seiner langsamen Genesung dachte Wright im Krankenhaus über die Ursachen seiner Verletzungen nach. Schon vorher hatte er kleinere, doch nähere Detonationen überstanden, die so kalkuliert waren, daß er einer zehnmal heftigeren Druckwelle ausgesetzt war, als bei dieser weit entfernten Explosion. Er kam zu dem Ergebnis, daß ihn die Druckwelle, da er frei im Wasser schwebte, nicht einmal, sondern mehrere Male fast gleichzeitig erwischt hatte. In relativ seichtem Wasser mit einem felsigen Meeresboden breitet sich die Druckwelle nicht nur in gerader Linie durchs Wasser aus, sondern wird auch vom Boden an die Wasseroberfläche und von dort wieder zurück reflektiert. Unglücklicherweise hatte er seine Position mitten im Wasser dort eingenommen, wo sich die Druckwellen trafen. Als er sich erholt hatte, überdachte er sein Experiment noch einmal und wiederholte es mit der gleichen Detonationsstärke, allerdings begab er sich in eine Tiefe, in der er nach seinen Berechnungen nicht Opfer der mehrfachen Druckwelle würde. Gott sei Dank behielt er recht.

Als er ein paar Jahre später eine Vorlesung über die Auswirkungen von Unterwasserdetonationen halten sollte, wurde er überraschend mit etwas anderem betraut, und ein Kollege übernahm sie. Eines der Anschauungsstücke war die Röntgenaufnahme eines armen Kerls, dem eine Explosion die Lungen halb zerrissen hatte. Der neugierige Kollege schaute nach dem Namen des Patienten, und natürlich war es Cameron Wright.

Eine weitere Aufgabe von Wright bestand darin, Möglichkeiten zu entwickeln, wie sich Piloten aus ihren notgewasserten und sinkenden Flugzeugen retten könnten. Die Frage war, ob sie den Schleudersitz benutzen sollten. Da

Wasser viel dichter als Luft ist, bestand die Möglichkeit, daß bei Zündung der Sprengladung nicht der Pilot mit dem Sitz herauskatapultiert, sondern der Sitz in den Piloten gerammt würde. Dazu kam noch die Gefahr, daß bei einem schnellen Aufstieg an die Wasseroberfläche mit einer Sprengladung unter dem Hintern möglicherweise die Augen des Piloten aus den Höhlen getrieben und seine Arme und Beine abgerissen würden. Die Admiralität schickte den Chirurgen John Rawlins zu Wright, um dessen Meinung zu hören. Cam berechnete die Zugkräfte sowie die g-Werte und sprach sich dagegen aus. Doch wie der Zufall will, manövrierte eine übereifrige Deckmannschaft nur vierundzwanzig Stunden später ein Flugzeug über das Flugdeck eines Flugzeugträgers hinaus ins Wasser. Der ertrinkende Pilot betätigte den Schleudersitz und wurde lebend gerettet. Rawlins begann mit einem sechs Jahre dauernden Forschungsprogramm, um herauszufinden, wie der Pilot überlebt hatte, und um ein einsatzfähiges Unterwasserrettungssystem zu entwickeln. Wrights Beitrag dazu war unter anderem ein Gerät, mit dem man im Cockpit die Wassertiefe ermitteln konnte, und ein Unterwasserkommunikationssystem.

Er war ein nimmermüder Erfinder und verschaffte sich zum Beispiel heißes Wasser aus einem Kaltwasserhahn, indem er eine Induktionsschleife um den Hahn legte. Er arbeitete an der Entwicklung des Mikrowellenherds, doch er bekam keine Erlaubnis, einen solchen zu bauen, denn man hielt es für zu gefährlich.

Nicht allen seinen Erfindungen war ein Erfolg beschieden. Eines Tages beschwerte sich der Präsident des Royal College of Surgeons gegenüber Wright, daß die Mitglieder häufig nicht die Toilettenspülung betätigten. Also entwickelte und baute Wright eine automatische Toilettenspülung. Es war eine mechanische Vorrichtung, die die Spülung auslöste, sobald man sich vom Sitz erhob. Cam probierte sie aus, und sie funktionierte bestens. Unglücklicherweise verhedderte sich am ersten Tag gleich das Hemd eines alten, pensionierten Chirurgen in dem Mechanismus, und er konnte nicht aufstehen. Erst nach einiger Zeit hörte man seine Hilferufe, die Tür wurde aufgebrochen und man erblickte einen dünnen, bärtigen Herrn mit einem Zylinder auf dem Kopf und seinen Hosen um die Knöchel.

Wright war für alle Versuchstiere auf dem Laborgelände verantwortlich. Ziegen und Schafe wurden benutzt, um als Ersatz für Männer in Ausrüstung zu dienen. Der Versuchssaal war unter der Aufsicht von Wright neu ausgestattet worden. Kollegen erinnern sich, wie er in einer grünen Theaterrobe »mit verschränkten Händen, gebeugten Ellenbogen, den Körper leicht vorgeneigt über seine Lesebrille blickte und letzte Anweisungen gab, wobei er jedes kleinste Detail überprüfte, um sicherzustellen, daß den Tieren die gleiche Aufmerksamkeit und Fürsorge zuteil wurde wie ihren menschlichen Mitstreitern«. Er untersuchte die Tiere, nachdem sie Explosionen oder Druckveränderungen ausgesetzt waren auf mögliche innere Verletzungen. Ein überraschendes Ergebnis war, daß höherer Druck das Knochenwachstum bei Brüchen intensivierte.

Wright hatte keine medizinische Ausbildung und wünschte sich einen Abschluß in Chirurgie. Später in seinem Leben traf man Vorbereitungen, damit er an einem Kurs in experimenteller Chirugie an der Mayo Klinik teilnehmen konnte, doch zu diesem Zeitpunkt war das aufgrund seines nachlassenden Sehvermögens schon nicht mehr möglich. Das hielt ihn jedoch nicht davon ab, für Fortschritte auf dem Gebiet der Anästhesie, der plastischen Chirugie, der Knochenheilkunde und der Pathologie zu sorgen.

Er war es leid völlig von Daten abzuhängen, die von Versuchstieren kamen, da diese nicht in der Lage waren, jemandem mitzuteilen, wie sie sich fühlten. Er zog es vor, mit Menschen zu experimentieren, hat aber niemals einen Kollegen gebeten, etwas zu tun, was er selbst nicht auch getan hätte. Doch das bedeutete wenig, denn Wright war absolut furchtlos. Im Jahre 1965 schnitt er sich selbst ohne Hilfe eine Geschwulst aus dem Handrücken.

Kurz nach dem Ende des Zweiten Weltkriegs fand man heraus, daß nahezu alle Besatzungsmitglieder, die aus beschädigten Unterseebooten entkommen waren, nicht die Fluchtluken oder die zur Verfügung stehenden Atemgeräte benutzt hatten. Sie hatten einfach tief Luft geholt und waren durch Löcher im beschädigten Rumpf ausgestiegen, wobei sie auf ihrem Weg nach oben beständig ausgeatmet hatten, damit der Druckanstieg in ihren Lungen diese nicht zerstörte. Die Admiralität wollte nun wissen, ob dies auch aus großen Tiefen möglich sei. Einen solchen Versuch aus Tiefen von hundert Metern oder mehr zu unternehmen war eine beängstigende Vorstellung. Würde eine Lunge voll Luft dazu ausreichen? Wäre in einer solchen Tiefe genügend Sauerstoff in den Lungen, um den sich Rettenden auf seinem Weg nach oben vor dem Ersticken zu bewahren?

Der Chef des Labors entschied, daß die dazu notwendigen Experimente viel zu gefährlich seien, doch als er im Urlaub war, führte Wright sie dennoch durch. In einer Stahlkammer des Labors, in der ein einer Tiefe von einhundert Metern entsprechender Druck herrschte, legte er sich in kaltes Wasser und atmete dann aus, während der Druck schnell reduziert wurde. Er fand heraus, daß schon das kurze Schließen des Mundes die Lungen aufblasen und platzen lassen konnte. Ein Kollege sagte über dieses Experiment, es sei »ein typisches Beispiel dafür, wie man es sich einfach macht, aber ein sehr mutiges und bewundernswürdiges«. Als Ergebnis seiner Versuche führte die Marine den freien Schwimmaufstieg für Tiefen bis zu zweihundert Metern ein, und bei der *HMS Dolphin*, ein ausgemustertes Schiff, das als Trainingslager diente, wurde ein dreißig Meter tiefes Bassin gebaut, in dem die U-Bootfahrer Aufstiege üben konnten.

Im Jahre 1950 erhielt Wright den *Order of the British Empire* »für seinen Mut bei der Erprobung des freien Aufstiegs aus Unterseebooten in einhundert Meter Tiefe, und sich einer Unterwasserexplosion von zweihundert Pfund Sprengstoff vor Spithead in einer Entfernung von siebenhundert Metern auszusetzen«.

Cam war immer bereit, zu helfen und Kollegen mit Rat zur Seite zu stehen. »Stell ihm eine einfache Frage, und Wochen später wird er mit Belegstellen, Gleichungen und der Antwort, niedergeschrieben in seiner unvergleichlichen Handschrift, wiederkommen. Gib ihm ein unwichtiges Manuskript zu lesen, und er macht sorgfältige und tiefschürfende Anmerkungen, als wenn man der Generaldirektor persönlich wäre.« Einmal konnte ein junger Kollege, der versuchte, mit Ultraschall die ersten Anzeichen von Taucherkrankheit nachzuweisen, keine passende Stelle am menschlichen Körper finden, um die Meßsonde anzubringen. Er schilderte Wright das Problem. Das Gewebe mußte gut durchblutet sein, und er hatte es schon fast überall probiert. »Im Anus!« erklärte Cam, wobei ihm bewußt war, daß dies nicht die Stelle war, wo man sich bei den stämmigen Marinetauchern getrauen würde, die Meßsonde anzubringen. Nach ein paar Experimenten an sich selbst, stellte der Forscher zu seiner Erleichterung fest, daß der Anus keine besseren Ergebnisse brachte als das Ohrläppchen.

Wright war schlank, aber sehr kräftig. Bei Bewerbungsgesprächen mit neu einzustellendem Personal betrat er den Raum und stellte sich vor. Wenn er bemerkte, daß der Bewerber ein Waliser war, dann sagte er: »Dann spielen Sie sicher auch Rugby«, griff mit seinen Händen unter dessen Achseln und hob ihn vom Boden hoch, um das Gewicht abzuschätzen. Als er einmal mit Marinetauchern arbeitete, wohnte er im Albion Hotel in Falmouth. Sie wollten an einem Abend im Tanzsaal eine Feier veranstalten, und der Flügel befand sich in einem anderen Raum. Die Taucher fragten an der Rezeption, ob sie ihn in den Saal bringen könnten, doch als sie zurück zum Tanzsaal kamen, bewegte sich der Flügel schon wie von Geisterhand. Wright kroch darunter und trug das Musikinstrument auf seinem Rücken. Seit diesem Tag blickten die Taucher zu ihm auf. Bei einer anderen Gelegenheit war er mit den Tauchern unterwegs und sah ein paar Ziegen in einem Gehege. Er sprang über den Zaun, und auf allen Vieren schubste er spielerisch einen jungen Ziegenbock. Der machte ein paar Schritte rückwärts, griff dann an, und Cam blieb bewußtlos liegen.

Wright beriet das Royal Veterinary College bei der Weiterentwicklung der experimentellen Chirurgie und erhielt später die Erlaubnis, obwohl er kein geprüfter Veterinär war, außerhalb des physiologischen Labors weiter mit den Tieren zu arbeiten. Einer seiner Freunde hatte einen Bauernhof und wollte einmal einen prämierten Bullen zu Zuchtzwecken verkaufen. Unglücklicherweise hatte das Tier nur einen Hoden. Obwohl das nichts an seiner Fortpflanzungsfähigkeit änderte, konnte es wohl potentielle Käufer abschrecken. »Kein Problem«, erklärte Wright, »ich mach ihm einen.« Er stellte aus Wachs einen ordentlichen Bullenhoden her. Wrights Kreation passte perfekt, zumindest bis der Bulle einmal darauf lag und das Wachs schmolz.

Zum Neid seiner Kollegen hatte Cam immer bildhübsche Assistentinnen, von denen er einige zu einer Spazierfahrt in seinem Alfa Romeo Kabriolett mitnahm. Eine von ihnen lud er zu einem Picknick und einem anschließenden Ausritt zu Pferde ein. Wright war ein hervorragender Reiter, der Pferde liebte und seine Ferien in Irland verbrachte, wo er an der Kildare Jagd teilnahm. Die junge Dame allerdings war etwas nervös, da sie schon seit Jahren nicht mehr im Sattel gesessen hatte und befürchtete, sich das Hinterteil wundzuscheuern. »Ich sage Ihnen was«, meinte Cam, »ich nehme

Band mit, das können Sie sich dann unter Ihre Pobacken kleben, und damit vermeiden sie, daß sie wund werden. Das klappt prima. Ich habe es selbst schon beim Reiten ausprobiert.« Sie ließ sich überzeugen, und nach dem Picknick begab sie sich mit dem Picknickkorb, in den Cam eine dicke Rolle mit zehn Zentimeter breitem Klebeband gelegt hatte, auf die Toilette eines Pubs. Erst nach über einer halben Stunde kam sie zurück, hopste Richtung Auto, und ihre Reithose zeigte eine große Ausbuchtung.

»Was in Gottes Namen ist denn los?« wollte Cam wissen.

»Ihr verdammtes Leukoplast ist los. Ich kann es nicht abbekommen.«

Als sie versucht hatte, das Klebeband anzubringen, war ihr die Rolle aus der Hand gerutscht und an ihrem Schamhaar festgeklebt. Dummerweise hatte Cam vergessen, eine Schere in den Korb zu legen, und da sie das Band nicht abbekam, mußte sie mit der ganzen Rolle in ihrer Hose zurückkommen.

»Bitte helfen Sie mir«, schluchzte sie.

Also fuhren sie an einen entlegenen Ort, und er schnitt ihr vorsichtig mit einem Brotmesser die Schamhaare ab, bis sich das Klebeband lösen ließ. Wright gab zu, daß »nichts, was ich jemals über oder unter Wasser erlebt habe, so traumatisch war«. Die Frau sprach niemals wieder ein Wort mit ihm.

Sein Wagen war Cams ganzer Stolz und sein Vergnügen. Er hatte ihn mit Teilen von zwei anderen Alfa Romeos, die in seiner Garage standen, wieder aufgebaut. Es war ein Kunstwerk, eine Symphonie in Chrom, das sich von der glänzenden Lackierung abhob, und er hat damit Preise beim *concours d'élégance* gewonnen. Jedes Teil war markiert und datiert; »sogar die Schrauben trugen eine Nummer«. Sein Fahrstil zeichnete sich dadurch aus, heftig zu beschleunigen und so schnell zu fahren, wie es das Gesetz erlaubte – und noch ein bißchen schneller.

176

Als Wright in den Ruhestand trat, zog er sich nach Winchester zurück, lediglich begleitet von seinen Lieblingsschallplatten von Kathleen Ferrier und Sir John Barbirolli. Doch er war viel zu energiegeladen, um auf der faulen Haut zu liegen. Ein Vertrag als Berater in der experimentellen Chirurgie an der Eastman Dental Clinic in London und die Zusammenarbeit mit Chirurgen in Southampton ermöglichten es ihm, verschiedene Instrumente zur Lokalisierung von Nervensträngen im Rückgrat zu entwickeln und den Gebrauch von Ultraschall in der Medizin voranzutreiben.

Er hatte sich kaum verändert. Seine Augenbrauen waren jetzt weiß und etwas buschiger, doch er trug immer noch seine »Ausgehuniform«, die aus einem Tweedhut, einem Jackett und ausgebeulten Hosen bestand; niemals trug er einen Mantel, egal welches Wetter auch herrschte. Wenn alte Kollegen bei ihm vorbeischauten, dann unterhielt er sie mit Erzählungen von seinen Abenteuern oder zeigte ihnen Mappen mit Zeichnungen seines Vormunds, des Malers Sir Frank Brangwyn. Manchmal ließ er sie eine auswählen, die sie behalten durften.

Als seine Lungen, die er sich Jahren zuvor kaputt gemacht hatte, ihn endgültig im Stich ließen, wurde er ins Krankenhaus eingeliefert. Selbst als er die ganze Bedeutung der Krankheit erkannte, trat er ihr mit seinem üblichen Mut gegenüber. Vom Fenster seines Krankenzimmers aus konnte man über den Solent, der Meeresarm zwischen der Insel Wright und dem britischen Festland, blicken, nahe der Stelle, wo er seine gefährlichsten Explosionen durchgestanden hatte.

Alle erinnern sich an Cameron Wright als mutigen, talentierten und unterhaltsamen Menschen. Dennoch blieb er auch für seine Freunde immer ein Geheimnis. Obgleich er für jeden ein offenes Ohr hatte, sprach er nur sehr selten über sein eigenes Leben. Er hatte eine »außergewöhnliche und nicht zu bezweifelnde Begabung, Freundschaften zu schließen«, doch er stellte hohe Ansprüche. Er haßte Selbstsucht und Heuchelei und schätzte Mut, Loyalität und Integrität und erwartete dies auch von anderen. Wenn sie seinen Ansprüchen nicht genügten, dann war er nicht in der Lage, darüber hinwegzusehen. In seiner Verdammung jener, die den Ehrenkodex brachen, war er unerbittlich.

Er war voller Widersprüche, ein geselliger Einzelgänger, offen und zurückhaltend, manchmal fast schüchtern, ein eingefleischter Junggeselle, aber nur selten ohne weibliche Begleitung, ein Rebell, dem es gefiel, anderen Experten nachzuweisen, daß sie Unrecht hatten, aber er erwartete ihre Bewunderung.

In dem Moment, in dem man ihm gegenüberstand, wußte man, daß man sich in der Gesellschaft eines »liebenswerten und bewunderungswürdigen Mannes« befand. Einer, der nicht einen Augenblick seines Lebens damit verschwendet hatte, etwas anderes zu tun als zu leben.

Taucher beim Aufstieg ohne Atmungsgerät

Bilder ins Dunkle hinein

Wenn wir unsere Fotoalben durchblättern, wundern wir uns oft, wie unscharf die alten Aufnahmen sind und das, obwohl diese Bilder im hellen Sonnenlicht am Strand aufgenommen worden sind und nicht unter Wasser.

Jene, die nie versucht haben, Unterwasseraufnahmen zu machen, können sich kaum vorstellen, wie schwer es ist, im Salzwasser Fotos zu machen. Es bringt alles zum Rosten, dringt durch jede Dichtung und sieht jeden wasserdichten Behälter als Herausforderung an. Außerdem wird das Licht mit zunehmender Tiefe schwächer, und das Wasser absorbiert nacheinander alle Farben, Rot zuerst. In entsprechender Tiefe blutet man schwarzen Rauch.

Am unangenehmsten sind Plankton und Schwebeteilchen vor dem Objektiv, so daß das Blitzlicht, wenn es denn funktioniert, jedes einzelne Teilchen heraushebt. Man könnte genauso gut versuchen, ein Foto in einer Linsensuppe zu machen.

Heute haben die Taucher aber den Vorteil, auf hervorragende Ausrüstungen zurückgreifen zu können, die über die Jahre hinweg immer weiter perfektioniert wurden. Viel schwieriger war es in den Anfängen, wo die Pioniere oftmals ihre Ausrüstungen zusammenstückeln mußten und niemand da war, den sie um Rat fragen konnten. Sie schossen ihre Bilder ins Dunkle hinein.

Louis Marie-Auguste Boutan in Strandkleidung bei Banyuls sur Mer, um 1890

Eine Zuchtperle
Louis Marie-Auguste Boutan 1859–1934

Louis Boutan, geboren in Versaille, war der Sproß einer Familie, die viel Wert auf eine gute Ausbildung legte. Sein Vater war Physiklehrer und erwartete von Louis gute schulische Leistungen. Glücklicherweise war er ein guter Schüler. Doch unter der Oberfläche des strebsamen Schülers mit den hellbraunen Augen lauerte ein Abenteurer, der sich danach sehnte, die Berge zu besteigen.

Als Jugendlicher war er begeistert von den Bergabenteuern einiger Freunde der Familie. Immer darauf aus, neue Maßstäbe zu setzen, machte sich der junge Louis auf, einen Gletscher zu kartographieren. Doch als er allein in den Eisfeldern der Pyrenäen war, bekam er im doppelten Sinn kalte Füße, kehrte in die nächste Stadt zurück und kaufte sich für seine letzten Sous Tabak. Auf der Suche nach einem Wunder schleppte er sich dann nach Lourdes, von wo ihn ein Verwandter zu seinen Eltern zurückbrachte.

Mit zwanzig bekam er eine Anstellung als wissenschaftliche Hilfskraft, die niedrigste akademische Position an der Universität von Paris. Er hatte sich kaum im Labor eingerichtet, als der Minister für öffentliche Bildung ihn einer Expedition nach Australien zuteilte, die genau mit der großen Melbourne Exhibition zusammenfiel.

Er reiste auf dem Kriegsschiff *Finistère* und verbrachte achtzehn Monate mit der Erforschung von Victoria und New South Wales, überquerte die Murray Plaints und vermaß die nach Eukalyptus duftenden Blue Mountains westlich von Sydney. Damals, während der Kolonialzeit, war dies ein wildes, unerschlossenes Land. Er reiste mit einer Pistole im Holster und einem Gewehr über der Schulter, und manchmal mußte er sie auch benutzen. Er jagte Känguruhs im vollen Galopp und vertrieb Viehdiebe. Abends kampierte er mit Schafzüchtern und Siedlern, die, zu Louis' Erstaunen, zum Abendessen ihre staubigen Kleider auszogen und Abendkleidung anlegten.

Er besuchte die Goldminen nördlich von Melbourne und traf dort einen französischen Goldsucher, der so erfreut darüber war, endlich wieder einmal Französisch sprechen zu können, daß er Louis anflehte zu bleiben. Fünfzig Jahre später bedauerte ein inzwischen weise gewordener Louis, daß er die Bitte abgelehnt hatte. Es hätte ihm gefallen auf der Suche nach etwas in der Dunkelheit Glitzerndem, die Flüsse durchzusieben und sich in die Berge hineinzuwühlen. Stattdessen suchte er bei seinen Forschungen nach dem Schatz des Wissens.

Zu diesem Zeitpunkt war er damit beschäftigt, Exemplare des schon bald ausgerotteten Beutelwolfs, der Känguruhratte und des australischen Eichhörnchens für den Pariser Zoo aufzuspüren, und dem Pariser Museum Föten von Beuteltieren zu besorgen. Er sammelte auch die Samen von Salzbüschen, die in den weiten Ebenen wuchsen und während der Trockenzeit die einzige Nahrungsquelle für die Schafe waren. Man überlegte, diese in den Salzwüsten Algeriens heimisch zu machen, um sie im Sommer als Futter zu verwenden. Es war die große Zeit, in der man potentiell nützliche Pflanzen aus den Tropen mitbrachte, um sie in Europa oder den nahegelegenen Kolonien heimisch zu machen. Die meisten botanischen Gärten in Europa waren eigentliche »Gärten der Akklimatisierung« gewesen. Unglücklicherweise beharrten die Salzbüsche darauf, zu ihrer gewohnten Zeit zu blühen, und so konnten sie sich nicht in Algerien verbreiten.

Boutan stellte fest, daß die australischen Weinanbau-

gebiete von der Reblaus befallen waren. Sofort fertigte er
für die Regierung des Staates einen Bericht an, wie diese
Plage in Europa bekämpft worden war, und hielt viele Vorträge, wie die einheimischen Weine mit den unempfind-
lichen, amerikanischen Rebsorten gekreuzt werden könnten.

Auf seiner Heimreise, die ihn auch durch die Torres-
Straße führte, fiel ihm ein Kapitel aus Jules Vernes *Zwanzigtausend Meilen unter dem Meer* ein, wo das Unterseeboot
Nautilus in diesen Gewässern auf Grund geht und Professor
Aronnax Seegurken und Austern sammelt. Boutan sprang
nackt zusammen mit einheimischen Perlentauchern ins
Meer und sah zum ersten Mal den Reichtum der tropischen
Meere, die huschenden, glänzenden Fische und das Pulsie-
ren der geisterhaften Quallen. Für jemanden, der es bis dahin in seiner Ausbildung nur mit konservierten Exemplaren,
die steif und ohne Farbe waren, zu tun gehabt hatte, war es
ein einschneidendes Erlebnis. Er sah auch die seidigen Perlen in den Austern, und seit diesem Augenblick gewann ein
Plan in seinem Kopf Gestalt.

Zurück in Paris, ermutigte ihn sein Professor in seinen
Studien der Meerestiere. Doch er war auch ein berüchtigter
Tyrann und machte seinen Protegés das Leben zur Hölle.
Boutan übte nie Kritik an ihm, doch als er eine neue Eid-
echsenart in einer dunklen Höhle entdeckte, benannte er
das häßliche Tier nach ihm.

Louis' Lehrverpflichtungen weiteten sich aus, und sein
Geist verkümmerte in der ehrwürdigen Atmosphäre des
Museums, in dem die Stille nur gelegentlich vom Kratzen
eines Federhalters und dem zufälligen Klicken von Konser-
vierungsgläsern gestört wurde. Wenn er *richtige* Forschung
betreiben wollte, dann mußte er weg von dort. Wann immer
er konnte, begab er sich zu den meeresbiologischen Labors
in Banyuls-sur-Mer am Mittelmeer oder nach Roscoff an
der Atlantikküste. Er studierte Napfschnecken und mietete

183

sich ein Fischerboot, um nach Seeigeln und Muscheln zu fischen. Bei Wind und regnerischem Wetter träumte er von den Tropen.

Im Jahre 1891 überzeugte er einen Geldgeber, eine Expedition zu finanzieren. In Suez richtete er sich am Ufer der fälschlicherweise als Süßwasserkanal bezeichneten Wasserstraße ein kleines Labor ein. Im Suezkanal, der erst zweiundzwanzig Jahre zuvor eröffnet worden war, fand er eine Spezies von Weichtieren, die er zuerst in Australien gesehen hatte und die sich nun nach Norden ausbreitete. Viele Spezies würden aus dem artenreichen Indischen Ozean durch den Kanal in das verwaiste Mittelmeer gelangen, so daß man diesem Phänomen später den Namen »Lessepsische Wanderung« gab, nach de Lesseps, dem Erbauer des Suezkanal.

In einem Fischerboot kreuzte Boutan über das Rote Meer, wobei er die eine Hälfte der Zeit von Stürmen gebeutelt wurde und die andere bei Flaute festsaß. Wenn Wind aufkam, begann »das Boot auf beängstigende Weise zu schwanken«. Obgleich die Mannschaft sehr geschickt mit ihren Netzen die glitzernden, silbernen Fische fing, waren ihre Navigationskünste doch eher bescheiden – sie konnten noch nicht einmal den Polarstern ausmachen. Aus diesem Grund wurden alle Bootsfahrten während der größten Tageshitze durchgeführt. In der Abenddämmerung ankerten sie meist meilenweit draußen auf dem Meer, weit weg von den zerklüfteten Riffen an der Küste.

Auf einem seiner seltenen Ausflüge an Land lief Boutan, das Gewehr im Anschlag, viereinhalb Stunden über die windgepeitschten Dünen zum Berg Hammân Fara'ûn, an dessen Flanken der weiße Sand den unwirklichen Eindruck erweckte, als ob die aufgeheizten Felsen mit Schnee bedeckt wären. In der Nähe erkundete er Thermalquellen, die sich in heißen Höhlen befanden, und kehrte dann erschöpft zum Boot zurück.

184

Bevor er diesen Küstenabschnitt verließ, suchte er den Meeresboden nach Schnecken und Fischen ab, doch häufig verfing sich das Schleppnetz am Riff und brachte das Boot fast zum Kentern. Die Mannschaft tauschte Tabak gegen die örtlichen Produkte ein und machte sich auf die Rückfahrt nach Suez. Im ganzen Boot lagen tote Fische herum, von denen ein »strenger, nicht gerade angenehmer Geruch« ausging.

Boutan verbrachte die letzten paar Tage in Tûr, wo er im Schutz des Riffs die besten Fanggründe seiner gesamten Expedition vorfand. Er wäre gern länger geblieben, doch die Stelle befand sich direkt neben dem Campement Sanitaire, wo sich Pilger mit Cholera in Quarantäne befanden, und in diesem Sommer war die Cholera weit verbreitet …

Boutans Hunger nach Abenteuern war noch nicht gestillt, und Frankreich besaß noch eine Vielzahl von unerforschten Kolonien. 1904 organisierte er eine Reise nach Madagaskar, doch am Vorabend der Abreise brach die Finanzierung zusammen, da die Regierung gewechselt hatte. Er hatte nicht viel Zeit, enttäuscht zu sein, denn die Academy of Science trug ihm an, eine wissenschaftliche Expedition nach Indochina zu leiten. Vier Jahre lang erforschte Louis die Küsten und Dschungelgebiete von Vietnam, Laos und Kambodscha. Er legte Tausende von Meilen zurück, überquerte Berge, folgte Flußläufen, einschließlich dem mächtigen Mekong, und begab sich auf eine Route, die eines Tages als Ho-Chi-Minh-Pfad berühmt werden sollte. Auf seiner Reise machte er Aufzeichnungen über die Fauna und Flora und untersuchte alles, von den Parasiten in den Kaffeeplantagen bis hin zum Verhalten von Bären und Affen. Er fand daneben noch Zeit, sein richtungsweisendes Werk *Décades Zoologique* zu schreiben, das von einheimischen Künstlern wunderbar illustriert wurde.

Die Reise fand ein abruptes Ende, und Louis kehrte mit Aufzeichnungen und Erinnerungen nach Paris zurück. Bei

Boutan mit fast platzenden Lungen, um 1890

ihm war auch ein junger Gibbon, den er Pépée genannt hatte und den er viele Jahre bei sich behielt, um die Kommunikationsfähigkeit von Affen zu studieren.

Sein Ansehen als Naturforscher wuchs, doch eine seiner wesentlichsten Forschungsarbeiten wurde zu dieser Zeit als Nebengebiet angesehen, das nur von geringem Interesse für die Wissenschaft war. Boutans große Liebe war immer das

Meer gewesen. Seine Studenten nannten ihn »Seewolf«, da er kaum eine Gelegenheit ausließ, mit ihnen in einem Boot hinauszufahren oder der auslaufenden Ebbe zu folgen, um zu sehen, welche Geheimnisse sie enthüllte. Er war begeistert von seinem Schleppnetz und davon überzeugt, daß für jede Spezies, die er fing, weitere fünf oder sechs sich im Wasser versteckt hielten und nur darauf warteten, entdeckt zu werden.

Er verglich die ans Land gebundenen Meeresbiologen mit fremden Besuchern vom Mond, die uns von einem Raumschiff aus beobachten, das sich in den oberen Schichten der Atmosphäre befindet. »Wenn dieser Mondbewohner Untersuchungen über die Bewohner der Erdkugel machen wollte …, würde er ein Netz auswerfen und vielleicht die Ankerleine seines Ballons hinablassen.«

Um 1890 herum benutzte er die damals übliche Helmtauchausrüstung, um sich erstmals unter Wasser zu begeben. »Die Fremdheit der Unterwasserwelt machte einen lebhaften Eindruck auf mich und ich war unglücklich darüber, daß ich diese Eindrücke nicht exakt beschreiben konnte … Ich wünschte mir, von diesen Ausflügen ein mehr handfestes Beweisstück mitzubringen; doch dies ist kaum möglich, da selbst ein guter Taucher kein Foto unter Wasser machen kann, ja noch nicht mal eine Zeichnung. Ich beschloß, dennoch ein Foto zu machen!«

Was Boutan nicht wußte war, daß bereits ein solches Foto existierte. Im Jahre 1856 hatte William Thompson, ein englischer Hobbynaturforscher, seine Kamera in einen abgedichteten Kasten mit einem Fenster gesteckt und sie sechs Meter tief ins Meer hinab gelassen. Sowohl der Kasten als auch die Kamera liefen voll Wasser, doch nach einer Belichtungszeit von zehn Minuten war auf der Platte etwas zu erkennen. Das Bild war alles andere als gut, und es gibt immer noch Diskussionen darüber, wie herum man es betrachten muß, doch es war die erste Unterwasseraufnahme.

187

»Diese Anwendung der Fotografie mag sich als unglaublich wichtig für die Wissenschaft erweisen«, kündigte Thompson an, dennoch blieb es sein einziger Versuch. Niemand folgte ihm in seinen Fußstapfen, bis Louis Boutan es sechsunddreißig Jahre später tat.

Boutan machte seine ersten Aufnahmen 1892 mit einer Kamera, die mit großen Glasplatten arbeitete und in ein wasserdichtes Metallgehäuse eingeschlossen war, das er selbst gebaut hatte. An der Außenseite befand sich ein Gummiballon, der, wenn er durch den Wasserdruck zusammengepreßt wurde, Luft in das Gehäuse blies und damit den Innendruck dem größer werdenden Außendruck anglich. Hier beschreibt er nun seine ersten Versuche:

Zuerst wollte ich die Bucht von Banyuls mit meinem Apparat erkunden … Es gab viele verschiedene Objekte, die man fotografieren konnte … Doch wenn man in einem Taucheranzug nach unten geht, dann stellt der Schlick eine ernstzunehmende Beeinträchtigung für gute Unterwasseraufnahmen dar … es gibt kaum genügend Kontrast für gute schwarz-weiß Aufnahmen, und die Bilder sind folglich ziemlich verwaschen. Mit jedem Schritt wirbelt der Taucher Wolken von Schlamm auf, die minutenlang im Wasser schweben und die Sicht trüben. Ich gab nicht auf …, bis ich irgendwie eine Reihe von Bildern hatte, die zwar nicht besonders gut, aber zumindest brauchbar waren.

Ich beschloß, mich nach einem besseren Platz umzusehen … Ich fand ihn ein Stückchen südlich des Instituts. Er befand sich in einer ausgewaschenen Höhle. Der sanft zum offenen Meer hin abfallende Boden war mit Seegras bedeckt. Die starke Strömung hatte ein Geflecht von sandigen Stellen in den Seegraswiesen geschaffen. Es gibt nichts Beeindruckenderes, als einem dieser Wege zu folgen. Links und rechts erheben sich die hohen Stämme des Seegrases, dessen Fülle und Aussehen an die Vegetation in den Tropen erinnert. Der Taucher ist von einer grünen Mauer umgeben, da die Stämme der einzelnen Pflanzen so hoch wie er selbst aufragen.

Nun zu der Art und Weise, wie ich meine Bilder machte … Nachdem ich in der gewünschten Tiefe angekommen war, habe ich dem Kapitän das Signal gegeben, die Einzelteile meiner Fotoausrüstung herunterzulassen. An ein Seil gebunden bekam ich die Eisenplatte, die Kamera in ihrem Gehäuse und ein Gewicht, um alles zu verankern.

Wenn ich mir mein Motiv gewählt hatte, legte ich die Grundplatte des Apparats zurecht und montierte die Kamera so darauf, daß ich nur noch einen Knopf zu drücken brauchte, um den Verschluß zu öffnen. Als das geschehen war, gab ich dem Kapitän mit der Rettungsleine ein Signal, daß ich mit der Belichtung begonnen hatte, und wartete dann geduldig, bis er mir das Zeichen zum Beenden der Aufnahme gab. Sie verstehen bestimmt, daß es unmöglich ist, in einem Taucheranzug eine Uhr mit herunterzunehmen, um die Belichtungszeit zu messen. Dank der von mir entwickelten Methode wurde diese Schwierigkeit umgangen. Der Kapitän schaute auf die Uhr und gab mir dann rechtzeitig Bescheid.

Das größte Problem stellte die Beschichtung der Platten dar, die so langsam reagierte, daß man ein halbe Stunde oder länger belichten mußte, um einigermaßen scharfe Bilder zu erhalten. Doch unter Wasser sind lange Belichtungszeiten nutzlos, da selbst bei ruhiger See das Seegras hin und her schwankt und losgerissene Pflanzenteile langsam vor der Linse vorbei gleiten.

Die Bilder waren verschwommen, doch Boutan war darüber nicht entsetzt. »Ist Wasser ein Medium, in dem man einfach keine guten Bilder machen kann? Die Erfahrungen dieser letzten drei Jahre haben mir gezeigt, daß nicht das Medium Wasser die Schuld trägt. Wenn man in der Lage wäre, die Kamera zu verbessern, könnte man wesentlich schärfere Bilder erhalten.«

Ein anderes Problem der unhandlichen Plattenkamera war, daß man nach jeder Aufnahme das wasserdichte Gehäuse an der Oberfläche öffnen mußte, um eine neue Platte einzusetzen. Glücklicherweise hatten die Kamerahersteller bald eine neue, wesentlich handlichere Kamera entwickelt, die unter dem Namen »Detektiv« bekannt war, da man sie unter der Kleidung verstecken und heimlich Bilder damit schießen konnte. Auch bestand die Möglichkeit, damit mehrere Aufnahmen hintereinander zu machen, und das Objektiv war in der Lage, alles ab einer Entfernung von drei oder vier Metern scharf abzubilden. Es war genau das, was Boutan brauchte und schon bald machte er »Sofortbilder« mit einer Belichtungszeit von zehn Sekunden. Jetzt endlich erhielt er Bilder, auf denen man etwas erkennen konnte.

Für Aufnahmen an seichten Stellen watete er bis zur Brust ins Wasser und die Kamera befand sich in einem Kasten mit Glasboden. Erstaunlicherweise unternahm er auch Versuche mit einer ungeschützten Kamera, die voll Wasser lief. Obwohl das Wasser vor der Linse das Bild unscharf werden ließ, behauptete er, daß weder der Film (eine Spezialanfertigung der Gebrüder Lumière für ihn) noch die Kamera Schaden nahm.

Für Aufnahmen in größeren Tiefen mußte Boutan erst einmal eine künstliche Lichtquelle entwickeln. Sein erster Scheinwerfer war ein glockenförmiger Glasbehälter, der mit Sauerstoff gefüllt war und in dem sich ein spiralförmiger Glühfaden aus Magnesiumdraht befand. Strom aus einer Batterie brachte den Glühfaden zum Leuchten, doch die Verbrennung war unberechenbar, und im Glasbehälter breitete sich schnell Magnesiumstaub aus. Schweren Herzens gab er diese Versuche auf. »Ich glaube, ich habe diese Sache vielleicht zu schnell an den Nagel gehängt«, meinte er später, »mit ein paar Veränderungen hätte man sie vielleicht verbessern können«. Dem war auch so; Boutan hatte den Vorläufer der modernen Blitzlichtbirne entwickelt.

Ein verbessertes Modell arbeitete nach einem gänzlich anderen Prinzip. Bei dieser Vorrichtung befand sich ein Brenner mit Alkohol in dem Glasbehälter und durch Druck auf einen Gummiball wurde Magnesium in die Flamme geblasen, was zu einem spektakulären Lichtblitz führte. Der Vorrat an Magnesium reichte für einige Lichtblitze. Louis hatte damit das beste Blitzlichtgerät seiner Zeit entwickelt und, was wesentlich wichtiger war, es funktionierte unter Wasser.

Er wollte sehr viel leistungsfähigere, wasserdichte Beleuchtungsgeräte herstellen, doch die Kosten hielten ihn davon ab. Dann kam eines Tages der Direktor einer Fabrik für optische Geräte zu ihm und bat um Unterwasserfotos für die Pariser Ausstellung. In dessen Fabrik wurden zwei elektrische Bogenlampen entwickelt und gebaut, mit denen Louis, unter Einsatz einer ferngesteuerten Kamera mit elektromagnetischem Verschluß, Bilder in der erstaunlichen Tiefe von knapp sechzig Metern machte.

In den Zeitungen erschienen Witzzeichnungen, auf denen ein verrückter Professor Unterwasseraufnahmen von den Beinen badender Schönheiten machte. Louis lächelte darüber und antwortete mit einer Unterwasseraufnahme der unteren Extremitäten dreier seiner Freunde in gestreiften, wollenen Badeanzügen.

Um die Jahrhundertwende veröffentlichte er die erste Anleitung zur Unterwasserfotografie. Seine Ziele waren bescheiden: »Ich versuche nur, eine genaue Darstellung meiner Arbeit bei der Unterwasserfotografie zu liefern und so die Aufmerksamkeit der Fachleute auf eine Sache zu lenken, die eine große Hilfe bei der Unterwasserforschung ist. Meine Absichten sind gänzlich erfüllt, wenn das Interesse von ein paar Lesern soweit geweckt wird, daß sie selbst Unterwasserfotos machen wollen.«

Es bestand kein Grund, irgendwelche Zweifel daran zu haben. Es vergingen keine vierzehn Jahre, da drehte John Williamson Unterwasserfilme, und 1923 machte der amerikanische Biologe und Taucher W. H. Longley die ersten Farbfotos unter Wasser. Er benutzte einen wenig lichtempfindlichen Film, bei dem die Farben durch Millionen von getönten Stärkekörnchen kamen, die auf der Fotoschicht aufgetragen worden waren. Um das nötige Licht zu erhalten, ließ er auf einem Floß an der Oberfläche eine pfundschwere Magnesiumladung zur Explosion bringen. Die Helligkeit der Explosion entsprach der von 2 400 Blitzlichtbirnen und war das hellste Licht, das jemals bei einer Unterwasseraufnahme Anwendung fand. Es war fast »mehr, als ein Mensch aushalten konnte«, ganz sicher aber mehr als das Floß aushielt, denn die Explosion zerriß es in tausend Stücke.

Boutan hatte etwas in Bewegung gesetzt, doch nun wandte er sich wieder der Meeresbiologie zu und untersuchte, wie die Muscheln ihre »Ankerketten« produzierten, mit denen sie an den Felsen festsitzen. Die Schalentiere strecken graziös ihren muskulösen »Fuß« aus, wobei sie eine Einbuchtung formen, so wie wir es mit unserer Zunge machen. In dieser Einbuchtung wird ein Sekret abgesondert, das im Kontakt mit Meerwasser sofort klebt. Wenn dann der »Fuß« zurückgezogen wird, bleiben die Fäden am Felsen kleben. Um das gesamte Mittelmeer herum wurden früher die Klebefäden der großen *Pinna* Muschel in die Kleidung eingewoben, und Jules Verne steckte die Besatzung der *Nautilus* in Anzüge aus *Pinna* Fasern.

Boutan führte auch Milne Edwards Erforschung der Entwicklung von Weichtieren, beginnend mit dem frühesten Larvenstadium, fort. Sein Versuchstier war das Seeohr, eine kleine Ohrmuschel, die an der Innenseite wunderschönes, blaues Perlmutt hat. Die Muschelschale ist ausgekleidet mit einer dünnen Haut, Mantel genannt. Da es das einzige

Gewebe ist, das in direktem Kontakt mit der Muschelschale steht, müsse es für die Produktion des Perlmutts verantwortlich sein, meinte Boutan. Er entfernte vorsichtig einen Teil der Muschelschale und schaffte es, das Tier lange genug am Leben zu erhalten, um zu zeigen, daß der Mantel tatsächlich in der Lage war, die Muschelschale zu ersetzen und auch für das schimmernde Perlmutt verantwortlich war.

Louis hatte bei seinem Aufenthalt in Australien die Perlen in den Austern gesehen und war davon fasziniert gewesen. Wurden auch diese vom Mantel produziert? Möglicherweise überzog der Mantel jedes Objekt, mit dem er in Berührung kam, mit Perlmutt. Boutan entwickelte einen raffinierten Test für seine Vermutung. Mit einem Bohrer trieb er eine kleine Öffnung in die Schale eines Seeohrs, wobei er gewissenhaft darauf achtete, den darunterliegenden Mantel nicht zu verletzen. Durch dieses Loch führte er ein kleines Stück Muschelschale ein und plazierte es zwischen Schale und Mantel. Innerhalb weniger Monate wurde aus diesem »Samenkorn« eine leichte Wölbung aus Perlmutt. Damit war klar, wenn ein Sandkorn den Mantel reizte und durch einen Überzug mit Perlmutt neutralisiert wurde, dann entstand daraus eine Perle. Boutan schloß daraus, daß jede Muschel, die ein solches, Perlmutt absonderndes Gewebe aufwies, potentiell in der Lage ist, Perlen zu produzieren, und begann damit, dies experimentiell nachzuweisen.

Er versuchte, den Generalgouverneur von Indochina davon zu überzeugen, daß die großen Muscheln, die er dort gesehen hatte, ideal für die Produktion von Zuchtperlen wären und man damit einen rentablen Geschäftszweig aufbauen könnte, doch nichts passierte. Boutans grundlegenden Erkenntnisse wurden 1898 in der wissenschaftlichen Literatur veröffentlicht. Es folgten siebzehn weitere Artikel, in denen er ausführte, wie man perfekte, runde Perlen herstellen konnte.

Ein japanischer Nudelhändler, der selbst schon versucht hatte, Perlen zu züchten, war der einzige, der die Tragweite dieser Entdeckung erkannte, 1920 kamen seine Zuchtperlen in Paris auf den Markt. Es war so gut wie unmöglich, sie von den »echten« zu unterscheiden. Das Perlenkartell, das weltweit die Preise bestimmte, geriet in Panik, denn der Wert ihrer Lagerbestände an Naturperlen sank. Sie behaupteten, daß der Markt mit »nachgemachten« Perlen überschwemmt würde. Der Importeur der Perlen wurde verhaftet und vor Gericht gestellt. Boutan war der Star unter den Zeugen. Die Zuchtperle, so sagte er aus, sei genauso natürlich wie die »wild« gewachsene. Die Auster kümmert es wenig, ob der Fremdkörper auf natürliche Weise oder durch Menschenhand in sie hinein gelangte. Das Gerichtsverfahren machte Boutan zu einer Berühmtheit, bereitete aber der Pariser Vorliebe für Perlen ein Ende.

Schon bald war in Asien die Herstellung von Zuchtperlen weit verbreitet. Frankreich hatte eine große Gelegenheit versäumt, dennoch enthält Boutans große Abhandlung *La Perle* nicht ein einziges, anklagendes Wort darüber.

Ich kann mir vorstellen, daß Boutan erfreut darüber wäre, daß heutige Untersuchungen des Perlmutts ergeben haben, daß, obwohl es zu 95 Prozent aus Kalk besteht, seine Struktur (kleine Plättchen, die durch ein seidenähnliches Protein verwoben sind) es zu einem keramikähnlichen Stoff macht, der einige tausendmal widerstandsfähiger als Kalk ist. Heute wird es künstlich hergestellt (wobei das exakt gleiche Verfahren wie bei der Herstellung von Blätterteig angewandt wird) und in Düsentriebwerken an Stellen, wo Metall schmelzen würde, Verwendung findet.

Während des Ersten Weltkriegs richteten Louis und sein Bruder Auguste, ein Ingenieur und Direktor der Gaswerke von Lyon, ihre Anstrengungen darauf, ein Unterwasseratemgerät zu entwickeln. Dazu benutzten sie einen Zylinder, der mit Preßluft von fast zweihundert Atmosphären

Druck gefüllt war und der nach dem gleichen Prinzip wie die heutigen Luftflaschen funktionierte. Obgleich das Gerät nicht einfach zu handhaben war, gehörte es bald zur Standardausrüstung der französischen Unterseeboote. Es sollte Tauchern ermöglichen, das Schiff zu verlassen, um kleinere Reparaturen am Rumpf vorzunehmen oder es von einem Netz zu befreien. Sie entwickelten auch ein »Unterwasserfahrzeug«, eine Art bemannten Torpedo, ähnlich jenen, die im Zweiten Weltkrieg zu Sabotageakten benutzt wurden. Beide Brüder erhielten den Orden der Ehrenlegion »für ihre Dienste zur Verteidigung des Vaterlandes«.

Ab 1919 war Louis Professor für Zoologie und Tierphysiologie an der Universität von Bordeaux, doch wenn er aus dem Fenster seines Büros hinausschaute, dann erwachte in ihm wieder die Sehnsucht nach dem Strand und dem Meer. Die Küste vor Bordeaux war für Meeresbiologen aber die langweiligste, die es in Frankreich gab. Er las Milne Edwards lebendige Beschreibung der Küsten Algeriens, und als er auf einer Konferenz einen Professor aus Algerien traf, beschlossen sie, ihre Stellen zu tauschen. 1924 war Louis dann nicht nur Professor für Zoologie in Algier, sondern gleichzeitig noch Direktor einer Forschungsstation für Fischzucht und Regierungsbeauftragter des Fischereiwesens.

Von dem Moment an, als er die Küste Afrikas betrat, war ihm klar, daß er sie nie wieder verlassen würde. Er befand sich in seinem Element und nutzte das auch weidlich aus zu Ausflügen aufs Meer. Er fuhr mit den Fischern hinaus und entwickelte neue Fangtechniken für Schrimps und sogar für Haie, denn auch deren Fleisch, ihr Fett und ihre Haut als eine Form von »Leder« konnte man verwerten. Gleichzeitig säuberte man damit das Meer von unerwünschten Räubern. Er schrieb Artikel über den Vorteil des Fischens mit Gewehren und Explosivstoffen. In der Forschungsstation entwickelte er Verfahren zu Zucht von Austern, Muscheln und

Schrimps und Methoden, wie diese lebend nach Frankreich gebracht werden konnten.

Am liebsten fuhr er zusammen mit seinen Studenten auf dem Forschungsschiff hinaus. Es hat den Anschein, als ob er mit seinen Studenten eine lockere Kameradschaft gepflegt hätte, und dies zu einer Zeit, als es eher üblich war, daß die Schüler respektvoll zu Füßen des Lehrers verharrten und darauf warteten, ihm zuzustimmen. In ruhigen Nächten, in denen die entfernten Lichter an der Küste mit den Sternen verschmolzen, saßen sie an Deck und rauchten ihre Pfeifen. »Das ist das *wirkliche* Leben«, brachte er ihnen bei.

Die Ehrungen häuften sich. 1929 ging er in Pension und zog sich mit seiner Lebensgefährtin in eine Villa, genannt Djouara (arabisch für »Perle«), am Meer zurück. An die Wände waren Bilder von Meereslebewesen und Monstern der Tiefsee gemalt. Er züchtete Rosen, las die Klassiker, zeichnete ein bißchen und schrieb Romane, Gedichte und Theaterstücke. Sie führten ein zurückgezogenes Leben, und dann starb er ganz ruhig eines Nachts. Sein Grab befindet sich auf einem kleinen Friedhof, von dem aus man die Wellen gegen die Küste, an der er gerne spazieren gegangen ist, schlagen hören kann.

Er wurde bewundert und geliebt, war ein geselliger Mensch, der dennoch am liebsten allein arbeitete, um den Konflikten, die in Gruppen entstehen, aus dem Weg zu gehen. »Der Mann war die Güte in Person«, erklärte ein Freund. Er verschwendete keinen Gedanken an das Vermögen, das ihm durch die Lappen gegangen war, weil er sein Verfahren zur Perlenzucht nicht hatte patentieren lassen, und er hat sogar noch jene unterstützt, die seine Erfindung ausgebeutet haben. Das war wirklich großherzig.

Louis Boutan bezeichnete die Wissenschaft als »Suche nach Schönheit«. Er war der Prototyp eines vielseitig begabten Wissenschaftlers und Naturliebhabers. Welcher heu-

tige Biologe, der die Unterwasserfotografie und die Perlenzucht entwickelt sowie den australischen Weinanbau gerettet hätte, würde das Wissen und die Energie besitzen,
kompetent über die Schnäbel von Vögeln, die Sprache der
Affen und die Windungen von Schneckenhäusern zu schreiben?

Boutan im Taucheranzug mit Helm beim photographieren unter
Wasser

John Ernest Williamson beim Abstieg in seine lange Unterwas-
serröhre. Auf dem Arm trägt er seine junge Tochter Sylvia mit Ka-
pitänsmütze

Der Mann mit der erstaunlichen Röhre
John Ernest Williamson 1881–1966

Am Tag, als Ernest Williamson geboren wurde, umfuhr sein Vater gerade Kap Horn, und Ernest war schon fast drei Jahre alt, als er seinen Vater zum ersten Mal sah. »Ich erinnere mich verschwommen an den Tag, als er in unser Haus in Liverpool kam und mit sich den Geruch des Meeres brachte.« Das Meer lag seinem Vater im Blut und nun lebte es auch in den Träumen von Ernest.

»Ich denke, er hat mich nur eines kurzen Blickes gewürdigt, denn er hatte seine neueste Erfindung dabei ... er hatte ein eigenes Baby mit nach Hause gebracht.« Es war ein Faltboot.

Sein schottischer Vater war Schiffskapitän von Beruf und Erfinder aus Berufung. Jedes Mal, wenn er von einer Reise zurückkam, brachte er ein neues Gerät mit, das er gerade ausgetüftelt hatte. Eine seiner Ideen kam ihm, während er Fischerboote beobachtete, die in den Wellen vor Neufundland auf und nieder tanzten. Ihre Steuer- und Backbordlichter konnte man sehen, selbst wenn das Boot im Nebel verschwunden war. Das Aufblitzen der grünen und roten Lichter brachte ihn auf die Idee für ein Signalsystem. Es sah aus, als hätte er damit das große Los gezogen, und er übergab die Pläne einem Agenten in New York, der das Gerät auf den Markt bringen sollte. Als er mit seinem Schiff Monate später wieder nach New York kam, mußte er feststellen, daß der Agent verschwunden und sein Gerät unter einem anderen Namen patentiert worden war. Amerika, das Land der unbegrenzten Möglichkeiten – der Agent hatte sie wahrgenommen.

Sein Vater war wütend und gab sofort die Seefahrt auf, um den verschwundenen Agenten ausfindig zu machen. Erst nur er allein, später mit der gesamten Familie einschließlich des neunjährigen Ernest, ging es nach Amerika. Durch Zufall ließen sie sich in Virginia nieder, wo sein Vater Schiffe mit Korn und Schlachttieren ausrüstete.

Fast wäre auch Ernest zur See gefahren. Ein Kapitän, der zu Besuch war, bot an, ihn auf seinem Großsegler mitzunehmen. Sein Vater stimmte zu, änderte dann aber seine Meinung. Ernests Herz war gebrochen, als das Schiff ohne ihn ablegte, doch als das Schiff dann während eines Sturms spurlos im Ozean versank, war er sichtlich erleichtert, nicht an Bord gewesen zu sein.

Als Ingenieur ausgebildet, arbeitete er im Schiffsbau, doch wegen seines Talents für technische Zeichnungen wurde er bald darauf ins Planungsbüro versetzt. Aufgrund seiner Vorliebe für Sportillustrationen, die ihm mehr lagen als die Anfertigung von Plänen, arbeitete er für den *Philadelphia Record* und den *Virginia Pilot* als Zeichner, Reporter und Fotograf.

Wie sein Vater war er praktisch veranlagt, aber zugleich auch ein Träumer. Seine Träume kreisten ums Meer. Als er eines Abends in der alten Hafenstadt Norfolk durch eine enge Gasse lief, hatte er eine Vision:

Lange, geheimnisvolle Schatten lagen zwischen den alten Gebäuden, die sich geisterhaft und unwirklich gegen den Glanz der untergehenden Sonne abhoben. Es herrschte Stille. Der Ort schien völlig verlassen. Über den steilen Dächern und den baufälligen Kaminen wölbte sich ein unergründlich grüner Himmel, und ich hatte plötzlich das merkwürdige Gefühl, auf dem Grund des Meeres zu stehen, zwischen den Ruinen einer versunkenen Stadt. Die Geschichte vom versunkenen Atlantis hatte mich immer schon fasziniert. Hier nun, im gespenstischen Halblicht des sterbenden Tages, entstanden vor meinen Augen Städte, die einst von Menschen bewohnt, jetzt von den Lebewesen des Meeres bevölkert waren. Welch wunderbare Geschichten sie bargen! Welch außerordentliche Bilder das gäbe, wenn man es nur fotografieren könnte! Sicher gäbe es gesunkene Schiffe, mit Schätzen beladene Galeonen, die dort in der Stille verrotteten, wo einst eine geschäftige Straße war.

Ernest war fasziniert von den romantischen Geschichten Jules Vernes und Victor Hugos. Er stellte sich eine Welt unter dem Meer vor, in der riesige Kreaturen ebensolche Schätze bewachten. Und wenn sie nicht existierte, dann würde er sie erfinden.

In Vernes Roman *Zwanzigtausend Meilen unter dem Meer* behauptet Kapitän Nemo, daß »nichts einfacher sei, als eine Fotografie dieser Unterwasserwelt anzufertigen«. Später dann gibt er seinem Gast, Professor Aronnax, einen Abzug, der erstaunt ist von dem Bild der »urtümlichen Felsen, die noch nie das Licht des Himmels erblickt haben, den unterseeischen Granitformationen, die unseren Erdball formen, diesen tiefen Grotten ... Ich kann nicht beschreiben welche Wirkung diese glatten, schwarzen, poliert wirkenden Felsen auf mich hatten ... seltsame Formen, die aus dem Sandteppich unveränderlich aufragten und in den Strahlen unserer elektrischen Lampen glänzten«.

Was wäre, wenn er Unterwasserfotos machen würde? Sicher wäre dies das aufregendste, was jemals im *Virginia Pilot* erschienen ist. Das einzige Problem war, daß Williamson keine wasserdichte Kamera besaß und soweit er wußte, auch zu diesem Zeitpunkt nirgendwo sonst ein solches Gerät existierte.

Da kam ihm einer jener Geistesblitze, mit denen man ein Problem auf ungewöhnliche Weise löst. Er überlegte: Wenn er seine Kamera nicht mit ins Wasser nehmen könne, dann müsse er das trockene Land eben ausdehnen bis unter Wasser.

Glücklicherweise perfektionierte sein Vater gerade seine neueste Erfindung: Eine teleskopartige Röhre mit einem

Durchmesser von sechzig Zentimetern, die man von einem Boot aus auf den Grund lassen konnte. Am Ende der Röhre befand sich eine Ausbuchtung, in der ein Beobachter sitzen und durch kleine Bullaugen die riesigen Greifhaken, die von der Oberfläche herabgelassen werden konnten, zu einem Schiffswrack dirigieren sollte.

»Das war«, so erklärt Williamson, »die Lösung meines Problems. Die Beobachtungskammer mußte vergrößert und mit einem großen Glasfenster ausgestattet werden. Außerdem müßte eine leistungsstarke Beleuchtungsanlage installiert werden, um die Tiefen jenseits des natürlichen Lichteinfalls auszuleuchten. Ich war davon überzeugt, daß durch diese Veränderungen und eine zusätzliche Ausrüstung Fotografien des Meeresbodens und der Bewohner der Tiefe möglich sein müßten.«

Im Jahre 1913 saß sein Vater am Steuer des Bootes als Ernest in der Chesapeake Bay die zehn Meter lange Röhre hinunter in die Kammer kletterte und zum ersten Mal die Unterwasserwelt erblickte:

Kaskaden hellen Lichts ergossen sich über den Grund der Bucht … während in der dunklen, grünen Weite unergründliche Schatten aufragten, die noch weiter entfernt liegende Geheimnisse verbargen.

Um meine Kammer herum, gänzlich unbeeindruckt von dem fremden Eindringling in ihr Refugium, schwammen die Fische träge im grünen Wasser oder sahen neugierig ins Fenster. Immer wieder richtete ich aufgeregt meine Kamera auf sie und betätigte den Verschluß. Würde ich mit meinem Experiment Erfolg haben?

Die Bilder waren gut genug, um in der Zeitung zu erscheinen, doch Williamson gab sich mit den unbewegten Bildern nicht zufrieden. Filme waren in diesen Tagen *der* Renner und er wollte einen drehen. Man lud ihn ein, seine Bilder auf der First International Motion Picture Exhibition in New York auszustellen. Dazu fertigte er von einem seiner Fotos eine ein Meter achtzig breite Vergrößerung an und färbte sie mit einem Schwamm ein. Die Besucher waren begeistert und die Organisatoren interessiert.

1914 begab er sich auf die Bahamas. Bei sich hatte er eine verbesserte drei Tonnen schwere »Fotokammer«, in der ein Rundfenster von eineinhalb Metern Durchmesser eingebaut war, sowie wasserdichte Quecksilberdampflampen. Zu den Expeditionsteilnehmern gehörten auch ein Kameramann und ein Redakteur von Ernests Zeitung, der sein Büro für das Abenteuer verlassen hatte. Die Röhre konnte durch Hinzufügen einzelner Segmente verlängert werden, um die Kammer auf verschiedene Tiefen zu bringen.

Jetzt erkundete Williamson nicht mehr eine schlammige Bucht, sondern ein Korallenriff. »War das real, oder träumte ich? Keine meiner Vorstellungen war mit dem vergleichbar, was ich sah. Es war mehr als ich jemals zu hoffen gewagt hatte. Von oben fiel das helle Sonnenlicht durch das kristallklare Wasser ein und wurde beim Auftreffen auf den weißen Mergelgrund in glitzernden Lichtfontänen reflektiert. Wir brauchten keine künstliche Beleuchtung. Mit diesem Licht konnten wir nichts falsch machen.«

Sie warfen Münzen ins Wasser, um die Eingeborenen zu filmen, wenn sie danach tauchten. Doch es kam ihnen keiner vor die Linse – die Taucher fingen die Münzen ab, lange bevor diese den Meeresboden erreichten. Also hielten sie die Jungen zurück, bis die Münzen vor der Fotokammer angekommen waren und filmten dann »wie sie mit langen Zügen hinuntertauchten, die weißen Fußsohlen nach hinten stießen und einen Schweif von silbrigen Luftblasen hinter sich herzogen … Sie suchten in dem weißen Mergel nach den Münzen und erschienen dabei wie blaue Geister in einer weißen Wolke, die sie bei ihren Bemühungen aufgewirbelt hatten«. Es war die erste Sequenz im weltweit ersten Unterwasserfilm und das nur achtzehn Jahre nachdem die erste öffentliche Filmvorführung durch die Gebrüder Lumière in Paris stattgefunden hatte. Er versuchte sogar bei Nacht unter Wasser zu filmen und wieder waren die Resultate sehr gut.

So weit so gut, doch um die Finanzierung der Expedition zu gewährleisten, hatte Williamson seinen Geldgebern als Höhepunkt des Films einen Kampf mit einem Hai versprochen, der den Zuschauern das Blut gefrieren lassen würde. Um Haie anzulocken, benötigte er einen Köder. Die Eingeborenen schlugen vor, ein lahmendes Pferd zu nehmen, das sowieso erschossen werden sollte. »Der Morgen graute. Der Mann kam und, was am schlimmsten war, es kam das Pferd!« Doch das Tier durfte nicht ohne behördliche Einwilligung erschossen wer-

Nächtlicher Tauchgang der von Williamson entwickelten Unterwasser-Kammer

204

den. »Plötzlich schimmerten Pickelhelme in der Sonne … eine Truppe der Polizei der Bahamas. Das Pferd wurde sorgfältig untersucht und festgestellt, daß es lahmte. Höchst offiziell las der Beamte dem Pferd die Einwilligungserklärung vor.«

Der Pferdekadaver wurde neben die Fotokammer gehängt. Man hatte einen eingeborenen Taucher engagiert, den Kampf mit dem Hai auszutragen. Er wurde durch ein »geheimes« Öl geschützt, mit dem er sich den ganzen Körper eingerieben hatte und das selbst den hungrigsten Hai abschrecken sollte … hoffentlich.

Schon bald kreisten Haie um den Köder und rissen Stücke heraus. Dann wurde der Kadaver aus dem Wasser gezogen. Die Haie »wurden wild, schnappten blind nacheinander und griffen sich gegenseitig an. Gut, je wilder sie wurden, desto besser für uns. Je wilder sie im Film erschienen, desto furchteinflößender die Schlußszene«. Der Taucher aber, als er mit dem Messer zwischen den Zähnen nach unten kam, hatte sich wohl weniger Gedanken über die Zuschauerperspektive gemacht. Er suchte sich einen großen Hai aus, schwamm zu ihm, stieß sein Messer hinein und tötete ihn. Es war eine mitreißende Darbietung, genau das, was sich Williamson vorgestellt hatte. Unglücklicherweise fand sie außerhalb des Aufnahmewinkels der Kamera statt.

Ein zweiter Taucher mußte ran, doch der war nicht aus dem gleichen Holz geschnitzt wie der erste. Ganz offensichtlich fürchtete er sich vor Haien und jedesmal wenn sich einer näherte, ergriff er die Flucht. Dann versteckte er sich hinter dem Pferd und hinter der Fotokammer. »Als Haijäger war er eine absolute Null«, stellte Williamson fest, »doch als Komiker ein Ereignis.«

Williamson gab Anweisung, den Mann aus dem Wasser zu holen, bevor aus der Komödie eine Tragödie werden konnte. Doch wer sollte jetzt mit dem Hai kämpfen? Williamson selbst wollte es tun. Er hatte beobachtet, wie der erste Taucher Finten gemacht und sich wie ein Unterwassertorrero bewegt hatte. Es schien nicht sehr schwer zu sein. Und schließlich waren Haie auch nur Fische, man mußte nur ihren Zähnen aus dem Weg gehen.

Jedermann, einschließlich der eingeborenen Taucher, war davon überzeugt, daß Ernest in den Tod gehen würde. Ganz ruhig schnitt er seine Hosenbeine ab, rieb sich mit dem übel riechenden Öl ein, borgte sich ein Messer und sprang ins Wasser. Was immer auch passieren würde, so hatte er geschworen, es sollte sich vor der Kamera abspielen.

Sobald er unter Wasser war, kamen ihm doch Zweifel.

Ich zählte die Haie. Zwölf Riesenviecher! Wenn es nur dreizehn wären, meine Glückszahl!

Ich tauchte, doch zuerst einmal zur Probe. Der erste eingeborene Taucher war klug gewesen. Ich würde seinem Beispiel folgen – mich umblicken – und die ganze Sache durchspielen.

Ich ließ mir nicht viel Zeit mit der Probe. Es war nicht besonders gemütlich hier unten mit all den grauen Körpern, die mich umschlichen. Ich wartete und hielt Ausschau bis sich ein Hai im Erfassungsbereich der Kamera bewegte.

Da kam er! Ich schwamm los. Mit einer Armbewegung änderte ich die Richtung und im nächsten Moment war ich unter dem Hai. Was für ein Riesenkerl! Doch nun war es für einen Rückzieher zu spät, denn mit einer Bewegung seiner Schwanzflosse hatte der Hai sich zu mir gedreht und schoß mit offenem Maul auf mich zu.

Doch selbst in diesem entscheidenden Augenblick warf ich einen kurzen Blick zum Kamerafenster. Ich sah wie die Männer hektisch die Kamera bedienten. Was immer in den nächsten Sekunden passierte, sie würden den Film aller Filme bekommen.

Meine Lungen schienen zu platzen. Ich war jetzt länger als jemals zuvor unter Wasser. Der große graue Körper war fast bei mir angelangt. Ich erinnerte mich an den Trick des eingeborenen Tauchers. Zur Seite ausweichend griff ich

206

nach der Rückenflosse der Bestie und spürte, wie sich meine Hand um sie schloß. Mit einer Drehung war ich unter dem verletzbaren, weißen Bauch. Mit aller mir verbliebenen Kraft stieß ich zu. Ein Zucken durchfuhr meinen Arm, als ich spürte, wie sich die Klinge bis zum Heft in das Fleisch bohrte und im nächsten Moment wurde ich von einem sich schüttelnden Körper hin und her geworfen. Dann verschwamm alles in Konfusion und Chaos ...

Das nächste, an das er sich erinnern konnte, war, daß er hustend und spuckend an Deck lag. Man gratulierte ihm. Er war völlig fertig, der Hai allerdings war gänzlich hinüber.

Die so entstandene »Dokumentation« mit dem Titel *The Williamson Submarine Expedition* war ein großer Erfolg und wurde von Kritikern und Publikum gleichermaßen begeistert aufgenommen. »Die beeindruckendsten Bilder, die je gemacht wurden«, ließ ein Zuschauer verlauten. Nach der Premiere im Smithsonian Institut in Washington ging der Film um die Welt und brachte Williamson das Geld, um weitere Filme zu machen.

Es waren Spielfilme mit einer spannenden Handlung, Seeungeheuern und schönen Frauen. In dem Film *The Submarine Eye* sprengt ein Taucher den Safe in einem Wrack und

Im Kampf mit einem Hai, 1914

wird durch die Safetür eingeklemmt. Während Williamson den Taucher spielte, schwamm ein Hai vorbei, der sich den Star des Films ansehen wollte. Die Wasserbewegung schlug die Tür des Safes zu, und Williamsons Hände waren eingeklemmt. Da dies mehr oder weniger der Handlungsvorgabe entsprach, fiel niemandem auf, daß Williamson *wirklich* in dem Safe festhing. Dann kam zufällig aber drehbuchgetreu ein eingeborener Taucher vorbei und rettete ihn.

In *Girl of the Sea* kommt ein lang zurückliegender Mord ans Tageslicht, als man ein Skelett am Meeresgrund entdeckt. Das Melodram auf der Leinwand paßte zu dem Drama hinter der Kamera. Williamson hatte für die Rolle des Tauchers, der das Skelett entdeckt, einen Helmtauchanzug angelegt. Unter Wasser, als er gerade einen Ring von dem knochigen Finger zog, bemerkte er plötzlich etwas viel bedrohlicheres als die Hand eines Skeletts.

Ich spürte, wie sich etwas in meinem Kupferhelm bewegte. Etwas krabbelte durch meine Haare. Ich war vor Schreck wie gelähmt. Ich wollte mir den Helm vom Kopf reißen, doch in meiner Panik über das Ding, das sich mit spitzen Füßen jetzt meine Stirn hinunter bewegte, schoß mir der Gedanke durch den Kopf, daß ich nicht die Einstellung ruinieren durfte. Egal was es war, ich mußte weitermachen.

Nun kroch das schreckliche Ding über mein linkes Auge und meine Nase hinunter. Ich konnte es sehen. Mir standen die Haare zu Berge. Mir gefror das Blut in den Adern. Es war ein Skorpion.

Mit äußerster Willensanstrengung bekämpfte ich das Verlangen, meinen Kopf gegen die Innenseite des Helms zu schlagen und so das giftige Biest zu erledigen. Mir war klar, daß es bei der kleinsten Bewegung seinen giftigen Stachel in meine Haut, wenn nicht sogar in mein Auge bohren würde. Selbst wenn ich es schaffte, den Skorpion zu zerquetschen, wäre er vielleicht noch in der Lage, mich im Todeskrampf zu verletzen.

Nein, ich mußte ruhig bleiben und mich beherrschen. Mit unbeschreiblicher Erleichterung spürte ich das Ding zurück in meine Haare krabbeln. Und die ganze Zeit, während ich vor Angst gelähmt war, habe ich meine Rolle gespielt, die Szene vor laufender Kamera zu Ende gebracht und die Kameramänner bestaunten die Lebensnähe meiner Darstellung.

Er überlebte es, nur um neuen Gefahren ins Auge zu blicken.

Aus der *Williamson Tube Corporation* war inzwischen die *Submarine Film Corporation* geworden. Jeder neue Film war besser als der vorherige und Williamson machte sich nun an ein Projekt, das er schon von Anfang an im Kopf gehabt hatte. Jules Vernes *Zwanzigtausend Meilen unter dem Meer*.

Williamson brauchte dazu Freitaucher im Stile von Kapitän Nemos Unterwasserforschern. Es wäre auch zu kompliziert gewesen, Gruppen von Helmtauchern herumlaufen zu lassen, bis sich ihre Luftschläche hoffnungslos verheddert hätten. Er holte sich Rat beim Chef der Artillerie des Brooklyn Navy Yard (wie in Groß Britannien gehörten auch in den USA die Taucher in jenen Tagen den Schiffsartilleristen an). Der erklärte ihm, daß man das Davis-Unterseebootrettungsgerät in einen normalen Taucheranzug umfunktionieren könnte, und so die Taucher unabhängig von einer Verbindung zur Oberfläche wären. Williamson konnte auch den Chef und einige seiner Männer dazu überreden, ihren Urlaub als Unterwasserschauspieler zu verbringen. Als es soweit war, hatten selbst diese Männer Schwierigkeiten mit dem Gerät. Oftmals blieben sie zu lange unten, bis die Chemikalien, die die Luft in den Davis-»Lungen« reinigten, verbraucht waren. Doch die Männer zeigten schnell Symptome des Tiefenrauschs. Sie »träumten selig« vor sich hin und »gingen ihre eigenen Wege, erforschten Korallengrotten und pflückten Seeanemonen. Es war ein merkwürdiges Bild wie diese harten, erfahrenen Taucher herumpaddelten und wie die Kinder Blumen pflückten«. In einer Szene steckte ein Taucher im Treibsand, doch der Mann, der ihn retten sollte, war so »betrunken«, daß zuerst er gerettet werden mußte. Manchmal nahm der Tiefenrausch so schlimme Formen an, daß »sie wie Verrückte übereinander fielen«. In einer Unterwasserkampfszene verschloß sich das Ablaßventil eines Taucherhelms durch einen Schlag und der Taucher schoß wie ein Ballon an die Oberfläche, wo er mit einem schwarzgefärbten Gesicht und schäumendem Mund ankam. Als sein Bruder auftauchte und rief: »Ich bring das in Ordnung. Der braucht nur einen ordentlichen Kinnhaken«, mußte man ihn mit fünf Leuten festhalten. Im Vergleich dazu war der Umgang mit temperamentvollen Filmstars ein Kinderspiel.

Die Kosten schossen ebenfalls in die Höhe. Die Handlung erforderte, daß Williamson eine Fregatte mietete, eine Yacht kaufte und ein Unterseeboot baute, das die Rolle von Kapitän Nemos *Nautilus* übernahm. Seine New Yorker Geldgeber wurden nervös, als *en route* zu den Bahamas die Besatzung die Yacht in Carolina zurückließ und alles, was nicht niet- und nagelfest war, mitnahm. Eine neue Yacht mußte her. In der Zwischenzeit lernten in Nassau zwei der Taucher mit den Kanonen der Fregatte umzugehen. Sie zündeten den Vorderlader, doch der Schuß ging nicht los – bis sie ins Zündloch schauten. Ihr Augenlicht wurde gerettet, indem man sofort ihre Augen mit Eis »einfror« und sich dann, um sie niederzuhalten, auf ihren Brustkorb setzte, während die Pulverrückstände aus ihren Augen entfernt wurden.

Unfälle waren an der Tagesordnung. Williamson wandelte auf Kapitän Nemos Spuren, indem er die Nautilus gegen die Fregatte lenkte und deren Ruder abriß. Eines nachts, als sie im Hafen lagen, zündete der Schiffsjunge den Herd mit Hilfe eines Kanisters Benzin an. Er zerstörte damit mehrere Arbeitsboote des Unternehmens und eine Menge an Ausrüstung, einschließlich der Hälfte aller Taucheranzüge.

In einer Szene sollte ein Heißluftballon von einem Marktplatz aus starten. Eine große Menschenmenge hatte sich eingefunden, um das Spektakel zu verfolgen. In einer tiefen Grube entfachte man ein Riesenfeuer, um den Ballon mit heißer Luft zu füllen. Zur Beschleunigung wurde Benzin in die Flammen gegossen. Die Wirkung war immens.

»Die riesige Ballonhülle schwoll mächtig an, als ob sie einen tiefen Atemzug getan hätte. Ein Brüllen und ein Lichtblitz folgten. Gleich einer riesigen Rakete, in Flammen und furchteinflößend, schoß der Ballon gen Himmel. Dann brach die Hölle los. Mit einem unmenschlichen Schrei ergriff die Menge Hals über Kopf die Flucht, und gegenseitig trampelten sich die Menschen nieder.«

Rauchende Körperteile von Schaufensterpuppen, die als Passagiere im Korb des Ballons gedient hatten, fielen vom Himmel. Der Ballon selbst ging in einem Park nieder. Wie durch ein Wunder wurde niemand verletzt, aber der Abend, an dem der Ballon explodierte, blieb allen im Gedächtnis.

Doch ein weitaus größeres Fiasko stand noch bevor. Höhepunkt des Films sollte die Szene sein, in der die Nautilus die Yacht torpediert. Eine große Menge, unter ihr der Gouverneur der Insel, kam zusammen, um zu verfolgen, was den Gerüchten nach eine spektakuläre Explosion werden sollte. Das Dynamit war an der Yacht angebracht und zwei Gewehrschüsse, abgefeuert vom Regisseur, sollten das Signal zur Zündung geben. Er gab einen Probeschuß ab, um sicher zu sein, daß das Gewehr funktionierte ... und es wurde gezündet.

Die Gäste des Gouverneurs vergnügten sich noch auf einem Boot direkt neben der Yacht. Williamson hatte Sekunden, um zu entscheiden ob er seinen Film retten wollte oder den Gouverneur. »Film ab«, rief er und die Kameras begannen zu drehen.

Der Gouverneur und seine Gäste erlebten einen echten Knalleffekt. »Es hatte den Anschein eines Vulkanausbruchs.

Flammen, Rauch, zerfetzte Planken und Holzstücke schossen hoch in den Himmel. Ein Trümmerregen prasselte auf das Schiff des Gouverneurs nieder.« Wieder blieben alle unverletzt und Williamson hatte sein spektakuläres Finale.

Der Film war ein Erfolg und die Szene, die alle besonders packte, war der Kampf eines Tauchers mit einem Kraken, der zehn Meter lange Fangarme hatte. Williamson beschreibt diese Szene mit einiger Übertreibung:

Ein Schaudern durchfuhr mich … Ich war darauf vorbereitet, doch der tatsächliche Anblick … ließ es mir kalt den Rücken hinunterlaufen. Der gigantische Kopffüßler glitt mit einer fließenden Bewegung aus seinem Versteck. Ekelerregend, unheimlich und bedrohlich, war er ein Dämon der Tiefe … furchteinflößend.

Der Eingeborene bemerkte es. Er drehte ab und floh zur Oberfläche. Zu spät! Wie eine Schlange stieß einer der Tentakel nach vorne und schlang sich um den unglücklichen Schwimmer. Er wehrte sich verzweifelt, doch der sich windende Arm des Kraken zog ihn unerbittlich hinunter. Wie lange konnte der Eingeborene dort unter Wasser noch Widerstand leisten? Aus seinem Mund drangen Luftblasen …

Ins Gesichtsfeld der Kamera trat die grotesk anmutende Gestalt eines behelmten Tauchers, der hilfreiche Kapitän Nemo. Wie langsam, wie wohlüberlegt er sich zu bewegen schien … Jetzt befand er sich neben dem Eingeborenen. Ein Aufblitzen seiner breiten Axt – der Tentakel fiel ab – und der um sein Leben kämpfende Eingeborene schoß an die Oberfläche und rang um Luft. Der Krake stieß eine große Tintenwolke aus, die das Meer um die verwundete Bestie herum verdunkelte und auch die Sicht auf den mutigen Kapitän Nemo verdeckte, und durch diesen Nebel erhaschte ich einen Blick auf die sich windenden und schlagenden Tentakel und das Aufblitzen der Axt. Plötzlich zerriß die Strömung den dunklen Vorhang. Mehrere Fangarme waren um Nemos Körper geschlungen und er kämpfte wie ein Wilder, während unter ihm, unsagbar furchteinflößend und bedrohlich die großen runden Augen aus einem rosafarbenen Körper heraufstarrten. Dann plötzlich ließ ein Arm nach dem anderen los … Eine weitere Tintenwolke verhüllte die Szene und als das Wasser aufklarte, schritt Nemo, die Axt in der Hand, auf uns zu …

Der Schauspieler John Barrymore war nie zuvor von einem Film so beeindruckt gewesen. Der *Philadelphia Ledger* tönte: »Der Kampf zwischen dem gigantischen Kopffüßler und dem Perlenfischer … ist eine der seltensten Aufnahmen, die je gemacht wurden. Hier stellt sich nicht die Frage, ob es ein Trick oder eine Täuschung ist.« In Wirklichkeit aber bestand der Krake aus Gummi und die Saugnäpfe der Tentakel waren halbe Tennisbälle. Ein Taucher war darin verborgen, um das Modell zu steuern, die hohlen Fangarme wurden mit Druckluft in Bewegung versetzt und auf Kommando konnte Tinte ins Meer geblasen werden. Williamson ließ es sich 1921 patentieren, falls irgend jemand einmal einen großen Gummiwürger bräuchte.

Williamson war fasziniert von den Beschreibungen der Korallen, Seelöwen und Fische, die Professor Aronnax aus Nemos *Nautilus* heraus beobachtete. Möglicherweise konnte die Fotokammer ein Fenster zu den Wundern des Meeres sein. Er plante einen Film, in dem das Mutterschiff auf der Wasseroberfläche dahinfuhr und die Kamera darunter die Wunder der Tiefe enthüllen würde. Als er es ausprobierte, kollidierte die Kammer mit einem Riff: »Mit einem schrecklichen, besorgniserregenden Krachen schlugen wir gegen einen großen, kuppelförmigen Korallenstock. Die bewegliche Röhre bog sich und wir fielen mitsamt unserer Ausrüstung übereinander. In diesem bedrohlichen Moment der Aufregung hatte ich nur einen Gedanken – das große Glasfenster! Wenn es brechen würde, dann wäre dies das Ende meiner Unterwasserexperimente.« Und natürlich auch seines Lebens. Diese Erfahrung hat ganz gewiß sein Interesse an der Meeresbiologie gedämpft.

Bei seiner ersten Unterwasserexpedition hatte er Meeresbiologen, die ihn besuchten, mit unter Wasser genommen und sich gefreut, als diese einen Fisch mit einem Flecken auf der Schnauze nicht klassifizieren konnten. 1924 schloß er sich dann Roy Miner an, als dieser die Korallenriffe erforschte und Exponate für das Natural History Museum in New York sammelte. Miner beschreibt einige seiner Ausflüge: »Plötzlich erschien Williamson mit einem Taucherhelm mitten in der seltsam fremden Schönheit des unterseeischen Dschungels. Mit seinen halb gleitenden Schritten, und wie er uns durch die vorgewölbten Sichtfenster seines Helmes anblickte, erweckte er den Eindruck eines merkwürdigen Monsters. Ein langes Brecheisen wurde zu ihm heruntergelassen ... er setzte es an einem großen Korallenast an und die Koralle fiel mit einer Bewegung ab.«

Nach dieser Orgie der Korallenzerstörung wartete auf Williamson der große Durchbruch. Metro-Goldwyn-Mayer hatten seinen *Twenty Thousand Leagues* Film gesehen und obgleich man dort schon getönt hatte, »mehr Stars zu haben als Sterne am Himmel sind«, wollte man nun mehr Seesterne haben als im Meer waren – ein Unterwasserfilm als Kassenschlager. Williamson nahm den nächsten Zug nach Hollywood.

Der Film sollte auf Jules Vernes Roman *Die geheimnisvolle Insel* basieren, die Fortsetzung zu *Zwanzigtausend Meilen unter dem Meer*, doch das Studio meinte, die Geschichte sei zu altbacken; man müßte sie modernisieren. Vergessen wir den kühlen, kultivierten, intellektuellen Kapitän Nemo, der moderne Mann hat einen wesentlich komplexeren Charakter. Machen wir daraus einen »dämonischen Verrückten, eine Jekyll &. Hyde Figur, Herrscher in seiner uneinnehmbaren Festung, der geheimnisvollen Insel«. Da er von technischen Spielereien begeistert war, würde man ihn mit »jeder modernen Erfindung der Wissenschaft ausstatten: Fernsehen, Todesstrahlen und all den gruseligen, neuen Dingen, mit denen man einen schrecklichen Tod herbeiführen kann. Mit der Kontrolle über diese Kräfte unter und über Wasser könnte er die Welt zerstören«. Der größeren Glaubwürdigkeit wegen wurde er zum Russen gemacht, tatsächlich waren dann alle bösen Figuren im Film Russen.

Geld spielte keine Rolle. »Wieso haben sie nur zehn Taucher?« fragte der Produzent. »Ich will hundert Taucher, zweihundert, wenn ich sie bekommen kann.« Es sollte ein *großer* Film werden, teurer als *Ben Hur*. Er sollte die besten Trickaufnahmen bieten, die in Hollywood möglich waren: glänzende Schätze aus Kieselsteinen, vorgetäuschtes Ertrinken und Kämpfe auf Leben und Tod, nachgebaute Wracks, falsche Haie und natürlich den Gummikraken.

Das Studio mußte davon überzeugt werden, daß man die ganze Sache nicht im Hinterhof drehen konnte und schließlich machte sich Williamson als Regisseur für die Spezialaufnahmen mit einem fünfzig Mann starken Team zu den Bahamas auf. Auf dem Weg dorthin mußten sie unter der Leitung eines verängstigten Kapitäns einen Hurrikan durchqueren und als sie den Hafen von Nassau erreichten, trieben Leichen darin.

Da es ein Film der MGM war, würden natürlich Schwärme hübscher Mädchen in nassen Badeanzügen darin auftreten. Daß die Hauptdarstellerin nicht schwimmen konnte, war nur eine Nebensächlichkeit, und Williamson flog hinüber nach Florida, um ein Double für die Wasserszenen zu besorgen. Er entdeckte Peggy Fortune, eine begabte Schwimmerin, die auch in zehn Meter Tiefe völlig locker blieb und zwei Minuten lang den Atem anhalten konnte. Sie war perfekt, bis auf ihre Haare. Peggy hatte feuerrote Locken, die Hauptdarstellerin aber hatte helles, kastanienbraunes Haar und es war ein Farbfilm. Peggy mußte eine Perücke tragen. Alles lief glatt bis sie an dem Wrack einer gesunkenen Galeone vorbeischwamm und ihr Haar sich wie ein Fächer hinter ihr ausbreitete. Wunderbar. Dann verfing sich die Perücke in einer Lampe und wurde von der Strömung weggetragen. Taucher verfolgten sie, da es die einzige Perücke war, die das Team hatte.

Es hätte Geld für eine Reserveperücke da sein sollen, doch zu diesem Zeitpunkt hatte das Budget schon die Millionengrenze überschritten. Ein respektabler Teil davon war von einem Hurrikan weggeblasen worden, schon der dritte in diesem Jahr. Noch Wochen später wurden Leichen an die Strände gespült.

Doch es gab auch Pannen, die nichts mit dem Wetter zu tun hatten. Regisseure kamen und gingen wie die Gezeiten. Einer war der Meinung, er könne auch bei den Unterwasseraufnahmen Regie führen, drückte dann aber auf das falsche Ventil an seinem Taucheranzug, schoß daraufhin an die Oberfläche und dann direkt nach Hause. Sein Nachfolger hatte gerade die ersten drei Filmrollen abgedreht, als aus Hollywood ein völlig neues Drehbuch kam. Es gab eine heftige Auseinandersetzung mit Metro, einem der drei Studiobosse, bis

Williamson, gut geschützt, trifft eine Meerjungfrau unter Wasser, 1922

auch er das Handtuch warf. Doch unter Wasser lief alles gut. Nach Williamsons Meinung waren die in dem brandneuen Technicolorverfahren gedrehten Szenen »exzellent«.

Schließlich wurde der Film doch noch fertig. Er war wunderbar, er war überwältigend und wäre sicher ein Erfolg geworden. Unglücklicherweise hatte er 1927 in der gleichen Woche Premiere wie Al Jolsons Film *The Jazz Singer*. Nachdem Jolson seinen Mund geöffnet und gesagt hatte: »You ain't see nothing yet«, wollte niemand mehr einen Stummfilm sehen. »Anstatt zu einem Riesenspektakel zu werden«, räumte Williamson ein, »war unser Film ein stummes Nicht-Ereignis«. Zwei Jahre später brachte MGM den Film in die Kinos. Sie behielten die meisten der original Unterwasseraufnahmen, drehten aber sämtliches Studiomaterial neu mit Ton und Lionel Barrymore in der Hauptrolle. Und wieder versank er spurlos. 1954 drehten die Disney Studios eine Neuverfilmung von *Zwanzigtausend Meilen unter dem Meer* mit Kirk Douglas, der wirklich kein Ersatz für einen Gummikraken war. Auch gab es noch zwei Neuverfilmungen von *Die geheimnisvolle Insel* durch die Columbia Studios, doch beide blieben Mißerfolge.

Williamson war erst sechsundvierzig Jahre alt, doch er hatte seine Chancen verspielt. Niemals mehr würde er große Brötchen backen, doch er machte weiter Filme und genoß die kleinen.

Er ertränkte seine Enttäuschung in Eimern von Blut, mit denen er Haie anlockte, um immer sensationellere Unterwasserszenen zu drehen. Bei einer Gelegenheit wurden Hammerhaie so wild, daß sie die Fotokammer angriffen. Obwohl er versuchte, die einheimischen Taucher mit seinem Abendanzug (einschließlich des Hemdes mit Stehkragen) zu bestechen, konnte er keinen mehr dazu bringen, die Rolle des Köders zu übernehmen.

Williamson war immer von den Lebewesen im Wasser fasziniert gewesen, aber als die Pilotfische die Haie verließen, um sich am Fenster der Kammer festzusaugen, lockte er sie mit einem Laib Brot, in den er Dynamit gesteckt hatte, weg und sprengte sie dann in Stücke. Er wußte nicht viel über die Wesen, die er da sah und glaubte, Seeanemonen seien mit den Tintenfischen verwandt, da beide Tentakel hatten. Da das Leben im Meer entstanden war, überlegte er, ob sich die Papageien aus den Papageienfischen entwickelt hätten. Die lateinischen Bezeichnungen der Fische blieben ihm immer ein Buch mit sieben Siegeln, doch er fand Spaß an ihren umgangssprachlichen Bezeichnungen: »Schlanke, glatte Detektivfische, Puddingfrauen und Altfrauen, vermischt mit Seemanns Bester und unten aus einer Höhle heraus, streckt ein Kuhfisch seine Hörner in den Aufmarsch hinein.«

Roy Miners Ausstellung am American Museum für Naturgeschichte war nun das Gesprächsthema, wenn sich Museumsdirektoren trafen, und jeder wollte eine solche Ausstellung haben. Man bat Williamson, eine Expedition zu den Bahamas zu unternehmen, um dort Exponate für die Hall of the Ocean Floor im Field Museum of Natural History in Chicago zu sammeln. Sie bestellten »Material für die Darstellung von sieben Lebensräumen aus der Fischwelt der Bahamas zusammen mit Korallen und anderen Dingen«. Williamson sollte Unterwasserfilmaufnahmen machen, um ihren Lebensraum und ihre Gewohnheiten aufzuzeichnen damit der Präparator des Museums sie wie lebend aussehen lassen konnte. Danach sollte er dann Exemplare einsammeln.

Sie fingen hunderte von Fischen und mit Hilfe von ein bißchen Dynamit entfernten sie fünfundzwanzig Tonnen Korallen, damit sie in Chicago verstauben konnten. Schon bald würde sich mehr vom Andros Riff in den Vereinigten Staaten als auf den Bahamas befinden.

Williamson zog nach Nassau, um näher an den Resten des Korallenriffs zu sein. Dort hat er friedvolle Bilder vom Innern der Fotokammer gemacht, die seine hübsche Frau mit dem Skizzenblock vor dem großen Fenster zeigen und das Meer dahinter.

Er erhielt nicht mehr so viele Aufträge, doch bis hoch in seine achziger hinein begab er sich immer wieder in sein Unterwasserfotostudio. Manchmal folgte er einfach dem Ruf des Meeres und stieg in seine Kammer hinunter, »um sich ohne bestimmtes Ziel treiben zu lassen … Ruhe zu finden in der liebevollen Welt des Wassers … durch die Hügel und Täler zu kreuzen, über unterseeische Wiesen, durch schattige Wälder, manchmal im Mondlicht, nur um wieder einmal in die lieblichen Gärten des Meeres zu entfliehen … Der geistige Einfluß der Unterwasserwelt hielt mich in seinem Bann und die Zeit verging wie im Flug. Ich war auf merkwürdige Weise zufrieden«.

1935 hatte er ein Buch über seine Abenteuer veröffentlicht mit dem Titel *Zwanzig Jahre unter Wasser*. Auf der anderen Seite des Erdballs, machte sich ein noch nicht einmal zwanzigjähriger Junge zu *seinen* Abenteuern auf. Er zog los, um Unterwasserfilme zu drehen und wenn Williamson sie jemals gesehen hat, dann werden sie ihm den Atem geraubt haben.

Williamsons Zeichnung des Gummi-Kraken

Hans Heinrich Romulus Hass mit Sauerstoffflasche, 1949

Tauchgang ins Abenteuer
Hans Heinrich Romulus Hass geb. 1919

An einem Sommertag im Jahre 1937 wurde Guy Gilpatric von einem achtzehnjährigen Österreicher, der in Südfrankreich Ferien machte, beim Speerfischen vor Antibes beobachtet. Der Junge hatte Feuer gefangen und sich innerhalb einer Woche eine Taucherbrille und eine Harpune besorgt. So ausgerüstet begab sich der junge Hans Hass zum erstenmal unter Wasser und sein Leben war unwiderruflich verändert. Er würde jetzt nicht mehr, wie sein Vater geplant hatte, Rechtsanwalt werden, sondern wollte die Tiefen der Meere erforschen.

Schon in jenem Sommer bestand er sein erstes Abenteuer, als er an einem einsamen Strand aus dem Wasser auftauchte und drei junge Frauen überraschte, die sich dort nackt sonnten. Vielleicht weil sie durch den Fremden mit der Taucherbrille so perplex waren, rannten sie nicht zu ihren Kleidern, sondern sprangen ins Wasser – um seinen Blicken zu entkommen.

Nach Wien zurückgekehrt, baute er sich einen Taucherhelm, wie man ihn auf einer Zeichnung in William Beebes Büchern sehen kann und lief unter Wasser durch einen Seitenarm der Donau. Im nächsten Jahr tauchte er mit diesem Helm über zwanzig Meter tief bei Lopud in der Adria. Er verbesserte auch seine Technik beim Speerfischen, was zu Auseinandersetzungen mit den örtlichen Behörden führte. »›Die Sache ist in Ordnung. Sie dürfen in Lopud bleiben und Ihren Sport ausüben: Nur eines: Fische verkaufen dürfen Sie hier nicht!‹ Dann rückte sein freundliches Gesicht

Mit dem Tauchhelm in Jugoslawien, 1938

noch näher an mich heran, und er fügte leise hinzu: ›An mich können Sie natürlich die Fische schon verkaufen!‹ Er war nämlich nicht nur der Bürgermeister, sondern auch Besitzer des größten Hotels.«

Anno 1939 organisierte Hass zusammen mit einigen befreundeten Kommilitonen einen Tauchaufenthalt in der Karibik. Sie kamen ohne Visum auf der niederländischen Insel Curaçao an und mußten die Behörden überreden, sie ins Land zu lassen. Sie waren auf Abenteuer aus. Bei sich hatten sie einen Taucherhelm, Taucherbrillen und ihre selbstgebastelten Flossen sowie Harpunen und Kameras. Damit würden sie alles schießen was sie sahen; Barsche, Rochen und riesige Muränen entweder abgelichtet oder abgestochen. Innerhalb von acht Monaten machten sie 4000 Bilder, einige davon in Farbe.

Allerdings kam es beim Tauchen auch zu Zwischenfällen. Einmal versagte die Pumpe, die den Helm mit Luft versorgte, doch der Taucher weigerte sich, nach oben zu kommen. Als ihm schließlich die Luft ausging, tauchte er zu schnell auf und hielt dabei noch die Luft an. Es riß ihm die Lunge und er hatte Glück, daß er überlebte.

Sie trafen auf eine Menge Haie und fanden heraus, daß unter Wasser einen Schrei auszustoßen und direkt auf sie zu zu schwimmen ein gutes Mittel ist, die Tiere von einem Angriff abzuhalten.

Auch die Polizei hatte ein Auge auf diese wilden, bärtigen Männer für den Fall, daß sie deutsche Spione wären. Als der Krieg ausbrach, wurden sie auf einem beschlagnahmten deutschen Schiff, das im Hafen lag, festgesetzt und dann nach Europa zurückgeschickt. Doch nicht etwa über den Atlantik, nein, sie reisten durch Amerika dann hinüber nach Japan und quer durch Rußland.

Hass begann an der Wiener Universität Zoologie zu studieren und obwohl er die Zoologie »weit interessanter fand als den spannendsten Kriminalroman«, opferte er mehr als nur seine Freizeit, um Geld für eine neue Expedition aufzutreiben. Sein erstes Buch über die Unterwasserjagd erschien 1938 und eine der führenden Zeitschriften druckte seinen Bericht über den Aufenthalt in der Karibik in Fortsetzungen. Er verkaufte seine Unterwasserfotografien und ging auf Vortragsreisen.

Um seinem allerersten Vortrag etwas Würze zu geben, trat einer seiner muskulösen Freunde in Badehosen und mit Taucherhelm auf und schwang drohend eine Harpune. Das Publikum war beeindruckt, doch seinem Freund war es peinlich, und er war nicht bereit, ein weiteres Mal aufzutreten. Also sprang der Pförtner in die Bresche. Er war klein, dicklich und seine Haut war rosa geschrubbt. Sein Auftritt ging in schallendem Gelächter unter. Unglücklicherweise hatte er seine Brille abgesetzt und die Sichtscheibe des Helms war beschlagen. Blind und nicht in der Lage mit den Schwimmflossen richtig zu laufen, stolperte er von der Bühne in den Zuschauerraum und hätte fast eine vornehme Witwe mit der Harpune aufgespießt.

Während eines zweimonatigen Aufenthalts in Berlin hielt Hass zwei Vorträge pro Tag und an Sonntagen drei. Er rühmte sich, einen Vortrag halten und gleichzeitig einen Brief an seine Mutter schreiben zu können. Seine Veranstaltungen liefen gut, außer in dem Fall, als er von einem Vorsitzenden begrüßt wurde, der alle Zeitschriftartikel von Hass gelesen hatte. Dessen Einführungsrede dauerte so lang wie der Vortrag selbst. Tatsächlich *war* es der Vortrag, denn er nahm alle Anekdoten und auch die Pointen vorweg.

Schon bald aber hatte Hass genug Geld beisammen, um nach Jugoslawien zu reisen, doch wegen der Anschläge verschiedener Partisanengruppen war das ziemlich kompliziert. Eine dort ansässige Frau teilte ihm freudig mit, daß, wenn die Partisanen Gefangene machten, »ihnen manchmal nur die Augen ausgestochen wurden, andere wurden mit den eigenen Därmen an einem Baum aufgeknüpft oder, was auch beliebt zu sein schien, mit dem Kopf an ihre Haustüre festgenagelt«. Da verblaßten selbst die Gefahren, einem Hai mit seinen scharfen Zähnen zu begegnen.

Bis zu diesem Zeitpunkt war Hass meistens mit angehaltenem Atem getaucht. Was er brauchte war ein Atemgerät, das ihm, anders als der Taucherhelm, die Freiheit des Schnorchelns gewährte. Er ging mit seinen Vorstellungen zu den Draeger Werken, einer Firma für Tauchausrüstungen in Lübeck, die Rettungsgeräte für Unterseebootbesatzungen herstellt. Sie fertigten für ihn ein etwas verändertes Sauerstoff-Kreislaufgerät, in dem reiner Sauerstoff aus einem kleinen Zylinder in einen Sack, der wie eine Rettungsweste aussah, gepumpt wurde und aus dem der Taucher atmete. Das Ätznatron in dem Sack neutralisierte das ausgeatmete Kohlendioxid und erlaubte dem Taucher so, den restlichen Sauerstoff zu nutzen. Das Gerät war leicht und ermöglichte es, genügend lange unter Wasser zu bleiben, dennoch war es nicht ungefährlich. Wenn man hinabtauchte, wurde das Gas in dem Sack komprimiert und wenn man nicht immer weiter Sauerstoff aus dem Zylinder zuführte, dann sank man immer schneller. Wenn der Taucher nun nach oben wollte, dann dehnte sich die Luft wieder aus und er mußte sie ablassen, ansonsten würde er viel zu schnell nach oben schießen. Am gefährlichsten war allerdings, wie J.B.S. Haldane nachgewiesen hatte, das Einatmen von reinem Sauerstoff unter einem Druck von mehr als zwei Atmosphären. Er wurde giftig, so daß dieses Gerät somit nur in seichten Gewässern eingesetzt werden konnte. Hans Hass war 1942 der erste, der ein von externer Luftversorgung unabhängiges Atemgerät zur Forschung und zum Sport einsetzte. Ein richtiges Preßlufttauchgerät war zu diesem Zeitpunkt noch nicht mehr als ein Schimmern in Cousteaus Taucherbrille.

Es gab Behauptungen, Hass' Bilder von Haien seien Fälschungen, was ihn veranlaßte noch bessere Bilder zu machen mit Tauchern und Haien auf einem Foto, so daß kein Zweifel an ihrer Echtheit bestehen konnte. Genauso wichtig war es für ihn und seine Freunde, eine neue Expedition durchzuführen, bevor sie zum Militär eingezogen würden. Mit seinen Einnahmen kamen sie zu einem Boot, doch nicht lange, dann wurde es als Kriegsbeute konfisziert. Zufällig fand er heraus, daß das alte Forschungsschiff der Universität im Hafen von Piräus lag. Also machten sie sich nach Griechenland auf, in ein Kriegsgebiet, »und da würde jetzt auf ganz andere Dinge als auf Fische Jagd gemacht«. Das Boot war weit entfernt davon einsatzbereit zu sein. Es brauchte eine neue Maschine, und die Mannschaft war eine Bande von streitsüchtigen, betrunkenen Kerlen, die mit ihren Revolvern herumfuchtelten. Schließlich war die Maschine repariert und Hass unterrichtete den örtlichen Beamten, daß sie nun endlich in See stechen würden.

»›Ach, dann wissen Sie am Ende noch gar nicht ...?‹

Ich versicherte ihm, daß ich von nichts eine Ahnung hätte.

›... daß Ihr Schiff brennt?‹«

Nachdem die Brandschäden behoben waren, ging es los. Als bei bestem Wetter plötzlich ein heftiger Sturm losbrach, begann das Schiff zu sinken. Zum Glück befanden sie sich in der Nähe eines Hafens, wo sie Zuflucht suchen und das Leck reparieren konnten.

Die Expedition war eine Aneinanderreihung von Zwischenfällen; Hass selbst geriet zweimal in Lebensgefahr. Sie schlossen sich Dynamitfischern an, um die Haie, die durch die toten Fische angezogen wurden, zu fotografieren. Obwohl die Kamera oft ausfiel oder die Perforation am Film riß, hatten sie wohl genügend gute Aufnahmen bekommen, um die Öffentlichkeit bei ihrer Rückkehr zu beeindrucken.

Hass promovierte 1943 an der Friedrich-Wilhelm-Universität in Berlin, doch das wäre fast schiefgegangen. Als er dort ankam, um das Ergebnis seiner Prüfung zu erfahren, mußte er feststellen, daß die Universität nach einem alliierten Bombenangriff in Trümmern lag. Zum Glück war der Safe des Dekans aus dem Fenster geschleudert worden und steckte nun zur Hälfte im Rasen. Darin befand sich auf einem Stapel anderer Papiere Hass' Doktorarbeit. Obwohl sie im wesentlichen die Biologie der Meeresflora zum Gegenstand hatte, enthielt sie auch eine erste Abhandlung über den Nutzen des Schwimmtauchens für die Meeresbiologie.

Dr. Hass stellte eine Sekretärin ein, Lotte Baierl, eine siebzehnjährige Zoologiestudentin, die sich, was Hass allerdings damals nicht ahnte, in den Kopf gesetzt hatte, Taucherin zu werden. Sie übte heimlich und lieh sich seine Kamera. Ihre Unterwasseraufnahmen wurden veröffentlicht und eine wurde sogar Titelbild der *Wiener Illustrierten*.

»Nicht schlecht«, meinte Hass, als er die Bilder sah. »Wenn Sie nur ein Mann wären.«

Der Krieg hinderte Hass am Tauchen, hielt ihn aber nicht davon ab, neue Expeditionen zu planen. Als er vorbei war, brach Hass zu einer langen Expedition auf, um Tauchgründe im Roten Meer zu erkunden. Bei seiner Ankunft in Port Sudan erzählte man ihm sofort von einem Schiffspassagier, der über Bord gefallen und vor den Augen seiner Mitreisenden von Haien zerrissen worden war. Wo er auf seinen Reisen auch hinkam, er schien solche Geschichten förmlich anzuziehen.

Der freundliche, englische Regierungskommissar vor Ort empfahl ihm eine Stelle, wo »das Wasser so voller Haie war, daß man ein Ruder ins Wasser stecken konnte und es bliebe aufrecht stehen«. Hass begab sich, bewaffnet nur mit einem Stück Holz von einem Bilderrahmen, an dem man eine Harpunenspitze befestigt hatte, in das trübe Wasser. Er tauchte zu einem Wrack, das »Dynamit an Bord hatte, um eine ganze Stadt in die Luft zu jagen, aber auch genug Silber, um den größten Teil davon wieder aufzubauen«.

Die Zwischenfälle unter Wasser häuften sich. Hass war der erste, der sich einem Manta näherte. Sie wurden Teufelsrochen genannt, denn man behauptete, sie würden unvorsichtige Schwimmer mit ihren Flügeln einhüllen und sie mit in die Tiefe nehmen. Das konnte Hass nicht abhalten: »Ich betätigte den Auslöser, spannte den Film, betätigte den Auslöser wieder ... der Rochen war so nah, daß mich seine Flügel fast berührten ... dann ergriff er plötzlich die Flucht. Ich wurde von einem mächtigen Strudel erfaßt und zur Seite gewirbelt. Die dünne Schwanzspitze glitt an mir vorbei und verdunkelte die Sonne. Dann hatte mich der Manta bemerkt ... Ich rollte mich zu einer Kugel zusammen und ließ das Gewitter über mich hinweg ziehen ...«

Später, nachdem er zwei große Fische harpuniert hatte, verhedderte er sich in den Harpunenleinen:

Und so fand ich mich rücklings neben dem Korallenturm im freien Wasser schwebend, während zwei machtvolle Fische nach verschiedenen Richtungen an mir zerrten. Wasser war mir in die Maske gekommen, und der Belichtungsmesser klemmte mir den Atemschlauch ab. Wenn jetzt angreifende Haie oder Barrakudas kämen, könnten sie nach belieben von mir abbeißen.

Gemeinsam mit den zappelnden Fischen sank ich acht Meter tief bis auf den Fuß des Korallenstocks. Da ich in den verschiedenen Seilen total verheddert war und verzweifelt versuchte, mein Messer aus der Gummischeide hervorzuzwängen, in die es etwas zu tief hineingeschlüpft war, hatte ich keine Möglichkeit, das Atemventil zu bedienen. Durch den Druckunterschied war mein Atemsack völlig zusammengepreßt, ich glaubte zu ersticken. Ein unendlich leeres Gefühl stieg mir vom Magen in die Brust, die konvulsivisch zu arbeiten begann. Da die Maske mit Wasser gefüllt war, konnte ich fast überhaupt nichts sehen. Ich glaubte einen Hai zu erkennen, schlug verzweifelt um mich und drückte mehrmals auf das Ventil, ehe ich begriff, daß die Flasche total leer war. Das bedeutete, daß ich nun um etliche Kilo zu schwer war und mich mit Macht erst wieder nach oben zurückkämpfen mußte. Ich stieß hart gegen den Felsen, dann fühlte ich, wie die gefangene Flosse sich aus dem zweiten Seil löste. Die Unterwasserkamera war mir auf den Rücken gerutscht und strangulierte mich. Aber jetzt gab es nur noch eines … nach oben! Dann, nach unendlich langer Zeit, sah ich, daß es heller wurde. Völlig erschöpft wartete ich, bis das Boot heranruderte und mich aufnahm.

»Das war wirklich wundervoll!« war das erste, was ich von Bill hörte. »So etwas habe ich noch nie gesehen!«

228

Selbst an Land war es nicht ungefährlich. Stürme mit sintflutartigen Regenfällen tobten über der Stadt, Häuser brachen zusammen und die Menschen ertranken in den Straßen oder wurden ins Meer gespült, wo ihnen die Haie die Köpfe abbissen. Wenn man aber dem englischen Kommissar Glauben schenkte, war am Schlimmsten, daß der Golfplatz unter Wasser stand.

Bei seiner Rückkehr nach Österreich stellte Hass fest, daß die Leute genauso von Haien und Teufelsrochen fasziniert waren, wie er selbst und sich seine Bilder gut verkauften. Als bei einem seiner Vorträge der Kultusminister anwesend war, legte Hass offen, daß seine Expedition von einer örtlichen Mädchenschulklasse und einem maskierten Catcher finanziell unterstützt worden war. Der peinlich betroffene Minister verstand die Botschaft und bot ihm an, seine nächste Expedition ans Rote Meer zu finanzieren.

Lotte wollte unbedingt daran teilnehmen, doch Hass wollte nichts davon hören. Eine Expedition war kein Ort für eine Frau, die ganz sicher »nur Unheil stiften würde«.

Hass verhandelte über einen Filmvertrag. Der Verleiher wollte keinen Dokumentarfilm, sondern einen ordentlichen Spielfilm mit einer Handlung und ein bißchen Glamour. Er sah Hass' hübsche, blonde Sekretärin. »Warum nehmen Sie nicht Fräulein Lotte mit?« Und so wurde sie die erste Frau, die im Roten Meer tauchte.

Eigentlich war sie also nur wegen des Glamour-Faktors dabei, bis das Team am ersten Tag in Port Sudan, wo Temperaturen um 41 Grad Celsius herrschten, seine Ausrüstung im Swimmingpool des Hotels ausprobierte. Schon nach wenigen Minuten mußten sie den bewegungslosen Körper eines Kameramanns aus dem Wasser ziehen. Die Hitze war zuviel für ihn. Er nahm den nächsten Flug nach Hause, Lotte legte sein Atemgerät an und wurde zu einem vollwertigen Mitglied des Teams. Hass machte ihr klar, daß er keinen Unterschied zwischen ihr und den Männern machen

Lotte Hass schwerbewaffnet, aber weit davon entfernt, wie ein Mann auszusehen

würde. Sie schrieb in ihr Tagebuch: »Von nun an bin ich ein Mann.«

Lotte war begierig zu beweisen, daß sie ebensogut tauchen konnte wie ein Mann, genoß es aber andererseits, etwas Glamour in die Sache zu bringen. Die Expedition war eine harte Angelegenheit und sie hatten nur wenig Vorräte, doch Lotte hatte drei Flaschen roten Nagellack

230

mitgenommen. Auf einem Foto, das Jahre später aufgenommen ist, steht das Team fix und fertig zum Tauchen da. Auch Lotte ist bereit – bis auf die hochhackigen Schuhe, die sie trägt.

Sie hatten ihr Lager in den abgelegenen Ruinen von Suakim aufgeschlagen, was bis zur Gründung von Port Sudan der wichtigste Hafen des Landes gewesen war. Fünfzig Jahre früher hatten dort 30 000 Menschen gelebt, jetzt war Suakim verlassen und still, bis auf das Schaben der Skorpione. Bei Nacht hörte man irgendwo in der Dunkelheit Geräusche, die wie Seufzen und Schluchzen klangen. Sie fanden nie heraus, was der Ursprung davon war.

Es war ein schrecklich heißer und unfruchtbarer Landstrich. Cyril Crossland, der dort eine meeresbiologische Forschungsstation eingerichtet hat, beschreibt ihn als »eine große schreckliche Wildnis … ein nacktes, wüstes Land, Stück für Stück ein Ausdruck für Verdursten und Verhungern«. Doch er erinnert sich auch an »die rötliche Färbung der Berge bei Sonnenaufgang, das leuchtende Blau des Meeres mit weißen Wellen und das helle Blau, Grün, Gelb und Braun der unterseeischen Gärten«. Die Wüste wurde begrenzt von einem Labyrinth von Korallenriffen, die voller Leben waren.

Bei Lottes zweitem Tauchgang wurde sie von ihrem Tauchpartner alleine gelassen. Ein Hai kam und schwamm vor ihr hin und her, musterte sie zuerst mit seinem kalten rechten Auge und dann mit seinem eisigen linken. Bis er endlich verschwand, war sie vor Furcht wie gelähmt. Als Hass zu ihr kam, versuchte sie ihm von ihrem knappen Entkommen zu erzählen und blubberte durch das Mundstück. »Ja«, gab er zurück, »irgend etwas stimmt nicht mit der Kamera.«

Einige Tage später wollte Hass einen Schwarm Barrakudas auf die schutzlose Lotte zutreiben. Sie sollte so tun, als ob sie Angst hätte – nicht allzu schwer unter diesen

Umständen. Etwas war mit ihrem Atemgerät nicht in Ordnung und ätzende Chemikalien gelangten in ihren Mund. Sie gab Hass Zeichen, daß sie in Schwierigkeiten war und schwamm zur Oberfläche. »Nicht so schnell!« rief er durch sein Mundstück hindurch. »Du übertreibst.« Und zog sie zurück auf den Meeresboden.

Sie ertrug es so lange es ging und flüchtete dann hustend und um Luft ringend nach oben. »Das war hoffnungslos überzogen!« knurrte Hass. Aber die Aufnahmen waren gut.

Lotte wurde täglich von Haien und Barrakudas belagert. »Meinst du hier gibt es große Kraken?« fragte sie nervös.

»Ich wünschte es wäre so«, antwortete Hass. »Leider stammen die einzigen, die ich je gesehen habe, aus einem amerikanischen Film und die waren aus Gummi.«

Wie schon Milne Edwards über ein Jahrhundert zuvor, mieteten sie eine uralte Dhau mit reichlich Küchenschaben an Bord. Die Mannschaft war im Haschischrausch, und der Steuermann sah so vergeistigt aus, daß sie ihm den Namen »Assassin« gaben. Während sie mit dem Bootseigner über die Miete verhandelten, reichten sie versehentlich Filmentwickler anstatt Limonade. »Ein österreichisches Nationalgetränk«, erklärte Hass, um das Gesicht zu wahren. Alle tranken ihr Glas leer, doch keiner wollte nachgeschenkt haben.

Es gab weitere Begegnungen mit fotogenen Mantarochen sowie einem riesigen Walhai, dessen Haut mit weißen Flecken übersät war, »wie eine Wiese voller Gänseblümchen«. Hass harpunierte einen jungen Hai, der allerdings geschickt genug war, sich herumzudrehen und seinen Arm mit dem Maul zu packen. Dann schwamm er davon und zog Hass hinter sich her. Als der Hai von ihm abließ, blutete Hass heftig. »Die Bootswand und der Boden des Bootes waren rot vom Blut«, schrieb Lotte. »Ein dicker Blutstrom ergoß sich über Hass' rechte Hand. Das Handgelenk sah aus, als ob es in einen Fleischwolf geraten sei. Das Fleisch hing in Fetzen herunter.« Man band ihm den Arm mit dem Starterzug des Außenbordmotors ab und brachte ihn so schnell wie möglich ins Krankenhaus. Nachdem Hass drei Wochen lang nicht hatte Tauchen können, verlor er die Geduld und zog sich selbst die Fäden.

Er hatte die Kiefer eines Hais zu spüren bekommen, doch die Zähne seiner Kritiker waren noch schärfer. Sie nahmen an, daß der Wal mit einer Kamera fotografiert worden sei, die man ins Wasser hinabgelassen hatte, und die Haie seien wohl mit einer Explosion betäubt worden, bevor man sich ihnen genähert hatte. Noch deprimierender war, daß nicht einer der anerkannten Biologen den Wert der Bilder von Tieren würdigte, die sich ganz normal in ihrer gewohnten Umwelt bewegten. »Jedes gute Bild, das in einem Aquarium gemacht wird, ist von größerem wissenschaftlichen und anschaulicherem Wert als vergleichbare Bilder, die in der Natur gemacht sind, selbst unter Lebensgefahr.«

Hass vertrat die Theorie, daß Haie durch Schmerzenslaute von Fischen angelockt werden. Damit er dies überprüfen könne, stellte ihm *Philips* eine entsprechende Ausrüstung zur Verfügung. Die Aufnahmen von Lauten, die Fische von sich geben, schienen unter Wasser nur wenige Zuhörer anzuziehen, doch ein Walzer von Strauss brachte einen Schwarm von Grashechten dazu, um den Lautsprecher zu kreisen.

Nachdem Hass sich wochenlang über Lottes Unzulänglichkeiten beschwert hatte, überraschte er sie auf der Heimreise mit einem Heiratsantrag. Sie wurden in der Schweiz getraut und der Standesbeamte drückte Lotte ein Exemplar des Buches *Der Weg zur glücklichen Ehe* in die Hand. Es muß ein gutes Buch gewesen sein, denn sie sind noch immer verheiratet. Doch das Fotolabor in der Schweiz ruinierte nicht nur ihre Hochzeitsbilder, durch ein Mißgeschick zerstörten sie auch einige Rollen des Filmmaterials. Glücklicherweise blieb genug übrig um daraus den Film *Abenteuer*

im Roten Meer zusammenzuschneiden, der auf dem Film-
festival von Venedig 1950 als bester Dokumentarfilm ausge-
zeichnet wurde.

Ihre Hochzeitsreise ging zum Great Barrier Reef. Bei ihrer
Ankunft überfiel sie der dortige Arzt gleich mit blutrünstigen
Geschichten von Haiangriffen – »Erst vor einer Woche ist ein
junges Pärchen im Hafen von Haien zerrissen worden« –
und schätzte ihre Lebenserwartung auf noch nicht einmal
zwei Wochen. Sie wohnten in einer »wackligen Hütte, die
sich als Hotel bezeichnete«. Lotte, die noch nie in Australien gewesen war, stellte ernüchtert fest: »Alle hier sind betrunken.« Als gemeinsames Hochzeitsgeschenk erwarben sie
bei einem Strumpfwarengeschäft ein Bein aus Plastik, um den
Griff einer großen Muschel abzufangen, falls einer von ihnen
zufällig hineintreten würde. Das »Bein« zerbrach wie eine
Haselnuß.

Der kommerzielle Erfolg von *Abenteuer im Roten Meer*
bestärkte Hass darin sein *Internationales Institut für submarine Forschung* in Liechtenstein (aus steuerlichen Erwägun-
gen, weniger wegen der Nähe zum Meer) zu gründen und
erlaubte es ihm, sich das Schiff zu kaufen, von dem er schon
immer geträumt hatte. Was er dann tatsächlich erwarb, war
nicht mehr als ein dreiundvierzig Meter langer Schiffsrumpf. Seinerzeit war das Schiff in Groß Britannien als Jacht
für den Nähmaschinenfabrikanten Singer gebaut worden,
doch es hatte harte Zeiten als Kohlefrachter hinter sich. Die
Instandsetzung überstieg den Kaufpreis um das dreifache.
Hass taufte es auf den Namen *Xarifa* – was auf arabisch ›die
Schöne‹ bedeutet – und so sah es auch aus. Es war eins der
schönsten Schiffe auf den Meeren, ein blendend weißer
Dreimastschoner mit dreißig Meter hohen Masten und riesigen, sich bauschenden Segeln. Der erste Kapitän des Schiffes war Johannes Diebitsch, der später das Großschiff *Pamir*
befehligte und mit ihm 1957 vor den Azoren im Hurrikan
Carrie unterging. Die *Xarifa* hatte eine Besatzung von zwölf

Mann, dazu kamen neun Wissenschaftler und Techniker. Sie gingen auf eine achtmonatige Fahrt in die Karibik und dann zu den Galapagos Inseln, wo sie knapp die Abfahrt von Hass' erstem Schiff verpaßten, das seinerzeit als Kriegsbeute beschlagnahmt worden war.

Hass genoß sein Forschungsschiff, doch er wußte nicht, wie er es finanzieren sollte. Als Schiffseigner gibt es nur zwei glückliche Tage, der, an dem man es kauft und der, an dem man es verkauft. Um zu Geld zu kommen, verdingte er sich bei einer italienischen Filmproduktion über Rommels versunkene Schätze. Der vage Plan, im Roten Meer Touren für reiche Touristen durchzuführen, wurde nicht realisiert. Dann kam ein Kollege mit der Idee, daß das Schiff eine ideale Basis für Forschungen in den Tropen wäre. Die deutschen Forschungseinrichtungen würden bestimmt für die daran teilnehmenden Wissenschaftler bezahlen. Doch das taten sie nicht. Als sie schließlich zum Roten Meer aufbrachen, waren zwei Drittel der Kosten durch einen Vertrag mit der BBC und dem deutschen Fernsehen abgedeckt, die vierundzwanzig Filme für ihr Programm haben wollten. Es sollte die letzte Fahrt der *Xarifa* werden.

Die Filme waren ein großer Erfolg und Hans und Lotte waren in aller Munde. Doch die Jacht brauchte ein neues Ruder, Arbeitsplätze, Batterien, ein Schlauchboot und die Decks mußten neu versiegelt werden. Die Rechnungen nahmen kein Ende. Hans bot das Schiff jeder wissenschaftlichen Institution, die es nehmen würde, als Geschenk an. Schließlich wurde die *Xarifa* an einen reichen Italiener verkauft und selbst der mußte seine anderen Hobbys einschränken, um sie wieder in *die* Jacht zu verwandeln, die sie einmal gewesen war.

Tief im Inneren war Hans Hass ein Abenteurer und Abenteurer suchen das Risiko. Bei einer seiner Reisen mußte jeder ein Gesundheitszeugnis vorlegen, das belegte, daß man sich in guter körperlicher Verfassung befand, doch

Lotte an die Schwanzflosse eines Wales geklammert, 1950

Hass nahm dennoch einen Taucher mit einem angeborenen Herzfehler mit, der dann in nur drei Metern Tiefe an Herzversagen starb. Jahrelang benutzte Hass Sauerstoff-Kreislaufgeräte, da sie, anders als die Preßluftgeräte, keine Geräusche machten. Aber er unterschätzte die Gefahren. Er wußte, daß sie in Tiefen von mehr als zwanzig Metern nicht sicher waren, doch selbst in nur zehn Metern Tiefe können sie zur Gefahr werden. Einer seiner Taucher, der erfahrene Ex-Froschmann Jimmy Hodges, starb, als er zu tief tauchte. Hass selbst verlor zweimal unter Wasser das Bewußtsein und wurde nur durch Zufall gerettet. Als er in dem 300 Meter tiefen, mit Wasser gefüllten Krater des Santorini tauchte passierte folgendes: »Es war, als ob jemand das Licht ausgeschaltet hätte. Es war ein plötzliches Wegtreten ohne jede Vorwarnung … Ganz zufällig hat sich Alfred (sein Tauchpartner) nach mir umgedreht und gesehen, wie ich meine gesamte Luft abließ und wie ein Stein nach unten sank. Hinunter in die völlige Dunkelheit des bodenlosen Ozeans. Hätte er sich nur zwei Sekunden später umgedreht, hätte es keine Rettung mehr für mich gegeben.«

Vielleicht war er fasziniert von den Verlockungen der Tiefe, wo der Tod auf die Unvorsichtigen wartet. Ganz gewiß kannte er das Gefühl: »Hinunter in die wartende, verlockende Weite ... In einer Tiefe von mehr als fünfzig Metern beginnt der Tiefenrausch ... man verliert alle Zweifel und Hemmungen. Der Abgrund unter einem wird zum verlockenden Spaziergang. Warum nicht? Noch ein bißchen weiter – warum nicht? Und dann kommt plötzlich das Ende, ohne daß man es überhaupt bemerkt. Der Tod kommt zum Taucher mit einem Schmetterlingsnetz, dessen Maschen so weich sind, daß es sich unbemerkt um ihn legt.«

Hass war ein exzellenter Reiseschriftsteller. In *Diving to Adventure* beschreibt er eine Stadt auf Curaçao:

Jeder, der Kralendijk als gottverdammte Müllkippe bezeichnet, läuft keine Gefahr, wegen Verleumdung vor Gericht gebracht zu werden ... Es ist ein heruntergekommenes Dorf, das aus ein paar Dutzend verblichenen Holzhäusern besteht, die weit verstreut entlang der Küste stehen ...

Am Strand lagen die Gerippe von ein paar halbfertigen Booten, die ohne Zweifel auch nächstes Jahr noch genauso daliegen würden ...

Wenn man, Gott bewahre, etwas in Kralendijk kaufen wollte, dann würde man den Ladenbesitzer zu Hause in seinem Bett aufsuchen müssen. Er zieht dann resignierend seine Schuhe an, schließt wortlos die Ladentür auf und wenn man festgestellt hat, daß nichts von dem, was man braucht, vorhanden ist, begibt er sich sogleich wieder ins Bett. Lediglich Nachttöpfe kann man in Kralendijk zu vernünftigen Preisen und in ordentlicher Qualität erwerben. Vor einiger Zeit hatte ein ziemlich geschickter Händler sie hier an den Mann gebracht und der Vorrat reicht für Jahrzehnte, egal wie groß die Nachfrage auch sein mag.

Zehn Jahre lang verzichtete Hass auf das Tauchen, um die Menschen und ihre sozialen Organisationsformen zu erforschen, die, so seine Meinung, ein eigenständiger Organismus seien und den Menschen schließlich ersetzen würden. Er glaubte, wenn er Menschen unbeobachtet in Zeitlupe oder Zeitraffer filmte, könne er neue Erkenntnisse über das menschliche Verhalten gewinnen. In seiner 1966 produzierten Fernsehserie *Wir Menschen* verdeutlichte er seine Vorstellungen und zeigte den homo sapiens als ein Wesen, wie es von außerirdischen Besuchern wahrgenommen würde, vergleichbar einem Taucher, der Meereslebewesen beobachtet. Doch die Öffentlichkeit gab dem Taucher und Fotografen Hass den Vorzug.

Später begab er sich dann wieder an Orte, die er Jahre zuvor zum erstenmal besucht hatte, unter anderem auch Cap d'Antibes, wo er Guy Gilpatric begegnet war, und litt unter den wehmütigen Erinnerungen, die das Los aller Pioniere ist. Obwohl er früher selbst bedenkenlos Fische getötet hatte, um Haie anzulocken, bedauerte er jetzt die Fische, die Opfer der Unterwasserjäger wurden. »Die Höhlen waren leer – nicht ein einziger Schattenfisch (ein Fisch, der für seine grunzenden Laute bekannt ist). Von den munter im Seichten spielenden Meeräschen war keine Spur mehr. Nirgends ein Geißbrassen, der mehr als zehn Zentimeter gemessen hätte, nirgends ein Schwarm von Goldstriemen, eifrig und genüßlich die Felsblöcke abweidend. Nirgends ein im Sand versteckter Rochen, ... auch dort eine Mondlandschaft. Knappe zweieinhalb Jahrzehnte hatten genügt, um den einstigen Fischreichtum des Litorals zu vernichten.«

Er hatte seine Bilder, um zu beweisen wie es einmal gewesen war. Bei seinem ersten Besuch in der Karibik hatte er eine Kurbelkammera und ein zusammengeschustertes Stativ, sowie eine Fotokamera in einem Gehäuse, das ihm ein Handwerker in Wien auf die Schnelle gebaut hatte. Als er 1953 dorthin zurückkehrte, hatte er die beste Ausrüstung, die man sich denken konnte. Dazu gehörte eine Rolleiflex in einem hervorragenden Unterwassergehäuse, das von der Firma Franke & Heidecke als Hans Hass Rolleimarin vermarktet wurde. Der Fotograf konnte damit sein Motiv auf einer Mattscheibe oben in der Kamera auswählen. Diese Doppelobjektivkamera benutzte Filmmaterial, mit dem die Negative fast dreimal so groß waren, wie die Standard 35mm Farbnegative und lieferte eine hervorragende Qualität, die bei einer Vergrößerung nur wenig einbüßte. Einige von Hass' Unterwasserbildern sind bis heute unübertroffen. Er war der erste, der Mantas und Walhaie unter Wasser filmte, das kaleidoskopartige Gewimmel um ein Korallenriff einfing und den schrecklichen Moment, als ein Pottwal von Walfängern harpuniert wird.

Während seine Expeditionen andere bei ihren Forschungen weiterbrachten, hielten sie ihn davon ab, sich mit Meeresbiologie zu beschäftigen. Doch gerade das, was ihn davon abhielt, war seine Stärke. Seine Filme und Fernsehserien machte eine ganze Generation neidisch auf den gutaussehenden Forscher, seine überwältigende Frau und das schöne Schiff und überzeugten mich, daß ich unbedingt auch Meeresbiologe werden mußte.

Heutzutage, wo jeder Schuljunge einen Mantarochen kennt, fällt es schwer, sich vorzustellen, wie begeistert das Publikum war, als sie zum erstenmal Hass' Bilder sahen. Jedes Lebewesen, das er fotografierte, war groß und fremdartig und mit an Sicherheit grenzender Wahrscheinlichkeit gefährlich – drohende Wale und verschlagen grinsende Haie. Am beeindruckendsten aber waren die fast nackten Taucher zwischen den Raubfischen, die so klein und verletzlich wirkten. Hass hat noch nicht einmal die gefährlichsten Exemplare aus dem Schutz eines Käfigs gefilmt, denn er war der Meinung, damit bestünde die Gefahr, bei den Haien ein unnatürliches Verhalten hervorzurufen. Doch ich vermute, auch wenn es nicht so gewesen wäre, dann hätte er diesen Schutz trotzdem abgelehnt, denn er hätte ihm den Spaß an seiner ersten und immerwährenden Liebe genommen – dem Tauchgang ins Abenteuer.

Beim Erschrecken von Haien vor Curaçao, 1939

Hinab in die Vergangenheit

Archäologen suchen nach Dingen, die die Zeit begraben hat. Burgen und Erdwälle mögen zerfallen und wieder zu Erde werden und von Gestrüpp überwachsen sein, doch ihre Reste bleiben zurück, da sie von den Erbauern auf festem Grund errichtet wurden. Sie hinterlassen für immer ihre Spuren in der Landschaft durch den Verlauf von Gräben oder die unnatürliche Symmetrie von Erdaufwerfungen.

Unter Wasser sieht das ganz anders aus. Schiffswracks haben keine Grundmauern, sie gelangen zufällig auf den Meeresgrund. Sie sind die Überbleibsel von Katastrophen. Die alten Wracks stammen von kleinen, hölzernen Schiffen, die auf dem weiten Meer verlorengingen und durch das trübe Wasser und Schichten von Schlick und Sand verborgen werden. Selbst die Stelle zu ermitteln, wo sich ein Wrack befinden könnte, ist eine mühsame Angelegenheit; es systematisch unter Wasser freizulegen, erfordert einen enormen Aufwand. An Land kann man bei einer Ausgrabung Schicht für Schicht abtragen, doch auf dem Meeresgrund ist dies bei weitem nicht so einfach. Meerestiere oder die Zusammensetzung des Wassers können unter Umständen die Fracht des Schiffes in einen festen Klumpen verwandelt haben. Wenn man den darauf befindlichen Schlick entfernt, dann steigen dichte Wolken auf, die den Ausgrabenden die Sicht rauben, und es besteht die Gefahr, mit einem Flossenschlag ein Fundstück zu zerstören, ohne es überhaupt gesehen zu haben.

Die Pioniere der Unterwasserarchäologie waren einerseits Archäologen, die Tauchen gelernt hatten, oder erfahrene

Taucher, die sich selbst etwas über Archäologie beigebracht hatten. Am Anfang wußte keine der beiden Gruppen, wie man die aufgefundenen, salzwasserdurchtränkten Objekte konservieren konnte, doch sie sollten es schnell lernen, bevor sie alles, was sie gefunden hatten, zerstörten.

Frédéric Dumas vor dem Abstieg in eine Tiefe von 90 Metern, 1944

Der stille Partner
Frédéric Dumas 1913–1991

Die Lebensgeschichte von Frédéric Dumas ist auch die Geschichte des Freitauchens. Er war einer der allerersten. Im Jahre 1949 veröffentlichte Dumas zusammen mit seinen Mitarbeitern das erste Handbuch über das Tauchen mit Preßluftflaschen. Jacques Cousteau wurde unter den Autoren als dritter genannt, ein Fehler, der ihm nie wieder unterlaufen sollte. Vier Jahre später erschien das bekannteste Buch über das Tauchen, das je geschrieben wurde, und es basierte weitestgehend auf Dumas' Tagebüchern, doch jeder kennt es nur als Cousteaus *Die schweigende Welt*.

Vor dem Zweiten Weltkrieg tauchten die legendären Speerfischer an der Mittelmeerküste Frankreichs, Gilpatric und Kramarenko bei Cap d'Antibes und die Gebrüder Dumas bei Sanary. Frédéric Dumas, von seinen Freunden »Didi« genannt, war der beste von ihnen. Unter Wasser bewegte er sich mit der geschmeidigen Eleganz eines Seelöwen und besaß eine Verschlagenheit, die nur dem Menschen eigentümlich ist. Klar ausgedrückt, er war ein Jäger, bewaffnet mit einer Harpune und Pfeilen aus Vorhangstangen. Fische existierten nur, um sie zu erlegen, auszunehmen, zu salzen und dann zu essen. Doch es war die Jagd und nicht der Kochtopf, was zählte. Ohne Atemgerät tauchte er fünfmal hintereinander auf zwanzig Meter hinab und brachte fünf Fische an, die ein Gesamtgewicht von 260 Pfund hatten. Er hätte nicht gezögert, auf einen Fisch loszugehen, der genauso groß war wie er selbst. In zwanzig Faden Tiefe harpunierte Didi eine achtzigpfündige Riesenmakrele.

Der riesige Fisch kämpfte wie jedes verwundete Tier um sein Leben. Er bäumte sich auf, tauchte und zog Didi, der sich an die Harpunenleine klammerte, hinter sich her. Wenn der Fisch nach unten strebte, dann richtete Didi seinen Körper auf, um mehr Widerstand zu bieten und den Fisch davon abzuhalten, weiter zu tauchen, wenn er in Richtung Oberfläche schwamm, reduzierte er den Widerstand, um den Aufstieg zu unterstützen. Wenn der wild gewordene Fisch herumkreiste, dann mußte Didi Pirouetten drehen, um sich nicht in der Leine zu verheddern. Als sein Opfer müde wurde, holte Didi vorsichtig die Leine ein, bis er nah genug war, um ihm den Todesstoß zu geben. Danach kam er an die Oberfläche und rang nach Luft.

In jungen Jahren war ich der Meinung, alle berühmten Taucher wären Musterexemplare der Gattung Mann, die, wenn sie sich nicht für das Meer entschieden hätten, als Speerwerfer bei den Olympischen Spielen angetreten wären. Doch dem war nicht so. Dumas war muskulös, aber klein und schmächtig; er sah immer so aus, als bräuchte er eine ordentliche Mahlzeit.

Obgleich die Familie Dumas wohlhabend war, sein Vater war Physikprofessor, wollte Didi nichts weiter als auf einem

Dumas mit seinem Fang, 1942

Boot leben und tauchen. Dennoch unternahm er einen Anlauf, sich eine bürgerliche Existenz aufzubauen und studierte Jura. Seine Begeisterung für das Studium war so begrenzt, daß er sich noch nicht einmal die Prüfungsergebnisse am Schwarzen Brett ansah, um zu erfahren, ob er bestanden hatte oder nicht.

1939 bemerkte Philippe Tailliez, ein junger Marineoffizier, eines Tages, daß er von einem jungen Mann, »dünn, gebräunt und mit den Augen eines Vogels« beim Speerfischen beobachtet wurde. Das war Didi Dumas. Tailliez machte ihn mit einer Taucherbrille, gefertigt aus Glasscheiben und dem Schlauch eines Autoreifens, Schwimmflossen aus Gummi und seinem Offizierskameraden bekannt – Jacques Cousteau.

Von diesem Tage an waren die beiden Offiziere und der Junge vom Strand unzertrennlich. Sie gingen jeden Tag zum Speerfischen. Im Herbst machten sie, bevor sie tauchen gingen, am Strand ein Lagerfeuer, damit sie, wenn sie aus dem Wasser kamen, sich aufwärmen und ihren Fang über der Glut grillen konnten. Sie wurden, wie Tailliez es ausdrückte, zu den drei »Mousquemers«, den Musketieren des Meeres.

Als der Angriff auf Frankreich begann, mußten die beiden Marineoffiziere wieder zu ihren Einheiten, und Dumas wurde vom Musketier zum Mauleseltreiber in den Alpen. Innerhalb von ein paar Monaten war Frankreich besiegt, und er traf sich mit Tailliez und Cousteau, nun zum Nichtstun verdammt, in Toulon.

Die Musketiere gaben sich nicht damit zufrieden, unter Wasser ihren Atem anzuhalten, sie wollten in der Lage sein, unter Wasser zu atmen. Sie probierten einfache Geräte aus, die die Luft unter Druck zum Taucher pumpten, der soviel durch ein Mundstück einatmete, wie er benötigte. Dumas benutzte dieses Gerät in fünfundzwanzig Metern Tiefe, als Cousteau oben bemerkte, daß der Schlauch riß. Dumas saß nun unter einem Druck fest, der dreimal so hoch wie an der Oberfläche war. Cousteau gelang es gerade noch, das abgerissene Ende des Schlauchs zu packen und es wieder anzuschließen. Nach

Die drei »Musketiere der Meere«, 1948 (v. l. Jacques-Yves Cousteau, Philippe Tailliez, Frédéric Dumas)

einer Ewigkeit, so hatte es den Anschein, tauchte Dumas hustend und halbertrunken wieder auf.

Was sie brauchten, war eine unabhängige Versorgungseinheit, die den Taucher von einer Luftzufuhr von der Oberfläche unabhängig machte. Im Dezember 1942 schilderte Cousteau das Problem dem Ingenieur Émile Gagnan, einem Freund seines Schwiegervaters. Gagnan entwarf ein einfaches aber geniales Ventil, das eine Luftversorgung aus einer mit Preßluft gefüllten Flasche genau mit dem Druck des umgebenden Wassers ermöglichte und auch nur dann, wenn der Taucher einatmete. Cousteau testete dieses erste Preßluftatemgerät, wobei Dumas an der Wasseroberfläche schwamm, um ihn sofort retten zu können, falls etwas schief ginge.

Cousteau drehte auch Unterwasserfilme. Da kein Filmmaterial zu haben war, kauften sie so viele 35mm Fotofilme, wie sie Geld erübrigen konnten, und Cousteaus Frau Simone klebte sie unter der Bettdecke zusammen. Die ersten Aufnahmen zeigten den Speerfischer Dumas, gefilmt vom Kameramann Cousteau, der versuchte, Luft aus einem armseligen Kompressor an der Oberfläche durch einen Schlauch zu atmen, der immer zu kurz war. Ihr erster Film *Par dix-huit mètres de fond* (»In achtzehn Metern Tiefe«) wurde 1942 erfolgreich in Paris vor einem Publikum uraufgeführt, in dem es von Nazioffizieren wimmelte.

Mit ihren brandneuen Atemgeräten machten sie sich an ein ambitionierteres Projekt mit dem Titel *Épaves* (»Wracks«).

Zusammen mit ihren Familien zogen sie für die Zeit der Filmaufnahmen in eine Villa. Didi war dies recht, da sein Haus in Sanary, das sich in Sichtweite von Aldous Huxleys Anwesen, wo dieser *Schöne neue Welt* geschrieben hatte, von den Deutschen abgerissen worden war, um das Schußfeld für eine Küstenbatterie frei zu machen.

Zuerst mußten sie genügend Nahrungsmittel für die angesetzten sechs Monate Drehzeit organisieren. Tailliez war der Chefbeschaffer. Eines Tages wurde er von der Polizei angehalten, als er drei große Schinken bei sich hatte, genug, um ihn ins Gefängnis zu bringen. Eiskalt bat er die Polizisten, seine Pakete zu halten, während er seine Papiere holen wollte. Im Laufe der Zeit besorgte er auch insgesamt zwei Tonnen Bohnen, die zusammen mit den Fischen, die Didi fing, in ihr Vorratslager wanderten. Die Monate vergingen und immer mehr sich bewegende, schwarze Tupfen tummelten sich auf ihren Tellern. Als sie die Vorratskammer mit den Bohnen öffneten, »erfüllte eine Wolke von Insekten das Haus«. Man erntete wilden Spargel und sammelte eßbare Schnecken, selbst die Büsche im Garten wurden probiert, um herauszufinden, welche genießbar waren. Sie alle verloren Gewicht, und eine der Frauen fragte den knochigen Cousteau: »Bist du durch den Wasserdruck so eingeschrumpft?«

Immer wenn es das Wetter erlaubte, tauchten sie nach versunkenen Schiffen, und wurden manchmal beim Auftauchen mit Geschoßgarben von Wachtposten empfangen, die sie für Saboteure hielten. Es gab Wracks aller Art: ein muschelbewachsenes Kriegsschiff, ein Schlepper, dessen Mannschaft im Februar noch immer Silvester gefeiert hatte, ein Dampfer, der vom Mistral überrascht worden war, ein anderer, dessen Ladung Zigarren Feuer gefangen und allen an der Côte d'Azur ein paar kostenlose Lungenzüge verpaßt hatte.

Gesunkene Schiffe sind die unheimlichsten Orte, die man sich vorstellen kann. Sie wirken wie im Licht eines *film noir*, wobei die Decks und Türen in irrationalen Winkeln zueinander stehen. Es ist unmöglich, in das dunkle Herz eines Wracks einzudringen, ohne ein Gefühl von Beunruhigung zu verspüren und zu befürchten, daß irgendwas dort in der Dunkelheit lauert.

Épaves zeigt Dumas im Halbdunkel aus Bullaugen blikkend, am Spinnennetz einer Takelage vorbeigleitend, und wie er sich in versunkenen Badewannen ausruht und wie ein Frosch in einem Tintenfaß in einer Ladeluke verschwindet.

Didi haßte es, Dinge auf dem Meeresboden liegen zu lassen. Cousteau meinte zwar, das Team werde schon bald seine Goldsuchermentalität ablegen, doch Dumas war so gepackt davon, als hätte er Malaria. Und dabei ging es nicht nur um Gold. Dumas, die diebische Elster unter den Musketieren, riß Kupferlampen ab, Steuerräder, Kompaßhalterungen, Glühlampen, Seemannsstiefel und sammelte Eau-de-Cologne Flaschen, die er im Schlamm wie ein Stück Jade glitzern sah. Er hatte immer einen Sack für seine Beute dabei. Neben einem Schiff, das kaum mehr war als ein verbogenes Gerippe aus Eisen, lagen Stapel von unbeschädigten Porzellan und Glaswaren. Dumas sammelte soviel davon ein, daß die anderen glaubten, er bräuchte Hochzeitsgeschenke. Unglücklicherweise schlug der Sack beim Auftauchen gegen das Wrack, und das Porzellan, das ein Schiffsunglück und ein Vierteljahrhundert am Meeresboden unbeschädigt überstanden hatte, ging zu Bruch. Seine Kameraden zogen ihn damit auf, daß er nun wohl die Hochzeit absagen müsse.

Fast wäre es zu einer Tragödie gekommen. Dumas schwamm alleine einen Abgang hinunter und bemerkte nicht, daß der empfindliche Gummischlauch seines Atemgerätes sich über ein loses Rohr wie ein Wurfring über den Pflock gelegt hatte. Er schwamm unbekümmert weiter, bis ihm auffiel, daß er seinen Kopf nicht mehr bewegen konnte. Als er mit der Hand nach oben tastete, um herauszufinden, was los war, schnitt er sich. Das Rohr war mit messerscharfen Muschelschalen überzogen. Ganz langsam bewegte er sich zurück, wobei er mit seinen Händen hinter dem Kopf den Luftschlauch über die Muscheln hob. Er beobachtete, wie das Rohr sich Zentimeter für Zentimeter an ihm vorbeischob, und spürte, wie seine Hände taub wurden. Plötzlich kam er frei. Er hatte sich nur drei Meter zurückbewegt, doch es erschien ihm als die längste Strecke, die er jemals unter Wasser bewältigt hatte. Trotz dieser Erfahrung hatte er nun *zwei* große Leidenschaften, das Speerfischen und das Wracktauchen.

Dumas wurde von der Marine als »Chefberater« der neu gegründeten Unterwasserforschungsgruppe angestellt, und ab 1947 trug er die Verantwortung für die Unterweisung der Marinetaucher im Gebrauch des Unterwasseratemgeräts. Gleichzeitig fuhr er noch als Cheftaucher auf dem Forschungsschiff mit.

1948 wurde an der Küste von Nordafrika eine Testfahrt unternommen, bei der nach dem versunkenen Hafen des alten Karthago gesucht werden sollte. Seiner Vorliebe für Explosionen folgend, sprengte Dumas eine Felsplattform, ohne jedoch etwas zu finden. Das Schiff fuhr weiter nach Mahdia in Tunesien, der Geburtsstadt von Hannibal. Dort lag ein Wrack aus dem Jahre 100 v. Chr., das 1907 grob freigelegt worden war und in dem sich Statuen aus Marmor und Bronze, Betten, Urnen und Leuchter befanden sowie siebzig Marmorsäulen, wahrscheinlich ein vorgefertigter griechischer Tempel, der neben einer großen, römischen Villa hatte errichtet werden sollen. Das Frachtschiff war ein dickbäuchiges Möbellager, schlecht konstruiert und zudem noch überladen gewesen. Es hatte den Untergang verdient.

Um den Sand wegzubekommen, benutzte Cousteaus Gruppe einen kräftigen Wasserstrahl, doch der wirbelte nur den Schlamm auf und drückte den Mann, der ihn bediente, kreiselnd an die Oberfläche. Dumas zog die Handarbeit vor und benutzte zum Graben ein paar alte Kupfernägel, die er gefunden hatte. Als er mit der Arbeit fertig war, glänzten sie wie Gold. Bei seiner Rückkehr an die Oberfläche zeigte er zum ersten Mal Symptome der Taucherkrankheit. Es sollte nicht das letzte Mal sein. In jenen Tagen gehörte die Taucherkrankheit bei den Tauchern noch zum täglichen Brot.

Die Gruppe »rettete« ein paar Anker und vier Säulen. Von einer sägte Dumas ein Stück ab, um eine Platte für einen Gartentisch daraus zu machen. Cousteau räumte bescheiden ein, daß sie lediglich an der Tür der Geschichte kratzten. Das entsprach nicht den Tatsachen, denn in Wirklichkeit plünderten sie die Speisekammer der Geschichte.

Dumas hatte 1939 seine erste Amphore gefunden und sie Cousteau für dessen Kaminsims geschenkt. Sie war aus weißem Ton gebrannt mit Glimmereinprengseln darin. Später stellte er fest, daß sie das einzige Exemplar ihrer Art war. Aus Ton gefertigte Amphoren waren die Vorratsbehälter der Antike, innen waren sie häufig mit Zypressenharz versiegelt. Sie hatten zwei Henkel und liefen zum unteren Ende hin konisch zu, damit man sie einfach lagern konnte. Es waren elegante Behälter, um Wein, Olivenöl und Korn zu transportieren, oder alles andere, was man durch die zwölf Zentimeter große Öffnung einfüllen konnte. In den antiken Frachtschiffen waren sie häufig in drei Reihen übereinander gestapelt.

1949 stieß ein Amateurtaucher bei einer Insel vor Cannes auf eine Ansammlung von Amphoren. Cousteau war mit dem Tauchschiff *Élie Monnier* zum Minenräumen vor Languedoc, kümmerte sich aber bei der Nachricht nicht weiter um seinen Auftrag und begab sich zu dem Wrack. Sie testeten ein neues Gerät, den *suceuse* (den Sauger), jetzt etwas prosaischer Saugheber genannt. Das Prinzip ist ganz einfach. Man pumpt unter Wasser Luft in eine große Röhre. Wenn die Luftblasen in der Röhre empor steigen, dehnen sie sich aus und schaffen ein Vakuum, wobei sie das Wasser die Röhre hinaufziehen. Es ist ein kräftiger Unterwasserstaubsauger, der einem die Haut abziehen kann. Die Taucher nannten diese sich hin und her windende Schlange das »Ungeheuer von Loch Ness«. Wie die Möwen den Schiffen folgten, so schnappten Sardinen und Meeräschen nach den Würmern im Kielwasser der *suceuse*.

Sie holten die Amphoren, die Dumas mit einem Pickel losschlug, zu Dutzenden herauf. Der Kapitän des Schiffs verschenkte sie an Freunde und Bekannte, und da er immer neue Freunde gewann, kamen sie im nächsten Sommer zurück, um noch ein paar zu holen. Knapp zwei Meter unter dem Schlamm legten sie ein Stück des hölzernen Rumpfs frei. Er sah aus wie neu.

Durch Zufall bot sich 1951 eine einzigartige Gelegenheit. Ein Taucher, der sich seinen Lebensunterhalt damit verdiente, den Meeresgrund nach allem Möglichen abzugrasen, tauchte zu tief, blieb zu lange unten und kam mit der Taucherkrankheit nach oben. Er wurde in die medizinische Abteilung der Unterwasserforschungsgruppe gebracht, und Dumas besuchte ihn im Krankenhaus. Da seine Zeit als Taucher vorbei war, verriet er Dumas all seine geheimen Hummerfanggründe. Einer befand sich unter dem großen Felsen von Grand Congloué. »Du erkennst die Stelle, wo die Hummer sind, an den alten Töpfen«, flüsterte er. Für Dumas bedeutete »alte Töpfe« Amphoren.

Dumas schrieb es sich auf, um später darauf zurückzukommen. Es wäre wohl in Vergessenheit geraten, wenn nicht einige Amateurtaucher im folgenden Jahr Amphoren bei einer nahegelegenen Insel gefunden hätten. Ein Archäologe bat Cousteau nachzuforschen, und da Dumas sich gerade in der Gegend befand, überredete er den Kapitän, einen Blick auf *seine* Stelle zu werfen.

Die kahlen Kalksteinklippen von Grand Congloué ragen wie ein Eisberg aus dem Meer, der auf unvorsichtige Schiffe auf dem Weg nach Marseilles wartet. Auf dem Meeresgrund, am Fuß der Klippe, fanden sie in vierzig Metern Tiefe eine Anhäufung von Amphoren, die wie Grabsteine des versunkenen Schiffes wirkten. Es war ein bis zu den Schandeckeln beladener, alter römischer Weinfrachter. An Bord des Forschungsschiffs befanden sich ein zurückhaltender Archäologe (zu zurückhaltend, wie sich herausstellte) und Cousteau, der auf eine hervorragende Ausrüstung sowie den unermüdlichen Einsatz seiner Taucher zählen konnte. In der ersten Tauchsaison verzeichnet das Logbuch 3 500 Tauchgänge. Eine große Chance für die Unterwasserarchäologie und sie wurde vertan.

Möglicherweise klingt das zu hart, da erst dreißig Jahre vergangen waren, seit Sir Mortimer Wheeler* erstmals systematische Ausgrabungen an Land durchgeführt hatte. Cousteau allerdings hielt die Archäologen für unpraktische Pedanten und machte gleich klar, wer das Sagen hatte. Die Archäologen wiederum waren begeistert, intakte Objekte in die Hände zu bekommen, von denen sie bis dahin nur Scherben kannten. »Wunderbar, wunderbar«, riefen sie und ließen doch zu, daß die geborgenen Amphoren auf dem schwankenden Deck hin und her rollten und gegen die Winden schlugen.

Die Bedingungen waren nicht einfach. Die ersten Vorboten des Mistrals wühlten das Meer auf, ließen das Boot schwanken, und es würde schlimmer werden. Das kalte Wasser durchdrang die Neoprenanzüge der Taucher. Aufgrund der Tiefe arbeiteten sie in achtzehn-Minuten-Schichten, um Dekompressionsprobleme zu vermeiden. Um den Tauchern mitzuteilen, daß ihre Schicht zu Ende war, feuerte man einen Schuß ins Wasser ab. Sie mußten schnell arbeiten, und die Schnelligkeit ging auf Kosten der Sorgfalt, des-

---

* Sir Robert Eric Mortimer Wheeler (1890–1976): Schottischer Archäologe, der für seine Ausgrabungen im Industal berühmt wurde. (Anm. d. Übersetzers)

halb installierten sie den Unterwasserstaubsauger. Seine Saugkraft riß alles nach oben, was ihm in die Quere kam. »Er riß Stapel von Geschirr auseinander, verschrammte Teller und zerbrach Tassen.« Wenn die Einzugsöffnung des Geräts durch Geschirr verstopft war, dann wurde dieses mit einem Hammer zertrümmert. Alles ergoß sich in einen Korb an Bord der *Calypso*. Sie hatten ein Dutzend Wege gefunden, wie man Töpferwaren, die 2000 Jahre im Meer unbeschadet überstanden hatten, auf dem kurzen Weg zur Wasseroberfläche pulverisieren konnte. Selbst der langmütige Archäologe meinte: »Es ist eine Katastrophe.«

Der Staubsauger schuf ein tiefes, kegelförmiges Loch, in das alles hineinfiel. Dumas meinte dazu, daß »der Schlamm, der durch die Bewegungen der Taucher aufgewirbelt wurde und sich in dem Loch sammelte, nicht durch die Strömung weggetrieben werden konnte. Dadurch wurde die Sicht schlecht, und die Ausgrabungen liefen aus dem Ruder. Die Taucher verloren die Kontrolle und griffen, was ihnen in die Hände kam. Als am Boden des Lochs der Staubsauger schließlich auf den hölzernen Schiffsrumpf stieß, zerstörte die Kraft der Maschine das vollgesogene Holz«.

Trotz aller Hektik hatten die Taucher noch genügend Zeit, »Veilchen« zu sammeln, Muscheln mit gelb-violettem Inneren, die sie roh schlürften, nicht etwa, weil sie besonders gut schmeckten, sondern wegen des Ekels, den sie damit bei den Zuschauern hervorriefen. Auch grobe Scherze waren an der Tagesordnung. Es bereitete ihnen Freude, mit den an der Oberfläche befindlichen Archäologen, die ihre Altertümer nur auf dem Fernsehschirm inspizieren konnten, ihren Schabernack zu treiben. Die Taucher steckten wertlose Bruchstücke in den Sauger und behaupteten, daß sie die besten Funde in einer Unterwasserhöhle verstecken würden. Wieviel wären die Archäologen bereit dafür zu bezahlen? Die Antwort kam in einer Flasche herunter – eine Dollarnote. Bei einer anderen Gelegenheit zeigte die Fernsehkamera Dutzende von Geschirrteilen, alle mit einem Preisaufkleber versehen. Es kam zu einer spaßhaften Versteigerung, bei der die Taucher Gebote von oben erwarteten. Die Archäologen weigerten sich, und die Taucher versicherten, sie würden den ganzen Krempel mit dem Hammer zerschlagen. Es gab eine Reihe von offiziellen Terminen, wozu auch ein Essen gehörte, bei dem die Mannschaft in griechische Gewänder gehüllt war und von 2000 Jahre altem italienischen Geschirr aß.

Die Ausgrabungsstätte war nie ordentlich vermessen worden, so daß sie nicht sicher waren, wie das Wrack überhaupt lag. Es befand sich an einem Abhang, und sie hatten dummerweise am unteren Ende begonnen, was zur Folge hatte, daß beim Entfernen der ersten Fässer die weiteren nachrutschten und so die Schichten vermischt wurden. Sie fanden eine noch versiegelte Amphore, und auf einer Pressekonferenz tranken Cousteau und ein Archäologe den darin befindlichen Wein, anstatt ihn analysieren zu lassen. Es wurde keine zweite gefunden.

Während acht Grabungsphasen holten sie zweihundert Tonnen Material herauf, 8000 Amphoren, viele davon mit einem darin lebenden Tintenfisch. Außerdem 6000 Stücke der schwarzen kampanischen Töpferwaren aus Neapel. Diese in Massenproduktion hergestellten Töpferwaren waren in der Provinz bei der sich an Rom orientierenden Mittelklasse beliebt. Dazu gehörten Tassen, Becher, Teller, Fischplatten, Vasen, Flaschen, Urnen, Parfümflaschen und Schminktöpfe. Man kannte das Emblem der schwarzen kampanischen Tonwaren von Scherben, die man auf einer Müllkippe neben einer antiken Töpferei ausgegraben hatte. Nun hatten sie vollständige Eßservice direkt aus dem Brennofen, deren gemalte Margueritenmuster so frisch waren wie am ersten Tag.

Das verwüstete Wrack mit seinen vielen Löchern wirkte »heruntergekommen und schlaff wie eine kaputte Ballonhülle«. Die Geier waren verschwunden und hatten das Schiff bis auf die Knochen abgenagt. Die Planken des blei-verkleideten Rumpfs waren gut erhalten, aber wie Gummi, und wenn man sie an die Oberfläche brachte, schrumpften sie auf ein Drittel ihrer Größe zusammen. Aus diesen ver-kleinerten Balken baute man ein Modell des Schiffes. In der fälschlichen Annahme, ein totes Schiff benötige dieselbe Behandlung wie ein toter Großvater, wurden einige der Bal-ken mit einer Flüssigkeit einbalsamiert.

Während der langen Ausgrabungsarbeiten kam ein Tau-cher ums Leben. Soviel zu den Informationen, daß sich das Projekt rentiert hätte. Obgleich Dumas festgestellt hatte, daß »die länglichen italienischen Exemplare (von Ampho-ren) den Abhang hinuntergerutscht waren und sich mit de-nen, die kürzer und runder waren, vermischt hatten«, zogen die Archäologen nicht den Schluß, daß es unterschiedliche Formen auf verschiedenen Ebenen gab und daß es sich in Wirklichkeit um zwei Schiffe handeln könnte. Das Wein-schiff obenauf und darunter das Schiff mit Töpferwaren.

Schließlich wandte sich Cousteau, zusammen mit Dumas, der immer bereit war, jedes Risiko einzugehen, neuen Aben-teuern zu. Er war der erste Freitaucher, der lebend aus einer Tiefe von einhundert Metern wieder nach oben kam, doch einmal wäre er beim Höhlentauchen fast umgekommen, als er Preßluft einatmete, die mit Kohlenmonoxid verunreinigt war. Das Risiko gehörte zum Beruf. Einmal setzte er sich auf den Bug eines getauchten Unterseebootes und bearbeitete den Rumpf mit einem Hammer. Es war das Signal, einen Tor-pedo abzufeuern, wobei der Austritt aus dem Torpedorohr gefilmt werden sollte. »*Incroyable*«, meinte Cousteau, in der Folgezeit sagte Cousteau nur noch »*incroyable*«.

Wann immer sie auf früheren Expeditionen Anhäufungen von Meerestieren fanden, benutzten sie Dumas' TNT-Sprengsätze, um die Fischschwärme, Bauch nach oben, an die Oberfläche zu bringen, damit die Biologen sie untersuchen konnten. Dumas' nicht zu zügelnde Neugierde führte zu einer Reihe von halbgaren Experimenten, mit denen die Auswirkungen von Explosionen auf Fische untersucht werden sollten. Dazu warf er Handgranaten ins Wasser und hielt die Ergebnisse fest. Eine Granate ging nicht los, also tauchte Dumas, um nachzusehen. Als er nur noch knapp einen Meter von ihr entfernt war, gab sie ein zischendes Geräusch von sich und explodierte. Er hatte Glück, daß er überlebte, aber nur, um gleich darauf mit einer geologischen Expedition in den Persischen Golf zu reisen und dort Gesteinsproben inmitten von Haien und giftigen Seeschlangen zu sammeln. Die Haie waren normalerweise verträgliche Tiere, doch Dumas wußte auch, daß »sie unberechenbar sein konnten«. Einer ging direkt auf Cousteau los, der sich dann über die Unerfahrenheit des Tieres lustig machte, das an ihm nur Haut und Knochen gehabt hätte. Zur Abschreckung der Haie trugen die Taucher eine Duftpatrone an ihren Knöcheln, die von der Marine entwickelt worden war, doch die Raubfische schwammen heran, um daran zu riechen. Also trennten sie sich von den Dingern, bevor die Haie sie mitsamt des ganzen Fußes von ihnen abtrennten. Dumas versuchte, mit einem Preßlufthammer die Arbeiten zu beschleunigen, doch der einzige, greifbare Erfolg bestand darin, daß er drei Meter vom Meeresboden nach oben schoß. Leider konnte er wegen einer gebrochenen Ferse nicht an dem Vergnügen teilnehmen, eine große Menge scharfer Munition aus einem See voller Krokodile zu bergen.

An der nächsten Fahrt nahm der vierundzwanzigjährige Louis Malle teil und drehte seinen ersten Film *Le Monde du Silence* (Die schweigende Welt). Als sie den Stromboli passierten, stieg eine ebenso beängstigende Rauchwolke auf wie über hundert Jahre zuvor, als Milne Edwards dort die allererste Tauchexpedition der Geschichte durchführte. Der Film zeigt eine Abfolge von unvergeßlichen Szenen: ein Kaleidoskop von Korallen und Fischen, die Silhouetten von

Männern, die vor einem dunklen, mit rosa Streifen durchzogenen Himmel zum Tauchgang antreten, und Delphinen, die vor dem Bug der *Calypso* aus dem Wasser springen. Der Film gewann in Cannes die Goldene Palme und einen Oskar für den besten Dokumentarfilm. Doch an dem Abend, als der Film in Paris Premiere hatte, blieb der wenig interessierte Dumas, der in fast jeder Szene zu sehen war, mit seiner Frau zu Hause in Sanary. War eine Sache erst mal erledigt, dann kümmerte er sich nicht mehr darum.

Dumas entwickelte den Neoprennaßtauchanzug, der den Taucher nicht trocken hielt, sondern Wasser aufnimmt, das sich durch die Körpertemperatur des Tauchers erwärmt, so daß er nicht so leicht friert. Als Cousteau auf dem Grund des Roten Meeres eine Unterwasserstation errichtete, beaufsichtigte Dumas die Arbeiten von der Oberfläche aus, und wenn er hinab in das Dämmerlicht tauchte, um die »Aquänauten« zu besuchen, dann trug er einen silbernen Taucheranzug und sah wie ein edler, mondbeschienener Ritter aus.

Der Ozean war der Spielplatz der Taucher. Dumas ließ sich nie davon abhalten, den Haien und Rochen in den Schwanz zu kneifen oder sich von einer Schildkröte ein Stück mitziehen zu lassen. Nur um Haie anzulocken, harpunierte er einen Wal und ließ ihn verbluten. Doch ein paar Jahre später, als die *Calypso* mit einem Pottwalkalb kollidierte, gab Dumas dem Tier den Gnadenschuß, bevor es die Haie anfallen konnten. Möglicherweise nahm die Änderung seiner Haltung ihren Anfang, als er Zeuge des jährlichen Abschlachtens von Thunfischen war, das Milne Edwards Gefährte Quatrefages lang zuvor beschrieben hatte. Dumas befand sich mitten zwischen den Fischen, als er die Panik der dem Tode geweihten Tiere fotografierte. Im inneren Kreis der Netze, der »Todeskammer«, schossen die Fische um ihn herum, bis die Bootshaken kein Opfer mehr fanden und das Wasser zu trübe war, um Aufnahmen zu machen.

Wann immer er Gelegenheit hatte, suchte Dumas nach versunkenen Schiffen. Einmal lokalisierte er ein erst vor kurzem gesunkenes Schiff anhand einer gefüllten Olive, die auf dem Wasser schwamm. Doch sein Interesse richtete sich immer mehr auf antike Wracks. Auf dem Meeresgrund erkannte er ein Wrack, wo andere nichts sahen: eine zu runde Wölbung unter dem schwankenden Seegras, ein zu gleichmäßiger Winkel an der Kante eines Riffs. Er fand ein Wrack dort, wo wenig auf dem Meeresboden darauf hindeutete, daß es sich um etwas anderes als einen traditionellen Ankerplatz handelte, wo der übliche Abfall von Jahrhunderten den Boden bedeckte.

Er hatte aus dem Debakel von Grand Congloué gelernt. »Zu spät wurde mir klar, daß ein beharrliches Graben von Löchern und nicht genau festgelegten Gräben lediglich zu einer Verwirrung der ganzen Sache führt.« Nun beriet er die Archäologen, wie man am besten Unterwasserausgrabungen durchführte, um in kürzester Zeit die meisten Informationen zu bekommen. Man benötigte ein systematisches Grabungsraster mit Proben oder Probebohrungen in dem weichen Schlamm, um den Bereich des Schiffsrumpfes und der Fracht abzustecken. Wenn dann die Fundstücke in einer Karte eingetragen und geborgen waren, konnte man die Grabungsstätte systematisch mit dem Unterwasserstaubsauger absuchen.

Zum ersten Mal setzte er seine Erkenntnisse bei einem Wrack vor Saint Raphael ein. Dort hatte er es mit den beiden Hauptfeinden von Unterwasserausgrabungen zu tun: Schlamm und Plünderer. Jedesmal, wenn sie mit den Grabungen begannen, verdunkelte eine schwarze Wolke die Stätte. Nur der erste Taucher eines jeden Tages sah überhaupt, was er machte. Dumas hatte eigentlich eine gute Arbeitstechnik mit dem Sauger entwickelt. Ein Taucher hielt die Öffnung fest, während ein anderer die Freilegung durchführte und den Schlamm in Richtung des Saugers schaufelte. Man arbeitete mit diesem Gerät nicht, wie man es von einem normalen Staubsauger gewohnt war, es ähnelte eher den Absauganlagen in Fabrikhallen. Es war nicht länger eine Bedrohung für die Ausgrabungsarbeit, sondern war inzwischen zu einem nützlichen Hilfsmittel geworden.

Man legte einen acht Meter langen Graben quer durch die Fundstelle. Obgleich dieser oben ziemlich breit war, ließ doch die geringste Bewegung den Boden nachrutschen, so daß er unvermeidlich zu einem schmalen V wurde. Neben Stapeln von zerbrochenen Amphoren befand sich der gut erhaltene Rumpf mit seinen Spanten und Stringern. Die Planken saßen immer noch lückenlos, wobei die Nut- und Federkonstruktion durch Holzdübel zusammengehalten wurde. Später wurde Dumas klar, daß die antiken Schiffe, anders als die modernen, von Außen nach innen gebaut wurden. Zuerst wurde der Rumpf fertiggestellt und dann die Verstrebungen eingezogen.

Ab 1959 wurde das Tauchen zum Freizeitsport. In der Nähe befand sich ein Campingplatz, und Horden von »rosafarbenen, dicklichen Tauchern ... machten sich im Meer auf die Suche nach Souvenirs von Schiffen. Besonders wild waren sie nach archäologischen Fundstücken«. Geduldig warteten sie, bis die Ausgräber die Stelle am Abend verlassen hatten und zogen dann los. Als das Wrack drei Jahre zuvor entdeckt worden war, war dort eine große Ansammlung von Amphoren in Form eines Schiffes gewesen. Jetzt »war es kein beeindruckender Anblick mehr ... es war eine ausgedehnte Müllkippe, eine verstreute, unförmige, graue Masse von zerbrochenen Amphoren«.

Dumas kehrte auch noch einmal zu dem Wrack zurück, das er vor Cannes gefunden hatte. Was zuvor ein ausgedehnter Hügel gewesen war, war jetzt eine weite sandige Mulde, aus der das schwarze Gerippe des Schiffs herausragte. Tief im Sand fand er die Halterung, in der sich einmal der Mast befunden hatte. Ganz unten in der Halterung fand er eine Münze, die der Schiffsbauer vor zweitausend Jahren als Glücksbringer dort eingelassen hatte.

Der ehemalige Plünderer von Schiffswracks hatte begriffen, daß der Nachweis, woher etwas kam, viel wichtiger war, als der Gegenstand selbst. Er hatte nun begriffen, daß die Geschichte des Handels und der Kultur am Meeresboden zu finden war. An den Schiffen konnte man den Reichtum der Antike ablesen. Philippe Diolé hat dies sehr gut ausgedrückt: »Mit ihren Schiffen haben sie nicht weniger als mit ihren Tempeln sich selbst dargestellt. Dies geschah mit den Segeln, ihren Waffen, ihrer Ladung und auch mit ihren Gesetzen … Und das Tauchen hat uns all diese Erkenntnisse gebracht.«

Dumas hatte hunderte von Unterwasserfundstätten gesehen und genau über seine Beobachtungen bezüglich des Erhaltungszustandes von Schiff und Ladung Buch geführt. Der Anstoß, etwas mit all diesen Informationen zu machen, kam unerwartet von der Bibliothekarin der London University's School of Archaeology, Joan du Plat Taylor. Sie stand kurz davor, mit einem unbekannten Amerikaner, Peter Throckmorton, an einer Unterwasserausgrabung von alten Wracks in der Türkei teilzunehmen. Er lobte sie später, daß sie »aus begeisterten Piraten ehrenhafte Männer gemacht hätte«, doch zu dieser Zeit war sie selbst noch nicht davon überzeugt, ob man unter Wasser Ausgrabungen nach den Maßgaben von Landgrabungen durchführen könnte. Sie forderte Dumas auf, sie davon zu überzeugen. Honor Frost sollte zwischen den beiden vermitteln.

Honor Frost war eine der ersten tauchenden Archäologen. Ihre ersten Erfahrungen im Tauchen gewann sie in einem tiefen Brunnen in ihrem Garten in London, wo nur ein kleiner Kreis des Sternenhimmels den Ausgang markierte. Eine echte Herausforderung, wenn man unter Klaustrophobie leidet. Das erste von ihr besuchte Wrack war Dumas' Fundstätte vor Cannes. Er überzeugte sie davon, daß eine systematische Ausgrabung unter Wasser möglich sei.

Dumas und Throckmorton am Kap Gelidonya, 1960

Daraufhin wurde auch Dumas zu Throckmortons Expedition eingeladen, und er machte sich daran, Geräte für die Grabung zu entwickeln. Ballons, um schwere Objekte nach oben zu bringen, wasserdichte Gehäuse für Polaroidkameras und ein justierbares Gittergestell, das man über der Fundstelle anbringen konnte, um einen genauen und dreidimensionalen Aufriß der Lage des Wracks anzufertigen. Er testete in Mittelengland, im Lake District, ein von Süßwasserbiologen benutztes Bohrgerät daraufhin, ob man es für den Einsatz im Meer umbauen könnte. Er entschied sich dagegen, was vielleicht besser war. Es war eine gut ausgetüftelte Maschine, bei der drei Meter Abflußrohr mitten durch ein Ölfaß liefen. Als er es ausprobierte, knallte das Faß auf den Seeboden. Indem man die Luft aus dem Faß pumpte, wurde das Rohr tief in die Sedimentschicht getrieben. Wenn man dann wieder Luft hineinpumte, wurde das Rohr, das jetzt voller Schlamm war, herausgezogen, und der Apparat kam an die Oberfläche. Das Problem dabei war, daß das Gerät wie eine Rakete nach oben schoß. Kurz nach Dumas' Besuch torpedierte und versenkte der Apparat das Forschungsschiff und beförderte den Erfinder in den eiskalten See, eine Erfahrung, von der er sich nie mehr erholte.

Diesem Schicksal entronnen, wurde Dumas von Taylor und Frost überredet, das erste Handbuch der Unterwasserarchäologie zu schreiben. Mit Unterstützung von Frosts hervorragendem Gedächtnis setzte er seine große Erfahrung zur Analyse der Unterwasserfundstellen im Mittelmeer ein und lieferte eine Beschreibung und Interpretation der geordneten Unordnung von Wracks aus dem Altertum.

Diese Wracks sind nicht nur ein Produkt des eigentlichen Ereignisses – des Schiffsunglücks – sondern auch ein Ergebnis der Verhältnisse während sie auf dem Grund des Meeres lagen. Wenn die See ein Schiff verschlingt, dann beginnt sie sofort, es zu verdauen, dennoch sind manche Mahlzeiten angenehmer zu genießen als andere. Dumas fragte sich, warum einige Wracks tausend oder mehr Jahre gut erhalten blieben, während andere verrottet waren. Ihm war klar, daß man die Art und Weise, wie Schiffe am Meeresboden verrotten, untersuchen mußte, und er entwarf eine Theorie, »Wracklage« genannt, wie geophysikalische Prozesse an bestimmten Fundstellen zur Konservierung geführt hatten.

Es wurde deutlich, daß die Auflösung eines alten Wracks kein sich lange hinziehender Vorgang war. Das Verstreuen der Ladung, die Zerstörung des Rumpfs und der Verfall fand schon kurz nach dem Unglück statt, wenn das Schiffswrack schutzlos den Elementen ausgeliefert war.

»Die Seele der Vergangenheit liegt im tiefen Wasser«, bemerkte Philippe Diolé richtig, denn dort ist der Schlamm und hüllt das Wrack in einen weichen Sarg aus Sedimenten sicher ein. Schlick ist das Leichentuch, in welches die See die wertvollen Dinge hüllt. Er kann die Sauerstoffzufuhr unterbinden, so daß Verrottung und Verfall keinen Zugriff haben. Bei vielen Gelegenheiten hat Dumas festgestellt, daß über dem Schlick nichts erhalten war, doch direkt darunter die hölzernen Balken des Schiffes noch jede Kerbe der Zimmermannsaxt und Spuren von Farbe am Rumpf aufwiesen. Selbst bei halbzerfallenen Mamorstatuen konnte man an ihren im Schlick eingeschlossenen Teilen noch die Spuren der Meißel erkennen. Aber alles, was aus dem Boden herausragte, war Opfer des Meeres geworden. Das Holz war zerfressen und verrottet, die Fracht von den Wellen verstreut und zu Staub geworden, selbst Metall und Marmor war langsam zu kleinsten Teilen zerrieben und von Wasser und Sand aufgenommen worden.

Ohne jemals auch nur eine Vorlesung in Geschichte gehört zu haben, wurde Dumas zum Präsidenten der Archäologiesektion der World Underwater Federation ernannt und eröffnete den zukünftigen Archäologen einen neuen Blick auf Wrackfundstätten und vermittelte ihnen ein genaueres Bild davon, was sie bei Ausgrabungen zu erwarten hätten. Seine Ideen kamen genau zur rechten Zeit, um eine Revolution in der Unterwasserarchäologie auszulösen.

Peter Edgerton Alvord Throckmorton an seiner Schreibmaschine
beim Verfassen einer Reportage, um 1960

Der Entdecker gesunkener Schiffe
Peter Edgerton Alvord Throckmorton 1928–1990

Mehrere tausend Jahren lagen die Schiffe des Altertums vergessen auf dem Grund des Mittelmeeres. Von Zeit zu Zeit brachte ein Schwammtaucher eine Amphore oder sogar eine Statue nach oben, die dann, ohne viele Fragen zu stellen, von einem Sammler oder einem Museum erworben wurde. Es gab natürlich Expeditionen, um die Schätze aus der Tiefe zu bergen, doch man konnte sie kaum als Ausgrabungen bezeichnen. Noch in den fünfziger Jahren des 20. Jahrhunderts benutzte eine italienische Bergungsfirma einen großen Bagger, um schließlich 110 intakte Amphoren aus einem Wrack zu holen, wobei sie über 2000 als Scherben auf dem Meeresgrund zurückließ.

Am bekanntesten wurde die Ausgrabung eines Wracks vor der Insel Andikithira südlich der Peloponnes. Im Jahre 1900 fanden griechische Schwammtaucher »eine Menge nackter Frauen, verwest und angefressen ... Pferde ... und grüne Leichen«. Was sie dann nach oben beförderten, war der Arm einer Bronzestatue. Das Museum von Athen rüstete eine Expedition aus, um die Statuen zu bergen. Taucher wurden hinuntergeschickt, die den Vertretern des Museums versicherten, daß nichts entwendet worden sei. Danach setzte man einen Buchhalter zur Überwachung der Bergung ein. Ein klügerer Mensch hätte die Taucher wohl gefragt, was genau sie eigentlich über die Jahre hinweg auf dem Grund des Meeres gesehen hatten, oder hätte bemerkt, daß ihre Gewichte Teile von alten, römischen Ankern waren und ihre Kompressoren mit Kupfer repariert waren, das vor

3500 Jahren gefördert worden war. Das Wrack war von Felsblöcken bedeckt, die von den Tauchern mühevoll zur Seite und einen naheliegenden Abgrund hinabgerollt wurden. Erst als man einen anheben mußte, kam heraus, daß es sich um Teile einer riesigen Herkulesstatue handelte. In einem anderen Fall stellte man siebzig Jahre später fest, daß ein Gewirr von verrosteten Zahnrädern eigentlich ein hochentwickeltes Navigationsinstrument war, dessen Jahresanzeige auf das Jahr 86 v. Chr. eingestellt war, das Jahr, in dem der römische General Sulla Athen eingenommen und die Schätze der Stadt nach Rom verschifft hatte. Das letzte Schiff war dabei in einem Sturm vor der Peloponnes verlorengegangen.

Nicht nur die Unkenntnis der Taucher war ein Problem, sondern auch, daß sie in sechzig Metern Tiefe nur wenig Zeit zur Verfügung hatten und unter Tiefenrausch und den Auswirkungen des Einatmens von giftigem Kohlendioxid litten. Es war, als ob man Tutanchamuns Grab »in Fünfminutenschichten von betrunkenen Schauerleuten, die im Halbdunkel arbeiten mußten, eine Montur wie amerikanische Footballspieler und Kohlekästen auf den Köpfen trugen«, hätte ausgraben lassen.

Niemand verschwendete einen Gedanken daran, daß unter den Statuen und den Scherben die Überreste eines Schiffes liegen könnten.

Mit dem Aufkommen des Freitauchens wurden mehr Schiffswracks entdeckt, und die meisten wurden wegen der Souvenirs geplündert – oftmals von Archäologen. Kurz nach der dilettantisch, aber sehr publikumswirksam durchgeführten Ausgrabung bei Grand Congloué, führte Philippe Tailliez die systematische Erforschung eines alten Wracks vor der Île de Levant durch, doch trotz seiner sorgfältigen Arbeit wurden die Tonnen von Material, die er zutage förderte, nie richtig untersucht.

Man brauchte endlich einen ausgebildeten Archäologen,

der zugleich auch ein professioneller Taucher war. Es ist eine Ironie des Schicksals, daß der Begründer der Unterwasserarchäologie keines von beiden war.

Obwohl Peter Throckmorton in New York geboren wurde, war seine Familie stark in der englischen Geschichte verwurzelt. Seine Vorfahren waren Kreuzritter. Sir Nicholas Throckmorton war Königin Elisabeths Botschafter in Frankreich, seine Tochter die Frau von Sir Walter Raleigh und sein Sohn wurde hingerichtet, weil er Maria Stuart eine Geheimbotschaft überbrachte. Es ist nicht überraschend, daß Peter schließlich seine Zukunft in der Vergangenheit suchte.

Er kam aus einem wohlhabenden, katholischen Zweig der Familie, die zu den ersten Siedlern in Virginia gehört hatte, und sein Taufname war Edgerton Alvord. Damit wurde eine große Last auf seine Schultern gelegt, und als er zweiunddreißig war, beschloß er, sich einfach Peter zu nennen.

Schon als Kind war er von Schiffswracks begeistert. Sein erster Schulaufsatz endete mit den Worten: »Das Schiff sank und alle ertranken. Ladung und Wrackteile trieben auf dem Wasser.« Nachdem 1938 ein Hurrikan über Long Island getobt hatte, sammelte er Unmengen von Schiffsteilen zusammen, die an den Strand getrieben wurden. Mit einem Freund barg er einen Bootsrumpf, der im seichten Wasser vor sich hinrottete und zerschnitt seine Bettücher, um daraus Segel zu machen. Sie beluden ihr »Piratenschiff« mit Steinen als Silberbarren und versenkten es wieder im Wasser, um dann danach zu tauchen und das Wrack zu erkunden, wobei sie Taucherbrillen trugen, durch die sie alles doppelt sahen.

Peter war noch ein Jugendlicher, als sich seine Eltern scheiden ließen, und von diesem Zeitpunkt an spielte sich sein Leben zwischen Internaten und Sommerferienlagern ab. Zusammen mit den anderen Kindern reicher Leute ging er im Sommer segeln, doch er selbst zog es vor, die gestrandeten Überreste von großen Segelschiffen zu erforschen. Was war schon so Aufregendes dabei, den Long Island Sound auf und ab zu segeln, wenn er über das Deck »eines Rahseglers aus Maine strolchen konnte und das geisterhafte Echo der Winde von Kap Horn hörte?« Warum »an einem lächerlichen Wettsegeln nach Block Island teilnehmen, wenn die Westindischen Inseln lockten?«

Ermutigt von den Geschichten Joseph Conrads, fuhr Peter im Alter von fünfzehn Jahren zur See. Seine Eltern engagierten einen Privatdetektiv, der ihn aufspüren sollte, doch dieser versagte.

Von der amerikanischen Marine wegen seiner schlechten Augen nicht angenommen, fuhr Peter auf chinesischen Dschunken und Tankern und arbeitete schließlich auf einem Schrottplatz in Honolulu. Zwischen Tonnen von ausgemusterter Armeeausrüstung war auch eine Kiste mit Tauchgerät. Charley, ein betrunkener, ehemaliger Marinetaucher, der die Kiste dort abgeliefert hatte, brachte Peter das Tauchen bei, und der hatte auf einmal Blut geleckt. Kurz danach verpflichtete er sich bei einer Versorgungseinheit der Armee und wurde im Hafen von Jokohama stationiert. Er hatte keine Erlaubnis zu Tauchen, doch er war so davon begeistert, ins Meer hinabzusteigen, daß ihm sogar die unerlaubten nächtlichen Tauchausflüge in den Dockanlagen Vergnügen bereiteten. Er trug dabei einen japanischen Helmtauchanzug, der ihm dreißig Zentimeter zu kurz war.

Ein Anthropologe nahm ihn mit zu Arbeiten an dortigen jungsteinzeitlichen Fundstätten. Throckmorton nutzte die langen Wachdienste bei der Armee zum Lernen, um nach seiner Entlassung aufs College gehen zu können. Vier Jahre später meldete er sich aufgrund des GI-Gesetzes zum Studium der Anthropologie an der Universität in Hawaii an. Um Geld zu verdienen, legte er eine Taucherausrüstung an und bot unter einem Glasbodenboot eine Vorstellung für die Touristen, bei der er mit Tintenfischen kämpfte und Muränen harpunierte. Außerdem beschäftigte er sich noch mit der Bergung von Schiffsschrauben der am Meeresboden liegenden Wracks. Schon bald hatte er keine Zeit mehr für das Studium, denn sein Geschäft umfaßte inzwischen ein großes Boot zum Sportangeln, einen Lastwagen und eine Prahm.

Eines Tages tauchte er zu Bergungsarbeiten an einem im Hafen von Honululu gesunkenen Kriegsschiff. In dem diffusen Licht im Inneren des Schiffes widerfuhr ihm etwas, was ihn davon überzeugte, daß es nicht seine Berufung war, ein seriöser Geschäftsmann zu sein. »Mich hatte etwas in seinen Bann geschlagen, das schwerer zu überwinden war, als die sagenhaften Bestien, die nach den Sagen in gesunkenen Schiffen hausen sollen. Diese Schatzsucherei unter Wasser war nur Ausdruck meines Interesses an Schiffswracks, das ich schon immer gehabt hatte ... an Schiffen und der Seefahrt.«

Mit fünfundzwanzig bewarb sich Throckmorton für ein Studium der Ethnologie am Museum für Völkerkunde in Paris, um einen weitergehenden Abschluß zu erhalten. Um zu Geld zu kommen, arbeitete er illegal als Assistent bei einem Dokumentarfilmer und begann, als freiberuflicher Fotograf tätig zu werden. »Es war eine wilde und wunderbare Zeit, und eines Tages brach ich das Studium einfach ab.«

Er wurde Berufsfotograf und zog durch die Welt, machte Aufnahmen von Revolutionen und königlichen Hochzeiten, Stierkämpfen und Filmstars. Er fotografierte auch im Koreakrieg und unternahm »einige nie völlig geklärte Expeditionen in Nigeria«. Nicht einmal Sherlock Holmes hätte sagen können, welche von Peters Geschichten der Wahrheit entsprach, denn der junge Throckmorton war immer vom Hauch der Flunkerei umgeben, und bis zu seinem Lebensende setzte er sich in einem Restaurant nie mit dem Rücken zur Tür. Selbst seine Familie glaubte, daß »es Leute gäbe, die es auf ihn abgesehen hätten«.

1956 machte sich Throckmorton auf, über den Algerienkrieg zu berichten. Französische Kolonisten, die der Meinung waren, Araber »würden nur die Sprache der Gewalt« verstehen, hatten auf die algerische Unabhängigkeitsbewegung überreagiert, und nun war ein breiter Aufstand ausgebrochen, der zum Einsatz von einer halben Million französischer Soldaten führte. Am Ende hatte er eine Million Leben gekostet.

Peter fand schnell heraus, daß die Franzosen die Amerikaner genauso haßten, wie sie die Araber verachteten. Ein Franzose schlug ihm in einer Bar ins Gesicht, und als Peter sich wehrte, fielen fünf andere über ihn her. Der Polizist, der eingriff, legte ihm Handschellen an und schlug ihn mit einer Flasche zu Boden, so daß die anderen auf ihn pinkeln konnten. Danach wurde er in die Gosse geworfen. Auf diese Weise erhielt er schnell ein Gefühl für das Land.

Man entdeckte ihn, wie er einen Übergriff der Armee filmte. Er konnte gerade noch in Deckung gehen, um den Maschinengewehrsalven zu entkommen, und seinen Film verstecken, bevor man ihn festnahm. Bei seiner Befragung wurde er mit einer Pistole geschlagen, verprügelt und ins Gefängnis geworfen. In diesen Tagen nannte man das »Fragestunde«. Man warnte ihn, daß »wenn er in Algerien bleiben würde, ihm ein ›Unfall‹ widerfahren könnte«, also floh er nach Tanger. Dort lernte er einen Führer des algerischen Aufstands kennen. Während einer sonntäglichen Spazierfahrt durchbrachen sie eine nicht von offizieller Seite errichtete Straßensperre. Es kam zu einem Schußwechsel mit dem sie verfolgenden Wagen. Peter warf schließlich Metallspitzen auf die Straße, die die Reifen des anderen Wagens platzen ließen, so daß dieser sich überschlug und von der Straße flog. »Das sind Leute, die mich

aus dem Weg räumen wollen«, erklärte sein Gefährte und
legte eine nicht gebrauchte Handgranate wieder ins Hand-
schuhfach.

Zurück in Paris traf er in einem Buchladen Herb Greer,
einen jungen amerikanischen Schauspieler und Komponi-
sten, der zur Zeit als Kellner in einem Bistro arbeitete. Peter
überredete ihn, an einem Film über den »Stierkampf in Spanien« mitzuarbeiten, und Greer sagte später: »Ich wußte so
ziemlich alles über das Filmgeschäft, und soweit ich feststellen konnte, wußte er nichts.« Erst auf der Reise gestand
Throckmorton ihm, daß ihr wirklicher Auftrag darin bestand, für NBC über den algerischen Aufstand zu berichten. Er hatte keinen anderen gefunden, der bereit gewesen
wäre, ihn zu begleiten, da in den französischen Zeitungen
ein blutrünstiges Bild der mordlustigen Rebellen gezeichnet
worden war.

»Wir werden unseren Bericht aus der Sicht der Rebellen
machen«, fügte Throckmorton noch hinzu.

Peters algerischer Freund hatte angeboten, ihn hinter die
Linien zu bringen, damit er die Guerillas bei der Ausbildung
und im Kampf sehen könne. Wenn man zusammen mit
einem Rebellen erwischt wurde, dann war das ein Todes-
urteil, doch eine Gelegenheit wie diese konnte Peter einfach
nicht auslassen.

Die Rebellen machten nur eine Einschränkung, wenn
eines der Bilder von den Franzosen *gegen* ihre nationale Sache verwendet würde, dann würde man die beiden töten.
Eines Nachts meinte ihr Führer: »Es würde mir leid tun,
wenn ich dich umbringen müßte ... aber ich würde dich
schnell töten.«

Sie lachten nervös.

»Wenn man jemandem die Kehle durchschneidet, dann
geht es ganz schnell«, erklärte der Führer und ging daran, es
zu demonstrieren. Er griff Greers Nase, zog dessen Kopf
zurück und führte die stumpfe Seite der Messerschneide an

seinem Hals entlang. »Nein!« rief ein anderer von den Rebellen. »Du bist ein Anfänger«, und griff sich das Messer, riß Greers Kopf nach hinten und zeigte ein bessere Linie für die Meuchelei. Um zu zeigen, wie schmerzlos es sei, machte er gleichmäßige, saugende Geräusche, während seine Zunge aus dem Mund hing und er mit den Augen rollte. Den Gästen wurde übel, und sie zogen sich früh zum Schlafen zurück.

Bei einer anderen Gelegenheit zeigte einer der Rebellen, wie gut er mit seiner Pistole umgehen konnte, und gab einen Schuß in den Boden ab. Die Kugel schlug in dem zehn Zentimeter großen Zwischenraum zwischen Greers Fuß und einem Stapel Granaten ein.

Throckmorton und Greer schleppten sich zusammen mit den Rebellen durch die Berge und filmten deren Unternehmungen, wobei sie für den Fall, daß sie einen Bauchschuß abbekamen, den ganzen Tag nichts aßen. Sie waren die ersten westlichen Kriegsberichterstatter, die über die Revolution von der Rebellenseite aus und über die alltäglichen Grausamkeiten der französischen Truppen berichteten. Es war der große Wurf. Ihre Filme und Fotografien wurden begeistert aufgenommen, brachten aber die französische Regierung gegen sie auf, die sie beide zu unerwünschten Ausländern erklärte und versuchte, die Aufführung des Films in den USA zu verhindern. Der DST (der französische Geheimdienst) teilte den Briten mit, sie seien kommunistische Spione. Sie wären aus Britannien ausgewiesen worden, hätte nicht ein Reporter des *Observer* nachgewiesen, daß diese Geschichte erlogen war.

Um sich ein bißchen zu erholen, ging Throckmorton für einen Monat nach Indien und filmte dort Großwild. Die Expedition begab sich auf dem Landweg zurück nach Europa und geriet in Afghanistan in einen Sandsturm, der so heftig war, daß »sie in ihre Fahrzeuge krochen und versuchten, Luft zu bekommen«. Während sie eng zusammengedrängt auf das Ende des Sturms warteten, hörte Peter den Geschichten von J. J. Flori zu, der für Cousteau als Kameramann gearbeitet hatte. Floris schmutziger Kopf schaute aus den Falten seiner Jacke hervor wie ein Dachs, der gerade seinen Bau verläßt, während er sagte: »Das Meer, Peter, erinnerst du dich an das Meer?«

Throckmorton verließ die Gruppe in Istanbul und begab sich nach Bodrum an der Ägäisküste, um dort einen Bericht über die Schwammtaucher zu machen. Er hatte gehört, daß ein paar Jahre zuvor eines der örtlichen Schwammtaucherboote eine Bronzebüste der Fruchtbarkeitsgöttin Demeter aus den Tiefen geholt hatte. Er spielte mit dem Gedanken, die Stelle zu suchen, von der die Büste stammte. Dazu kam es nicht, aber es war der Beginn einer Suche, die ihn zu dem ältesten Schiffswrack führte, das je entdeckt wurde, und es veränderte sein Leben für immer.

Das heutige Bodrum liegt bei den Ruinen der alten griechischen Stadt Halikarnassos, dem Geburtsort von Dionysos und Herodot und war einst von Alexander dem Großen erobert worden. In der Nähe befand sich ein Tempel des Jupiter und die Stelle, wo sich das siebte Weltwunder des Altertums befunden hatte, das Grab von Mausolos.

Jetzt, obwohl noch von geschichtlicher Bedeutung, war die Stadt das Zentrum des im Niedergang befindlichen Schwammtauchergewerbes. Die Taucher hatten keine Ahnung von Haldanes schon vor über fünfzig Jahren veröffentlichten Dekompressionstabellen. Wie tief man tauchte und wie lange man unten blieb, war eine Frage des Versuchs und, wobei sich beides die Waage hielt, des Irrtums. Das »hölzerne Dorf« der Gräber von Tauchern bestimmte das Bild des örtlichen Friedhofs. Throckmorton schrieb darüber:

Bevor ich nach Bodrum kam und täglich tief tauchte, war die Taucherkrankheit ein abstrakter Begriff für mich, den ich zwar kannte, der mich aber nie persönlich betroffen hatte. Dann begriff ich auf einmal. Verstand den verklärten, resignierten Blick der alten Taucher und den ausgeprägten Alkoholismus unter den jungen. Verstand, was uns allen drohte, niemals eingestanden, niemals ausgesprochen war es jeden Tag und nach jedem Tauchgang da. Kein Mensch machte Witze, wenn ein Taucher, der gerade von einem langen Tauchgang nach oben kam, verstohlen seinen Rücken befühlte und versuchte, nicht auf den schwachen Schmerz an der Gürtellinie zu reagieren, der eine beginnende Lähmung oder den Tod bedeuten, aber auch nur eine kleine Zerrung vom zu kräftigen Ziehen an der Ankerkette sein konnte ... Jedes Tauchen ist ein Wettlauf zwischen der unvermeidlichen Absorption von Stickstoff im Blut und der Zeit, die man auf dem Grund verbringen mußte, um Geld zu verdienen. Die Verlierer dieses Wettlaufs erwischt es.

Unter den Tamarisken des Strandcafés traf Throckmorton den hohlwangigen Kapitän Kemâl, den Chef eines Tauchbootes. Bei einigen Gläsern nach Anis duftendem Rakis erzählte er von den fantastischen Dingen, die er im Meer schon gesehen hätte. »Und wenn es Töpfe sind, nach denen du Ausschau hältst«, meinte er und schob dabei seine Tuchmütze nach hinten, »dann kann ich dir, in Allahs Namen, zeigen, wo du Töpfe findest.«

Also begaben sie sich an Bord der *Mandalinci* (Mandarine), ein dreizehn Meter langes Kayid, und machten sich auf den Weg. Ein halbes Ölfaß diente als Ofen, und der altersschwache Dieselmotor mußte mit einer Lötlampe ordentlich aufgeheizt werden, bevor man ihn starten konnte. Dazu stellte der Schiffsjunge die immer noch brennende Lötlampe mitten zwischen leicht entflammbare Abfälle und versuchte (meist vergeblich), den Motor zum Laufen zu bringen. Die Mannschaft sang »das Lied des Motors«: »Ich schaff's nicht Kapitän, ich bin am Ende, Kapitän ...« An

Bord befand sich auch ein alter Kompressor und ein einzelner Helmtauchanzug, den sich vier Taucher teilen mußte.

Am Mast war als Wasserbehälter eine römische Amphore festgebunden. »Die ist solider als die modernen Behälter«, prahlte der Kapitän, »und dazu noch billiger ... Wir holen sie uns einfach vom Meeresgrund.«

Nachdem sie zwei Stunden von Bodrum aus unterwegs

Kapitän Kemâl sammelt Artefakte aus einem Haufen Amphoren

waren, ankerte Kapitän Kemâl vor dem ausgedörrten Hügel der Insel Yassi. Throckmorton blickte über die Bordwand und da, in nur acht Metern Tiefe, lagen unzählige Amphoren. Das Boot fuhr in tiefere Gewässer, und sie fanden zwei weitere Ansammlungen von Gefäßen unterschiedlicher Form, die aus verschiedenen Epochen stammen mußten. »Dieser erste Tag war ein Rausch von Fotografieren, Tauchen und Aufregung.« Tag für Tag kamen sie wieder, und jedesmal fanden sie neue Wracks.

»Der aufregendste Tag meines Lebens war, als ich meinen Arm in den Schlamm neben einer Ansammlung von rundbauchigen Amphoren steckte und das Holz eines Schiffes fühlte, das seit 1500 Jahren dort lag.« Die Klippen hatten Unmengen von Schiffen das Ende gebracht, griechische, römische, byzantinische, türkische, und sie lagen alle noch da.

Zufälligerweise befanden sich John Carswell, ein Historiker der amerikanischen Universität von Beirut, und Honor Frost genau in diesem Moment in einem Bus, der nach Bodrum fuhr. Frost befürchtete, wenn sie ihre Preßluftflasche auf dem Dach verstauen würde, könnte sie herunterfallen oder durch die Hitze explodieren. Da die antibritischen Emotionen in diesen Tagen wegen Zypern hochkochten, wollte sie aber auch nicht eine »Bombe« mit in den Bus nehmen. Also wickelte sie ihre Preßluftflasche in ein Tuch, setzte eine Mütze darauf und hielt das »Baby« die ganze Zeit in ihren Armen.

In Bodrum trafen sie sich mit Kapitän Kemâl, der ihnen von einem amerikanischen Journalisten erzählte, der einen Kompressor hätte und Unmengen von Ausrüstungsgegenständen: »Er ist bis an die Zähne bewaffnet.« Throckmorton hatte gehört, daß die beiden Archäologen seien und, was aber nichts damit zu tun hatte, daß Honor Frost eine gutaussehende Blondine war. Er bot ihnen an, sich der Expedition anzuschließen. Sie waren eine perfekte Ergänzung zu ihm, denn sie verfügten über die Ausbildung und die Geduld, die ihm fehlte. Ihre Anwesenheit und die des Froschmannclubs von Izmir, die darauf aus waren, wirkliche archäologische Forschungen zu betreiben, verwandelten die Schatzsuche in eine archäologische Expedition. Dank der Froschmänner sorgte der Direktor des Museums von Izmir dafür, daß ihre Funde sicher in der aus dem fünfzehnten Jahrhundert stammenden Festung von Bodrum verwahrt wurden.

Sie arbeiteten mit zwei Booten. Zu der *Mandalinci* kam noch die schneckenlahme *Simsek* (Blitz). Sie war das abgetakeltste Schiff, das sich je auf See begeben hat. Den Rumpf konnte man mit einem Finger durchbohren, und die Takelage war ein Spinnennetz aus Seilen und rostigen Drähten.

Jede Fahrt konnte ihre letzte sein. Die Tage waren lang und heiß, und es gab nichts zu essen, denn die Schwammtaucher aßen nie zu Mittag, da sie glaubten, dies würde die Taucherkrankheit fördern. Die Kombüse war gefüllt mit Schiffszwieback, Tomaten und Paprika sowie Fässern mit Fleisch, das, wenn nicht halb vergammelt, ganz vergammelt war. Zum Glück fingen sie ausreichend viele Fische. In den Nächten unter freiem Sternenhimmel tranken sie Raki und erzählten sich Geschichten von Homer.

Carswell war häufig seekrank, und Honor kümmerte sich um ihn. Aus Furcht vor seiner Frau meinte Kemâl: »Frauen, besonders gutaussehende, an Bord bringen Unglück.« Später dann beruhigte er seine Frau damit, daß Honor keine Frau, sondern eine Taucherin sei.

Throckmorton tauchte sechs Monate lang in der Ägäis. Die alten Wracks waren eine Offenbarung für ihn und, wie Honor Frost es ausdrückte, »Peter war niemand, der eine Offenbarung zurückweist«. Zu diesem Zeitpunkt war er dreißig Jahre alt und beschloß, sein restliches Leben einem Beruf zu widmen, den es noch gar nicht gab: der

Unterwasserarchäologie.«Ich war davon überzeugt, daß man Unterwasserarchäologie wissenschaftlich betreiben kann. Was die Historiker verpaßt hatten, daran erinnerte sich das Meer.«

Nachdem er in einer einzigen Saison die Zahl der bekannten antiken Wracks verdoppelt hatte, kehrte er im Winter mit Unterwasserfotografien bewaffnet nach New York zurück und suchte Geldgeber. Doch es war für einen Journalisten schwer, Akademiker zu überzeugen, und seine Arbeit war zu speziell, um allgemeines Interesse zu erwecken. »Aber«, so erklärte der Chefredakteur einer Zeitung, »wenn Sie etwas wirklich Wichtiges finden, wie eine spanische Galeone, dann sagen sie mir auf jeden Fall Bescheid.«

Peter war hartnäckig und überzeugend. »Sein markantes Gesicht erschien mir näher, als es wirklich war, und er fixierte mich durch seine Hornbrille mit einem langen, forschenden Blick. Er sprach langsam und nachdrücklich«, und arrangierte dabei Aschenbecher und Zigarettenpäckchen, um die Lage des Wracks zu verdeutlichen. Ein reicher Geschäftsmann lud ihn ein, sich einer Tauchfahrt auf seiner Motorjacht in die Ägäis anzuschließen. Peter überredete einen türkischen Archäologen und Honor Frost, in Bodrum zu ihnen zu stoßen. Die Expedition war hervorragend ausgerüstet, bis der türkische Zoll ihre Unterwasserkameras, den Kompressor und eine transportable Dekompressionskammer beschlagnahmte. Kein Argument, wie vernünftig es auch war, keine Genehmigung, wie heftig man auch damit unter seiner Nase herumfuchtelte, konnte den örtlichen Zollinspektor überzeugen. Peter träumte einige Male davon, ihn umzubringen. Jahre später berichtete Honor Frost, daß die Dekompressionskammer immer noch in einem Schuppen am Hafen stünde.

Das türkische Wort für »nein« ist *yok*, und wie Rose Macaulay feststellte, »ist yok ein sehr entmutigendes Wort, an das wir uns in der Türkei gewöhnen mußten«. Sie machte sich auch über das Prinzip Gedanken, das »für die Denkweise der türkischen Polizei verantwortlich war, soweit es überhaupt ein Prinzip gibt, wozu allerdings nicht viel nötig sein konnte«. Unglücklicherweise beachtete Peter nie die drei Regeln im Umgang mit unkooperativen, untergeordneten Polizeibeamten im Ausland: Geduld, mehr Geduld und Bestechung.

Im Jahr zuvor hatte Kapitän Kemâl nebenbei erwähnt, er habe in einem Wrack vor Kap Gelindonya (Kap der Schwalben) Bronzeplatten gefunden, doch diese seien völlig verrottet und damit wertlos gewesen. Peter wußte, daß Bronze im Wasser nicht schnell verrottet; Bronzebarren aus Wracks aus dem achtzehnten Jahrhundert konnte man noch problemlos verkaufen. Also konnte das, was der Kapitän gefunden hatte, keine Bronze sein oder mußte schon sehr sehr lange dort unten liegen.

Peter fand ein Bild aus dem Jahre 1500 v. Chr., auf dem ein Kreter einem ägyptischen Pharao abgeflachte Barren überreicht. Sie hatten die Form eines gegerbten Tierfells mit Griffen an jeder Ecke, die an Beine erinnerten, genauso wie Kemâl seinen Fund beschrieben hatte. Die Mannschaft erinnerte sich auch noch an »eine Speerspitze und ein Ding, das wie ein Schwert aussah«. Sie hatten alles einem Schrotthändler verkauft. »Ärgere dich nicht«, sagte Kemâl und versicherte ihm: »Nächstes Jahr, wenn wir das Zeug in die Luft sprengen, um es hochzuholen, hebe ich dir ein Stück auf«. Der nicht gerade wohlhabende Throckmorton bot ihm sofort an, den doppelten Schrottwert für alles zu bezahlen, was sie anbringen würden.

1959 kehrte Peter zum Kap Gelidonya zurück. Kemâl brachte sie zur Fundstelle, doch unter Wasser befand sich nichts als blanke Felsen. Sie suchten erfolglos zwei Tage lang und beschlossen, an diesem Nachmittag den Anker zu lichten. Bevor sie endgültig abfuhren, unternahm Peter noch einen letzten Tauchgang, aber auch der brachte nichts ein. Als er niedergeschlagen zur Jacht zurückkehrte, sah er, wie jemand zwei Stücke Bronze hochhielt. »Da unten gibt es viel mehr als diese beiden«, wurde ihm zugerufen. »Ein ganzer Stapel von großen, flachen Metallstücken, die wie eine gegerbte Tierhaut aussehen.«

Auf dem Meeresboden lagen Dutzende von zusammengebackenen Barren. Sie waren mehrere Male keine drei Meter an der Fundstelle vorbeigeschwommen, hatten sie aber nicht als solche erkannt, da alles durch die Kalkablagerung der Algen zu Artefakten *en croûte*, einem Reef Wellington, geworden war. Das Wrack war eher als versteinert denn als konserviert zu bezeichnen. Unter einem Barren fanden sie Holzstücke, die durch die giftigen Kupfersulfate vor dem Verfall bewahrt worden waren, außerdem stießen sie noch auf Töpferwaren, Bronzeäxte, Spieße, Speerspitzen und gedrehte Seile. Unglücklicherweise war die Grabungsperiode vorbei, und die weiteren Ausgrabungen mußten bis zum nächsten Jahr warten.

Als Honor Frost die Fundstücke sah, die sie aus dem Wrack geborgen hatten, erkannte sie sofort deren Bedeutung. Die Barren trugen Markierungen in einer noch nicht entschlüsselten minoischen Schrift, die wahrscheinlich Zeichen der Gießerei waren, und die Markierungen auf einem Faß konnten ebenfalls minoischen Ursprungs sein. Sie hatten ein Wrack entdeckt, das 3 200 Jahre alt und damit 800 Jahre älter war, als jedes andere bis zu diesem Zeitpunkt gefundene. Es hatte zu einer Zeit die Meere befahren, als Agamemnon mit Achilles am Strand vor Troja gekämpft und Odysseus sich auf die Heimreise begeben hatte.

Damit hatte Throckmorton etwas, womit er den Archäologen den Mund wässrig machen konnte. Rodney Young, Professor an der Universität von Pennsylvania, war begeistert und half ihm dabei, Geld aufzutreiben. Er schlug vor, daß einer seiner besten, diplomierten Studenten, George Bass, die Expedition leiten sollte. Bass' Freunde rieten ihm davon ab, die Aufgabe zu übernehmen. Jedermann wußte, daß Unterwasserarchäologie zu gefährlich, zu teuer und schließlich zu kompliziert war, um brauchbare Ergebnisse zu liefern. Noch dazu mußte er innerhalb von vier Wochen tauchen lernen.

Peter sagte über Bass: »Er hatte ein breites, sehr offenes Gesicht. Er war der Typ von Mann, dem ein Bankdirektor Geld leiht.« Bass war gerade von seiner Dienstzeit bei der Armee in Korea zurück. Er war gut im Poolbillard und Tischtennis und konnte eine Latrine ausheben, hatte aber das meiste von seinen Archäologievorlesungen vergessen.

Peter stellte ein Team von zwanzig Spezialisten zusammen. Fast jeder würde unter der Leitung von Frédéric Dumas tauchen müssen. Honor Frost wäre als Kartografin dabei und Joan du Plat Taylor sollte die Fundstücke konservieren. Das Fotografieren würden Peter selbst, Claude Duthuit, ein Neffe des Malers Henri Matisse, und ein anderer alter Freund, Herb Greer, übernehmen. Herb, jetzt mit einem Vollbart und rasiertem Kopf, traf zusammen mit dem Folksänger Rambling Jack Elliot auf einem Motorroller ein. Sie hatten sich auf ihrem Weg von London in die Türkei singend und musizierend quer durch Europa geschlagen. Dazu kam noch die Mannschaft von Kemâl. Bass hatte versprochen, daß alle Funde später vollständig untersucht würden, was eine viel größere Herausforderung als die Ausgrabung selbst werden sollte.

Als sie in Istanbul ankamen, herrschte Aufruhr, die Regierung wurde gestürzt, Panzer rollten durch die Straßen an ihrem Hotel vorbei, und die Flughäfen waren geschlossen. Die Armeekampfjacke, die Bass trug, war auch nicht gerade hilfreich.

Es gab eigentlich keinen unpassenderen Zeitpunkt, um

für eine Grabungserlaubnis nachzusuchen. Selbst die hilf-reichsten Beamten erinnerten an eine Kröte, die auf Fliegen lauert. Doch die Bürokratie war so durcheinander, daß sie schließlich ihre Erlaubnis bekamen. Nachdem die Geliebte eines hochrangigen Bürokraten »Druck ausgeübt« hatte, war die Genehmigung nur noch eine Formalität. Auf dem Schriftstück befanden sich neununddreißig offizielle Unterschriften (jede beglaubigt), fünfunddreißig Kürzel, sechzehn Gebührenmarken, fünfundvierzig Freistempel und vier rote Wachssiegel.

Die Küste rund um Kap Gelidonya war verlassen und unwirtlich. Die Klippen erhoben sich wie eine Ansammlung von grauen Messerklingen steil aus dem Meer. Für ihr Lager mußten sie sich eine nicht zu weit entfernt gelegene Bucht suchen, in der es Trinkwasser gab. Was sie fanden, war ein Ort wie ein Brutkasten, umschlossen von Klippen, der nur eine Stunde Fahrtzeit entfernt lag.

Throckmorton hatte Firmen dazu überredet, ihnen Taucherausrüstungen und Kameras zu schenken oder zur Verfügung zu stellen, doch er hatte nicht ein einziges Zelt be-

Throckmorton bei der Bergung eines oxydierten Barrens vor Kap Gelidonya, 1959

284

sorgt. Sie organisierten gelb-weiße Fallschirme, das mußte genügen. Die Gruppe richtete sich an einem Strand ein, der nur knapp fünfzehn Meter breit war und das auch nur, wenn kein Wellengang herrschte.

Bass hatte einen Tag vor seiner Abreise in die Türkei geheiratet, und seine Frau Anna stieß nach ein paar Wochen zu ihnen. Sie hatte Musik studiert und nahm an, daß auf der Hochzeitsreise immer ein Konzertflügel in der Nähe sei, deshalb erschien sie am Strand mit einem Koffer voll Noten.

Der von Bass und Throckmorton erarbeitete Ausgrabungsplan legte das Vorgehen für jede einzelne Unterwasserausgrabung fest. Zuerst mußte die Form der Fundstätte mit weißen Steinen markiert werden, dann machte Greer »Luftaufnahmen«, die man später zu einem Gesamtbild zusammensetzen konnte. Danach wurde ein Gitter gelegt, und Bass bestand darauf, daß nichts den Boden verließ, bevor es nicht eingetragen, fotografiert und die jeweilige Position von festgelegten Punkten aus genauestens im Plan eingetragen war. Bass trieb Throckmorton fast in den Wahnsinn, wenn er Stunden auf dem Meeresgrund zubrachte, um zu entscheiden, was als nächstes getan werden sollte. Trockmorton war begierig darauf voranzukommen, Bass wollte es ordentlich machen.

Bass Stellung war nicht einfach. Er war das jüngste Mitglied des Teams und gleichzeitig für die Ausgrabung verantwortlich. Dumas und Frost hatten klar gestellt, daß die Unterwasserarchäologie die Angelegenheit von erfahrenen Tauchern und nicht von Anfängern sei, was die Sache nicht gerade einfacher machte. Dumas war als erster Freitaucher aus eine Tiefe von über einhundert Metern wieder lebend aufgetaucht, Bass war lediglich einmal im Becken des YMCA Schwimmbades getaucht. Spannungen waren damit vorprogrammiert.

Auch die Fundstelle warf Probleme auf. Das Wrack befand sich in knapp dreißig Meter Tiefe, was bedeutete, daß jeder Taucher pro Tag nicht mal eine Stunde am Grund arbeiten konnte. Es war in eine Unterwasserschlucht gesunken, wo eine starke Strömung durch eine schmale Öffnung schoß. Die Taucher trugen bis zu vierzig Pfund Blei oder benutzten Kletterhaken wie Bergsteiger, um nicht davongetrieben zu werden. Die Kartographen mußten an Felsen gebunden oder von einem anderen Taucher festgehalten werden. Die Masken und die Flossen wurden den Tauchern vom Körper gerissen, und eine Unterwasserkamera ging in der Strömung verloren.

Dumas stellte fest, daß sich unter einer Felsplatte, die über dem Wrack lag, ein Hohlraum befand. Er brach eine Ecke davon ab und sah, daß sie aus in Stein eingeschlossenem Kupfer und Bronze bestand. Vielleicht, so meinte er, könnte man einen großen Teil der Fracht noch in gutem Zustand bergen. Die »Platte« bestand aus Metallbarren, die durch Kalkablagerungen zusammengepreßt waren. Da mit einer Brechstange nichts auszurichten war, kostete es sie drei Tage, bis sie eine Kerbe hineingehauen hatten, in die sie dann einen Wagenheber ansetzen konnten. Aber selbst der Hebekraft von drei Tonnen setzte der Block noch Widerstand entgegen. Schließlich kam er dann doch in einer Wolke aus Kupfersulfat nach oben, während die Männer vor Freude beim Auftauchen im Wasser Purzelbäume schlugen.

Man zerlegte das Schiff in seine Einzelteile, und dann wurde das Puzzle am Strand unter Zuhilfenahme von Fotos und Skizzen wieder zusammengesetzt. Jedes Teil mußte gereinigt und in einem Bassin, das Dumas gebaut hatte, mit Süßwasser ausgewaschen werden, um das zerstörerische Salz zu entfernen und ein Schrumpfen zu vermeiden. Joan du Plat Taylor, bekleidet mit einem kurzen weißen Kittel, in dem sie wie ein verirrter Zahnarzt wirkte, reinigte mit einer elektrischen Bürste die Artefakte von ihrer Patina.

Bei der Identifizierung rätselhafter Gegenstände wurde ihnen von unerwarteter Seite Hilfe zuteil. »Das ist eine Heckensichel«, erklärte Kapitän Kemâl mit Bestimmtheit. »Und das ist ein Shish (Fleischspieß) für Kebabs. Schrott aus dem Meer zu holen ist schon schlimm genug«, beschwerte er sich, »aber Schrott, der dreitausend Jahre alt ist, das ist lächerlich.«

Aber auch viele interessante Objekte hatten überlebt: ein Seil, an dem jemand vor über dreitausend Jahren ein Bulin befestigt hatte, einen Korb und eine Menge von Reisig, das, wie in der *Odyssee* beschrieben, benutzt wurde, damit die Ladung nicht die Schiffshülle beschädigte. Zuletzt fanden sie unter einer Schicht von Ballaststeinen die Planken des Schiffsrumpfs.

Achtern, in der Kajüte des Kapitäns, fanden sie phönizische Betten, ägyptische Skarabäen aus der Zeit Ramses II. und ein Steinsiegel, daß schon beim Untergang des Schiffes fünfhundert Jahre alt gewesen war. Leider zerfielen die Betten, als sie getrocknet waren, zu Staub. Das Team entwickelte während seiner Arbeit vor Ort Methoden zur Konservierung, doch nicht alle funktionierten.

Eines Tages brachte Throckmorton eine Tontafel nach oben, auf der ein Text in Keilschrift eingraviert war. »O, Mann«, sagte Bass.

»Es ist ziemlich weich«, erklärte Peter beunruhigt, und während er noch sprach, schmolz die Tafel in seinen Händen. Bass stöhnte auf, aber dann wurde ihm klar, daß Peter sich einen Scherz erlaubt und eine Fälschung im Wrack versteckt hatte.

Unter den echten Fundstücken befanden sich ein Satz Längenmaße und achtundvierzig Gewichte in drei unterschiedlichen Maßsystemen, wie sie von den internationalen Händler benutzt worden waren. Die Taucher bargen über eine Tonne Bronze und zyprotisches Kupfer sowie Rückstände von Zinn, aus dem weitere Bronze hätte hergestellt werden können. Sie fanden eine große Anzahl von zerstörten Gegenständen, Speeren, Pfeilspitzen, Messerklingen und Pflugscharen, Abfall, der dazu gedacht war, eingeschmolzen und wiederverwendet zu werden, und auch Schmelztiegel, um eben dies zu machen. Es gab sämtliches Gerät, für einen reisenden Schmied, einen Amboß, einen Schleifstein und die umfangreichste Sammlung alter Metallbearbeitungswerkzeuge, die jemals gefunden wurde.

Alles deutete darauf hin, daß es sich hierbei um ein syrisches Frachtschiff mit einem phönizischen Händler an Bord gehandelt hatte, das möglicherweise auf dem Weg nach Zypern gewesen war. Deutlich ausgedrückt: Schon Jahrhunderte früher, als bis dahin angenommen, hatten phönizische Händler Kontakt zu den Griechen gehabt. Diese Funde waren der unbestreitbare Beweis.

Es ist so, wie Philippe Diolé sagt: »In vielleicht hundert Jahren wird man es als Unsinn ansehen, daß Wissenschaftler zu einer Zeit, als die archäologischen Beweise auf dem Meeresgrund noch nicht zugänglich waren, behauptet haben, die Geschichte zu kennen. Eine Geschichtsschreibung, die nicht auf die Zeugnisse der Meere zurückgreifen kann, ist unvollständig.«

Das Zeugnis in der örtlichen Zeitung war viel beunruhigender. Die Schlagzeile lautete: »Amerikaner haben tonnenweise Gold gefunden.« Ein paar Tage später sah man ein verdächtiges Boot um die Fundstelle kreisen, dessen Mannschaft nicht antwortete, als sie angerufen wurde. Man beschleunigte die Arbeit. Der Sauger und der Metalldetektor machten Überstunden, um den Meeresboden von kleinen Metallteilen zu säubern, die in den Sand gefallen waren, bevor man die Fundstelle den Plünderern überlassen mußte. Greer hatte sich in einer Felsspalte ein provisorisches Fotolabor eingerichtet, in dem er nur bei Nacht arbeiten konnte. Bass verbrachte die halbe Nacht damit, die neuesten Fotos zu studieren, und Throckmorton hielt alle mit dem Geklapper seiner Schreibmaschine wach.

Doch langsam machte sich Erschöpfung breit, ausgelöst durch den kräftezehrenden Tauchplan und den Mangel an Trinkwasser. Die Sonne brannte so heftig herab, daß die Werkzeuge zu heiß wurden, um sie noch anfassen zu können. Der Sand ließ die Sohlen ihrer Schuhe schmelzen, Kerzen verformten sich, und von den Filmen löste sich die Fotoschicht. Und dann gab es noch die Fliegen. Alle erkrankten an Hepatitis, so daß ein Ruhetag eingelegt wurde. Throckmorton verlor zweiundvierzig Pfund Gewicht. Brass, an Durchfall leidend, übertraf ihn noch. Am Tag wurden sie geröstet, und bei Nacht froren sie. Von den Klippen fielen Felsbrocken in ihr Lager, die Ausrüstung ging kaputt, und die Unfälle häuften sich. Verletzungen heilten nicht, und ihre Stimmung sank.

Zu allem Unglück begann sich Dumas, in seiner Rolle als »Habe ich es euch nicht gesagt« zu gefallen, wann immer etwas daneben ging, was gegen seinen Ratschlag unternommen wurde. Er behauptete, daß die Entbehrungen »es für die Mitglieder der Expedition schwieriger machten, miteinander auszukommen und die multinationale Zusammensetzung dies alles noch schlimmer« mache. Der Graben zwischen den Europäern und den Amerikanern wurde noch durch den Umstand verbreitert, daß Duthuit in der französischen Armee in Algerien gedient hatte und viele seiner Kameraden von den Rebellen getötet worden waren, möglicherweise genau jene, die Throckmorton und Greer auf ihren Überfällen begleitet hatten.

Dumas verstand Throckmorton nicht, der »hoffnungslos dem Gebrauch des Meißels anhing ..., obwohl wir alle mehr oder weniger Peters schlechtem Beispiel folgten«. Selbst jene, die Throckmortons unbeugsame Art bewunderten, meinten: »Es konnte sehr schwierig sein, mit ihm zusammenzuarbeiten.« Peter selbst gestand ein, daß er »manchmal unvernünftig, schwer zu verstehen und schwierig sei«. Er hatte immer Ungeduld gezeigt, wenn Bass darauf bestand, alles noch ein zweites Mal zu überprüfen, bevor man ein Objekt nach oben brachte. »Er war in der Lage, die ganze Sache mehrere Tage zu verzögern«, regte sich Throckmorton auf, bevor er dann einräumte: »Er hatte natürlich völlig recht.« Sie fochten öffentlich ihre Kämpfe aus, und selbst Throckmorton mußte zugeben, daß es »blödsinnig und häßlich war«.

George Bass führte noch weitere aufsehenerregende Ausgrabungen durch, einige davon an Wracks, die Peter entdeckt hatte, und er wurde der Nestor der Schiffsarchäologie. Throckmorton widmete sich von diesem Zeitpunkt an ganz der Archäologie und erwarb unübertroffene Kenntnisse über die verschiedenen Schiffbauformen. Er untersuchte Wracks von Segelklippern bei den Falklandinseln und barg ein byzantinisches Schiff vor den Sporaden, das mit reich verzierten Töpferwaren beladen war. Zusammen mit Arthur C. Clarke entdeckte er ein Kriegsschiff aus dem Jahre 1704, das Berge von Silbermünzen an Bord hatte, die in der Form der Säcke, in denen sie einst gelagert waren, zusammengebacken waren. Er tauchte im Solent und erbrachte den Beweis, daß dort wirklich die *Mary Rose* auf dem Meeresgrund liegt. Mit Hilfe der Bibliothek der Admiralität konnte er fast alle bekannten Schiffswracks der Royal Navy im östlichen Mittelmeer lokalisieren.

Zusammen mit seiner Frau Joan und ihren beiden Kindern Lucy und Paula ließ sich Throckmorton in der griechischen Hafenstadt Piräus nieder, und wenn er nicht bei Ausgrabungen war, dann veranstaltete er mit seinem fünfzehn Meter Schoner *Stormie Seas* Rundfahrten mit Studenten, um ihnen einen Eindruck vom Leben der Seeleute im Mittelmeer zu geben, als es noch keine Maschinen gab.

1961 entdeckte er in der Werft von Perama (in der Nähe von Athen) – »dem größten Schiffsschrottplatz der Welt« – ein fünfzig Meter langes Boot, das gerade mit Zement beladen wurde. Obwohl die Masten und die Decksplanken aus Teakholz nicht mehr vorhanden waren, erkannte er sofort, daß es sich um einen ehemaligen Rahsegler handelte. Es war der Dreimaster *Elissa*, gebaut 1877 in Aberdeen, sehr ähnlich der *Otago*, deren Kapitän Joseph Conrad gewesen war. Es war der letzte von ehemals Hunderten von Seglern, die von einer der berühmtesten Werften der Welt gebaut worden waren. Später wurde das Boot zum Mutterschiff einer Flotte von Schmugglerbooten, bevor es hier endete. Throckmorton unternahm eine Reihe von Versuchen, Geldgeber davon zu überzeugen, das Boot zu kaufen, einmal eilte er mit 14 000 Dollar in einer braunen Papiertüte in einem Taxi zur Werft. Schließlich brachte die Galveston Historical Society das Geld auf, doch es wurden weitere sechs Millionen Dollar benötigt, um das Schiff zu restaurieren. Es dauerte bis 1978 als die *Elissa* endlich ihren letzten Liegeplatz in Texas eingenommen hatte. Ein verrotteter Schiffskörper war wieder zu einem der schönsten Schiffe der Meere geworden.

Während seines Aufenthalts in Griechenland entdeckte Throckmorton ein Wrack mit vier Särgen aus jenem Granit, der den klassischen Särgen ihren Namen *lapis sarcophagus* (fleischverschlingender Stein) gab. Der Name kommt daher, daß von jedem in sie hineingelegten Körper nach kurzer Zeit nur noch die Knochen übrig bleiben.

Throckmorton war Gründungsmitglied des Griechischen Instituts für Meeresarchäologie, und fand 1976 vor der Insel Hydra ein Wrack, das den Anschein erweckte, noch 1 400 Jahre älter als dasjenige zu sein, das sie vor Kap Gelidonya gefunden hatten. Wie zu erwarten, dauerte es eine Ewigkeit, bis sie die Grabungserlaubnis erhielten, während in der Zwischenzeit die Lage der Fundstelle in den Zeitungen durchsickerte und das Wrack geplündert wurde. Das hat Throckmorton den griechischen Behörden nie verziehen und er verließ Griechenland für immer. Es gab kaum ein von ihm besuchtes Land, das er nicht erbost verließ oder in das ihm nicht eine erneute Einreise verboten wurde.

Es war Throckmorton, der wie kein anderer das Interesse der Öffentlichkeit auf den Schiffsfriedhof vor den Falklandinseln lenkte. Er barg einen Teil der *St. Mary*, einer der letzten Großsegler aus Maine, der mit einer Ladung Getreide aus Kalifornien unter vollen Segeln seinen Weg um Kap Horn genommen hatte. Auf ihrer Jungfernfahrt im Jahre 1890 war sie mit einem anderen Schiff zusammengestoßen und gesunken. Er brachte das Teilstück ins staatliche Marinemuseum nach Maine, nicht weit von dem Ort entfernt, wo sie einst gebaut worden war.

Auch Throckmortons Privatleben glich einem Wrack. Er brachte seine Freunde gegen sich auf, seine Frau und Mitarbeiterin Joan war an Krebs gestorben, und seine zweite Frau verließ ihn. Dennoch beschreibt ihn Mark Potok als »den wunderbaren Mann, der mein Stiefvater war«. Und dies, obwohl er einmal »eine Stunde auf ihn einredete, sich von ihm mit einer Kartoffel und einem billigen Nagel das Ohrläppchen durchstechen zu lassen, denn es gäbe da eine Legende, eine von Peters selbst geschaffenen Legenden, daß, wenn dein Ohr von einem Mann, der auf einem Segelschiff gefahren ist, durchstochen wird, du niemals ertrinken wirst«.

Throckmorton war absolut von der Pflicht der Archäologen überzeugt, ihre Erkenntnisse zu publizieren, und sein letztes Buch *The Sea Remembers* ist eine höchst spannende und lebensnahe Abhandlung über Schiffswracks und wie man sie freilegt. Auf der anderen Seite mußte er leider einräumen, daß »in zwanzig Jahren die Sporttaucher an den archäologischen Fundstätten mehr Unheil angerichtet haben als die Kräfte der Natur in drei Jahrtausenden«.

Er war der erste, der erkannte, daß man durch Gespräche mit Berufstauchern Wracks finden konnte, die diese schon seit Jahren kannten (als eine gute Stelle für Schwämme), die aber den Archäologen unbekannt waren. Wie sonst hätte er so viele alte Wracks finden können? Möglicherweise sogar so viele, wie er immer behauptet hat. Er war das, was meine Großmutter netterweise immer als »Geschichtenerzähler« bezeichnete. Verwandte starben oder feierten eine Wiederauferstehung, wenn es gerade in eine seiner Geschichten paßte, und ein Bein, vom Maschinengewehrfeuer in einem weit zurückliegenden Krieg zerfetzt, hatte irgendwie nicht daran gedacht, Narben zurückzubehalten«.

Einmal schockierte er seine Zuhörer mit der Behauptung, das wichtigste Ausrüstungsstück eines Unterwasserarchäologen sei eine Kopfschmerztablette, die man am Morgen, wenn man sich die Nacht in einer Bar mit Tauchern um die Ohren geschlagen hatte, nehmen sollte. Er selbst brauchte solche Tabletten mehr und mehr, auch wenn keine Taucher in der Nähe waren.

Peter war bei vielen amerikanischen Universitäten als Forschungsberater verpflichtet und wurde schließlich Direktor der United States National Maritime Historical Society. Er schloß sich dem Abenteurer und Schriftsteller Clive Cussler bei seiner Wracksuche an. Bei einer Expedition vor Flamborough Head blieb ihre Suche nach John Paul Jones' Kriegsschiff *Bonhomme Richard* erfolglos, sie fanden aber das Wrack eines russischen Spionagetrawlers. »Leider war Peter die meiste Zeit betrunken. Manchmal kam er gar nicht mit an Bord des Suchbootes, und wenn wir dann zurückkamen, fanden wir ihn bewußtlos am Boden liegen und sich an eine Flasche Scotch klammern.« Schließlich zog er sich nach Maine zurück, um Viehzucht und eine Segelschule zu betreiben. Er war jetzt dicker und aufgedunsener, doch immer noch voller Pläne und Träume.

In Bodrum hatte er der Schwammtaucherei zu neuem Aufschwung verholfen, indem er die Taucher dazu brachte, ihre Helme abzulegen und statt dessen die »Wasserpfeife« zu benutzen, ein Mundstück, das über einen Schlauch mit einem Kompressor an der Wasseroberfläche verbunden war. Er überzeugte die Einheimischen auch davon, daß die Relikte ein wichtiger Teil ihrer Geschichte seien. George Bass beschreibt Peters Ankunft: »Bodrum war fest in Peters Hand. Als wir ankamen, schoben sich wohl an die hundert Hände durch die geöffneten Fenster des Kombis, nur um die seine zu schütteln. Wenn Bodrum New York gewesen wäre, dann hätte es wohl eine Konfettiparade gegeben.«

Aber er kam nicht mit jedem aus. Sein Leben war gepflastert mit Auseinandersetzungen. Sein Stiefsohn räumt ein, daß »er viele Freunde und viele Feinde hatte – die meisten, die ihn kannten, waren etwas von beidem«. Wenn ein Freund einen potentiellen, reichen Geldgeber zum Essen einlud, dann erschien Peter natürlich nicht und wenn man ihn zur Rede stellte, dann bekam er einen Wutanfall und verlor so beide, den Geldgeber und den Freund, innerhalb des kleinen Zeitraums, der nötig gewesen wäre, eine Entschuldigung auszusprechen.

Häufig legte er ein überhebliches Verhalten an den Tag und sprach oftmals mit offiziellen Behördenvertretern in einer Art, wie man mit Kleinkindern spricht, was die Kooperationsbereitschaft nicht gerade erhöhte. Doch Honor Frost sagt auch: »Er lag mit seinen Visionen selten falsch, seine Beweggründe waren nie von Eigeninteresse geprägt und er war freigiebig mit Geld – von Zeit zu Zeit hat er, obwohl er kein reicher Mann war, Objekte für die Nachwelt gerettet und Forschungen aus der eigenen Tasche bezahlt.« Er machte sich arm mit der Einrichtung eines Museums für die Einheimischen in der Burg der Malteserritter in Bodrum, dennoch bezeichnete ihn später jemand aus dem ame-

rikanischen Außenministerium gegenüber George Bass als
»diesen Kerl Throckmorton ..., der sich ein Privatmuseum
für all das Zeug, das er aus der Türkei herausgeschafft hat,
einrichtete«. Das Museum, in Besitz und unter Verwaltung
der türkischen Behörden, zeigt heute wunderbare Nachbildungen einiger der berühmten dort gefundenen Wracks in
Originalgröße.

Aus dem verdreckten, alten Bodrum ist inzwischen eine
saubere, weißgetünchte Touristenstadt geworden. Unter
dem Einfluß von George Bass hat die Texas A & M University eine Außenstelle in Bodrum eingerichtet, wo die Wissenschaftler Feldforschung betreiben und Sommerkurse in
Archäologie abhalten. Das hätte Peter gefallen.

Peter war nie ein moderner Mensch gewesen. Er war ein
Kreuzfahrer wie die großen Throckmortons der früheren
Jahrhunderte. Das Leben war für ihn ein Abenteuer. Als ihn
sein Stiefsohn, der gerade sein Steuermannspatent erhalten
hatte, fragte, wie er die *Stormie Seas* am besten die 1500
Meilen von Athen nach Alicante segeln könne, antwortete
ihm Peter: »Richte den Bug einfach nach der sinkenden
Sonne aus und fahr los.«

Im Alter von einundsechzig Jahren mußte er schließlich
den Jahren schweren Alkoholkonsums und Rauchens Tri-
but zollen und starb im Schlaf auf dem alten Familiensitz in
Maine. Seine Freunde waren erstaunt, daß er ganz friedlich
im Bett gestorben war. Im Bett, von einem wütenden Ehe-
mann erschossen, das wohl, aber friedlich, das ganz bestimmt nicht.

Seine Asche wurde in die Fluten des Flusses Dama-
riscotta gestreut und trieb von dort in den Ozean. »Sie
müssen das Meer lieben«, hatte einmal jemand zu ihm gesagt. »Warum sollte ich etwas lieben, daß seit dreißig Jahren versucht, mich mit allen Mitteln umzubringen?« antwortete er. Trotzdem begab er sich schließlich endgültig in

die Tiefe. Er war, mit den Worten von Herb Greer, »ein außergewöhnlicher Mann, mit außergewöhnlichen Talenten und Fehlern«. Die meisten von uns verfügen nur über ziemlich durchschnittliche Talente und auch unsere Fehler sind die gewöhnlichen.

… Auftauchen, um Luft zu holen

Die See macht süchtig. Selbst ein Landlebewesen wie der aufrechtgehende *homo sapiens* macht sich jeden Sommer auf den Weg an überfüllte Strände, um so nah wie möglich am Wasser zu sein. Was zieht uns in halbfertige Hotels an der Costa Brava, in denen wir uns dann im Schlaf möglichst nicht auf den sonnenverbrannten Rücken drehen sollten?

Klingt im Rauschen der Brandung eine Erinnerung mit, daß dort alles Leben begann und wir eigentlich dorthin gehören? Wie sonst könnte etwas so ruheloses und unberechenbares wie ein Ozean, der uns nur ertränken will, eine solche Faszination ausüben?

Was immer jene, die nur an der Oberfläche herumschwammen, aber auch die Pioniere, die tiefer hinabgingen, suchten, sie fanden mehr, als erwartet. So wie die See scharfe Glassplitter in weiche Jadejuwelen verwandelt, so hat sie auch jene abgeschliffen. Die begeisterten Speerfischer waren zuerst erstaunt und dann traurig über den Rückgang der großen Fischschwärme. Mit der Zeit wurden aus Jägern Fotografen oder Umweltschützer, die jetzt dafür eintreten, das zu bewahren, was sie einst getötet haben. Museen, die Korallenriffe geplündert hatten, um die ausgestopften Körper der Öffentlichkeit zu präsentieren, erkannten schließlich, daß dies auch bedeutete, daß das lebende Korallenriff nicht mehr da war, um erforscht zu werden. Plünderer wurden zu Archäologen und Bewahrern der Vergangenheit.

Die Abenteurer fanden neue, bedeutendere Abenteuer. Diejenigen, die sich den Teufel um etwas scherten, lernten, sich darum zu kümmern, und ihr Lehrmeister war der mit neuem Blick betrachtete, jedoch uralte Ozean.

Es ist unter Wasser nicht immer leicht, das Licht zu sehen. Die Sicht mag getrübt oder verstellt sein. Aber man muß kein großer Visionär sein; spucken Sie einfach in ihre Tauchermaske, damit sie nicht anläuft, und dann tauchen Sie mit offenen Augen hinab.

Wer weiß, was Sie dort entdecken werden.

Danksagungen

Ich bin all jenen zu Dank verpflichtet, die mir großzügiger-weise beim Studium der verschiedenen Texte geholfen und ihre Erinnerungen an die Pioniere des Tauchsports, von de-nen dieses Buch handelt, mit mir geteilt haben. Ganz be-sonders danke ich Dr. Nguyen Tac An, Nick Baker, Profes-sor George Bass, Joseph Baur jr., Dr. John und Ann Bevan, Kevin Casey, Clive Cussler, Daniel David, Lynn Delgaty, Peter Dick, Professor David Eliot, Professor Jacques Forest, Honor Frost, Herb Greer, Dr. Audrey Geffen, Dr. Karl Gunnarsson, Dr. Bob Hanson, Dr. Val Hempleman, Nola Juraitis, Ginny Kuga, Pierre-Yves Le Bigot, Dr. Colin Mar-tin, Maura Mitchell, Marie-Thérèse Panouse, Sir John Raw-lins, Philippe und Bernard Tailliez, John Towse, Roscoe Thompson, Nikos Tsouchlos, Reg Vallintine, Garren Wells, Reg Withey und den Bediensteten der Bibliothek des Ame-rican Museum of Natural History, des *Daily Telegraph*, des *Independent*, der *Los Angeles Times*, des *San Francisco Chro-nicle* und der Universität von Liverpool.

Die Übersetzung fremdsprachiger Texte ins Englische stammt von mir unter partieller Mithilfe von David Longet und Gero Vella. Großer Dank gebührt auch Jim Ludgate und Chris Bridge, die von unzureichenden Originalen brauchbare Bilder anfertigten und Win Norton, deren Zeichnungen die Kapitelanfänge zieren.

Literaturverzeichnis

(Die aufgeführten Titel sind nicht in allen Fällen auch die Originalausgaben)

Guy Gilpatric

Anon. (1945) *Who's Who in America*, vol. 23, 1944–5, A. N. Marquis Co., Chicago

Anon. (1950) ›Pair found shot to death after learning that wife has cancer‹, *Santa Barbara News-Press*, 7. Juli 1950, S. 1

Anon. (1950) ›Author kills wife and self‹, *San Francisco Chronicle*, 7. Juli 1950

Anon. (1950) ›No inquest due in Gilpatric's case‹, *Santa Barbara News-Press*, 8. Juli 1950

Connolly, C. (1947), *The rock Pool*, Hamish Hamilton, London

Dugan, J. (1960) *Man explores the sea*, Pelikan Books, Harmondsworth

Gilpatric, G. (1938) *The Complete Googler*, Dodd, Mead &. Co., Inc., New York

Hass, H. (1947) *Drei Jäger auf dem Meeresgrund*, Orell Füssli, Zürich

Walton, I. (1853) *The Complete Angler, or the Contemplative Man's Recreation*, Neuausgabe, Ingram Cooke &. Co., London

Henri Milne Edwards

Anon. (1837) ›M. Paulin's smoke-proof dress for firemen‹, *Mechanic's Magazine*, 26 (705), S. 1

Audouin, M., and H. Milne Edwards (1832) *Recherches pour Servir à L'Histoire Naturelle du Littoral de la France*, Libraire Crochard, Paris

Augoyat, M. (1841) ›Note relative au casque plongeur‹, *Annales Maritimes at Coloniales*, 75, S. 937–8

Diolé, P. (1955) *The Seas of Sicily*, Sidgwick &. Jackson Ltd, London

Forest, J. (1996) ›Henri Milne Edwards‹, *Journal of Crustacean Biology*, 16, S. 207–13

Francoeur, M. (1835) ›Rapport fait à la Société d'encouragement pour l'industrie nationale, au nom du comité des arts éconimiques sur un nouvel appareil imaginé par M. Paulin, lieutenant-colonel, commandant le corps des sapeurs pompiers de Paris, pour éteindre les feux des cave‹, *Annales Maritimes et Coloniales*, 2ᵉ Série, I, S. 699–704

Milne Edwards, H. (1845) ›Recherches zoologiques faites pendant un voyage sur les Côtes de la Sicile I‹, *Rapport Annuel des Sciences Naturelles*, 3ᵉ Série, Zoologie, 3, S. 129–42

Quatrefages, A. de (1845) ›Note annexée au rapport de Milne Edwards‹, *Rapports Annuel des Sciences Naturelles*, 3ᵉ Série, Zoologie, 3, S. 142–5

Quatrefages, A. de (1857) *Rambles of a Naturalist on the Coast of France, Spain and Sicily*, 2 Bände, Longmans, Brown, Green, Longmans &. Roberts, London

Roy Miner

Anon. (1953) *Who's who in America*, vol. 27, 1952–3, A. N. Marquis Co., Chicago

Miner, R. W. (1924) ›Hunting corals in the Bahamas‹, *Natural History*, New York, 24, S. 595–600

Miner, R. W. (1931) ›Forty tons of coral‹, *Natural History*, New York 31, S. 374–87

Miner, R. W. (1933) ›Diving into coral gardens‹, *Natural History*, New York, 33, S. 461–76

Miner, R. W. (1934) ›Coral castle-builders of tropic seas‹, *National Geographic*, 34, S. 703–29

Miner, R. W. (1935) ›Transplanting a coral reef‹, *Natural History*, New York, 35, S. 273–85

Miner, R. W. (1936) ›Sea creatures of our Atlantic shores‹, *National Geographic*, August 1936, S. 209–31

Miner, R. W. (1938) ›On the bottom of a South Sea pearl Lagoon‹, *National Geographic*, September 1938, S. 365–82

Miner, R.W. (1950) *Field book of Seashore Life*, Putnam's Sons, New York

Oliver, J.A. (1963) ›Behind New Yorks window on nature‹, *National Geographic*, Februar 1963, S. 220–59

Stunkard, H.W. (1956) ›Roy W. Miner, naturalist and marine biologist‹, *Science*, 123, S. 879

William Beebe

Anon. (1953) *Who's who in America*, Vol. 27, 1952–3, A.N. Marquis Co., Chicago

Anon. (1962) ›William Beebe, Naturalist, Dies‹, *New York Times*, 6. Juni, 1962

Barton, O. (1954) *Adventure on Land and Under the Sea*, Longmans, Green &. Co., London

Beebe, W. (1924) *Galápagos World's End*, Putnam's Sons, New York ànd London

Beebe, W. (1926) *Pheasants, Their Lives and Homes*, Bd. 1, Doubleday, Page & Co., New York

Beebe, W. (1926) *The Arcturus Adventure*, Putnam's Sons, New York and London

Beebe, W. (1927) *Pheasant Jungles*, Puntnam's Sons, New York and London

Beebe, W. (1928) *Beneath Tropic Seas*, Putnam's Sons, New York and London

Beebe, W. (1931) ›A round trip to Davy Jones' Locker‹, *National Geographic*, Juni 1931

Beebe, W. (1932) *Nonesuch: Land and Water*, Brewer, Warren &. Putnam, New York

Beebe, W. (1932) ›A wonder under the sea‹, *National Geographic*, Dezember 1932, S. 741–58

Beebe, W. (1933) ›Preliminary account of deep-sea dives in the bathysphere with especial reference to one of 2,200 feet‹, *Proceedings of the National Academy of Sciences*, 19, S. 178 bis 188

Beebe, W. (1935) *Half-Mile Down*, John Lane, The Bodley Head, London

Beebe, W. (1938) *Zaca Adventure*, John Lane, The Bodley Head, London

Carson, R. (1951) *The Sea Around Us*, Staples Press Ltd, London

Crandall, L.S. (1964) ›In memoriam: Charles William Beebe‹, *The Auk*, 81, S. 36–41

Thane, E. (1950) *Reluctant Farmer*, Duell, Sloan & Pearce, New York

Welker, R.H. (1975) *Natural Man: The Life of William Beebe*, Indiana University Press, Bloomington and London

Jack Kitching

Kitching, J.A. (1937) ›Studies on sublittoral ecology, II. Recolonization at the upper margin of the sublittoral region with a note on the denudation of the Laminaria forest by storms‹, *Journal of Ecology*, 25, S. 482–95

Kitching, J.A. (1941) ›Studies on sublittoral ecology III. Laminaria forest on the west coast of Scotland; a study of zonation in relation to wave action and illumination‹, *Biological Bulletin*, Woods Hole 80, S. 324–37

Kitching J.A., A.W.D. Larkum, T.A. Norton, J.C. Partridge and J. Shand (1990) ›An ecological study of the Whirlpool Cliff, Lough Hyne [Ine]‹, *Progress in Underwater Science*, 15, S. 101 bis 132

Kitching, J.A. (1991) ›Introduction‹, in Myers, A., C. Littler, W. Costello, and L. Partridge (eds), *The Ecology of Lough Hyne*, Royal Irish Academy, S. 13–16

Kitching, J.A., T.T. Macan and H.C. Gilson (1934) ›Studies on sublittoral ecology, I.A. submarine gully in Wembury Bay, south Devon‹, *Journal of the Marine Biological Association of the UK*, 19, S. 677–706

Kitching, J.A., and E. Pagé (1945) ›Review of the subcommitee on protective clothing (1942–1945)‹, *Report to Associate Commitee on Aviation Medical Research*, 179, S. 1–143

Norton, T.A. (1994) ›A history of british diving science‹, *Underwater Technology*, 20, (2), S. 3–15

Norton, T.A. (1996) ›Jack A. Kitching, the forgotten pionieer‹, *Historical Diving Times*, 17, S. 10–11

Sleigh, M.A., (1997) ›John Alwyne Kitching OBE‹, *Biographical Memoirs of Fellows of the Royal Society of London*, 43, S. 267 bis 284

Benton, J. (1990) *Naomi Mitchison: A Biography*, Pandora Press, London

Boycott, A. E. und G. C. C. Damant (1908) ›Experiments on the influence of fatness on susceptibility to caisson disease‹, *Journal of Hygiene*, 8, S. 445–56

Boycott, A. E., G. C. C. Damant and John S. Haldane (1908) ›The prevention of compressed-air sickness‹, *Journal of Hygiene*, 8, S. 342–441

Clarke, R. (1968) *J. B. S. The Life and work of J. B. S. Haldane*, Hodder &. Stoughton, London

Douglas, C. G. (1936) *John Scott Haldane*, Obituari Notices, The Royal Society of London

Haldane, J. B. S. (1961) ›The scientific work of J. S. Haldane‹, *Penguin Science Survey*, 1961–2, Penguin Books Ltd, Harmondsworth

Haldane, J. S. (1907) ›Report of a commitee appointed by the Lords Commissioners of the Admiralty to consider and report upon the conditions of deep-water diving‹, *Parliamentary Paper*, I549

Haldane, J. S., and J. G. Priestley (1935) *Respiration*, Neuausgabe, Clarendon Press, Oxford

Haldane, L. K. (1961) *Friends and Kindred*, Faber &. Faber, London

Huxley, A. (1928) *Point Counter Point*, Chatto &. Windus Ltd, London

Huxley, J. (1970) *Memoires*, Band I, George Allen &. Unwin, London

Maurice F. (1937) Haldane 1856–1915: The Life of Viscont Haldane of Cloan, Faber &. Faber, London

Mitchison, N. (1973) *Small Talk: Memories of an Edwardian Childhood*, The Bodley Head, London

Mitchison, N. (1975) *All Change Here: Girlhood and Marriage*, The Bodley Head, London

Mitchison, N. (1979) *You May Well Ask: A Memoir 1920–1940*, Gollancz, London

Norton, T. A. (1994) ›A history of british diving science‹, *Underwater Technology*, 20 (2), S. 3–15

Passmore, R. (1952) ›The debt of physiologists and miners to J. S. Haldane‹, *The Advancement of Science*, 8 (32), S. 418

Smith, G. (1969) *Letters of Aldous Huxley*, Chatto &. Windus, London

Throckmorton, P. (1965) The Lost Ships: An Adventure in Undersea Archaeology, Jonathan Cape, London

J.B.S. Haldane

Behnke, A.R. (1968) ›Physiologic investigations in diving and inhalation of gases‹, in K.R. Dronamraju (ed.), *Haldane and Modern Biology*, Johns Hopkins Press, Baltimore, S. 267–75

Benton, J. (1990) *Naomi Mitchison: A Biography*, Pandora Press, London

Case, E.M., and J.B.S. Haldane (1941) ›Human physiology under high pressure. Effects of nitrogen, carbon dioxide and cold‹, *Journal of Hygiene*, 41, S. 225–231

Clarke, A.C. (1968) J.B.S. The Life and Works of J.B.S. Haldane, Hodder &. Stroughton

Dronamraju, K.R. (1985) Haldane. The Life and Works of J.B.S. Haldane, with Special Reference to India, Aberdeen University Press, Aberdeen

Haldane, C. (1950) *Truth Will Out*, Vanguard Press Inc., New York

Haldane, J.B.S. (1923) *Daedalus, or Science and the Future*, Kegan, Paul, Trench &. Trubner, London

Haldane, J.B.S. (1927) *Possible Worlds*, Chatto &. Windus, London

Haldane, J.B.S. (1932) *The Inequality of Man and Other Essays*, Chatto &. Windus, London

Haldane, J.B.S. (1941) ›Human Life and death at increased pressure‹, *Nature*, London, 148, S. 458–62

Haldane, J.B.S. (1941) ›Physiological properties of some common gases at high pressures‹, *Chemical Products*, 4, S. 83–88

Haldane, J.B.S. (1947) ›Life at high pressure‹, *Penguin Science News*, 4

Haldane, J.B.S. (1961) ›The scientific works of J.S. Haldane‹, *Penguin Science Survey* 1961–2, S. 11–33

Haldane, J.B.S. (1965) ›A scientist looks into his own grave‹, *The Observer Weekend Review*, 10. Januar 1965

Haldane, J.B.S. (1966) ›An autobiography in brief‹, *Perspectives in Biologie and Medicine*, 9, S. 476–81

Haldane, J.B.S. (1961) *Friends and Kindred*, Faber &. Faber, London

Huxley, A. (1923) *Antic Hay*, Chatto &. Windus, London

Huxley, A. (1970) *Memoires*, Bd. 1, George Allen &. Unwin, London

Mitchison, N. (1968) ›Beginnings‹, in K.R. Dronamraju (ed.) *Haldane and Modern Biology*, John Hopkins Press, Baltimore, S. 299–305

Mitchison, N. (1973) *Small Talk: Memories of an Edwardian Childhood*, The Bodley Head, London

Mitchison, N. (1975) *All Change Here: Girlhood and Marriage*, The Bodley Head, London

Mitchison, N. (1979) *You May Well Ask: A Memoir 1920–1940*, Gollancz, London

Mitchison, N. (1992) ›The Haldane Brain‹, *Biologist*, 39, S. 135

Norton, T.A. (1994) ›A history of british diving science‹, *Underwater Technology*, 20 (2), S. 3–15

Pirie, N.W. (1966) ›John Burdon Sanderson Haldane‹, *Biographical Memoirs of Fellows of the Royal Society*, 12, S. 219–49

Sheridan, D. (ed.) (1985) Among You Taking Notes … The Wartime Diaries of Naomi Mitchison, Gollancz, London

Smith, G. (ed.) (1969) *Letters of Aldous Huxley*, Chatto &. Windus, London

Warren, C.E.T., and J. Benson (1958) *The Admirality Regrets …*, The Popular Book Club, London

White, M.J.D. (1965) ›J.B.S. Haldane‹, *Genetics*, 52, S. 1–7

Wurmser, R. (1968) ›Haldane as I knew him‹, in K.R. Dronamraju (ed.), *Haldane and Modern Biology*, John Hopkins Press, Baltimore, S. 313–17

Cameron Wright

Amoroso, E.C. (1979) ›Dr. H. Cameron Wright – memorial address given at St. Luke's Church, RNH Haslar, on 24 April 1979‹, *Journal of the Royal Navy Medical Service*, 65, S. 103–5

Bebb, A.H. (1955) ›Direct and reflected explosion waves in deep and shallow water‹, *Royal Naval Personnell Research Commitee Report*, März 1955, S. 1–7

Bebb, A.H., H.N.V. Temperley and J.S.P. Rawlins (1981) ›Underwater blast: experiments and researches by british investigators‹,

Admirality Marine Technology Establishment Report AMTE(E) R81401, S. 1–69

Bebb, A. H. and H. C. Wright (1952) ›The effect of an underwater explosion on a subject floating on the surface in a submarine escape immersion suit‹, *Royal Naval Personnel Research Committee Report*, Juli 1952, S. 1–3

Bebb, A. H. and H. C. Wright (1955) ›Underwater explosion blast data from the R. N. Physiological Laboratory, 1950–55‹, *Royal Naval Personnell Research Committee Report*, April, S. 1–77

Brickhill, P. (1951) *The Dam Busters*, Evans Brothers Ltd., London

Rawlins, J. (1987) ›Problems in predicting safe ranges from underwater explosions‹, *Explosives Enginieer*, Frühjahr 1987, S. 17–20

Wright, H. C. (1957) ›Underwater blast injuries‹, *T.C.E.A.W.* 16, S. 1–6

Louis Boutan

Anon. (1934) ›Le professeur Louis Boutan (1859–1934)‹, Bulletins des Travaux Publiés par la Station d'Aquaculture et de Pêche de Castiglione, 1933, S. 11–34

Boutan, L. (1892) ›Excursion zoologique à la montagne de Hummoun ul Faroun‹, *Archives de Zoologie Expérimentale et Générale*, 2e Série, 2, S. 1–22

Boutan, L. (1893) ›Sur la photographie sous-marine‹, *Comptes Rendous Hebdomadaires de l'Academie des Sciences*, 117, S. 286 bis 289

Boutan. L. (1898) ›L'instantané dans la photographie sous-marine‹, *Comptes Rendous Heptomadaires de l'Academie des Sciences*, 127, S. 828–30

Boutan, L. (1898) ›Production artificielle des perles chez les Haliotis‹, *Comptes Rendous Heptomadaires de l'Academie des Sciences*, 127, S. 828–30

Boutan, L. (1900) *La Photographie Sous-Marine et les Progrès de la Photographie*, Schleicher, Paris, Nachdruck 1987, Éditions Jean-Michel Place, Paris

Boutan, L. (1903) ›L'Origine réelle des perles fines‹, *Comptes Rendous Heptomadaires de l'Academie des Sciences*, 137, S. 1073–5

Boutan, L. (1925) *La Perle*, Doin, Paris

Dugan, J. (1960) *Man Explores the Sea*, Pelican Books, Harmondsworth

Longley, W. H. and C. Martin (1927) ›The first autochromes from the ocean bottom‹, *National Geographic*, Januar 1927, S. 56–60

Pohl, L. (1936) ›Hommage à Louis Boutan‹, *Notes de l'Institut Océanographique de L'Indochine*, 31, S. 7–14

Thompson, W. (1856) ›On taking photographic images under water‹, *Journal of the Society of Arts*, 9. Mai 1856

Vincent, J. (1998) ›Biomimetics: technology imitating nature‹, *Biologist*, 45, S. 57–61

John Williamson

Aubry, Y. (1996) ›Williamson magicien de la mer‹, in J. E. Williamson, *Vingt Ans Sous Les Mers*, Éditions Jean-Michel Place, Paris

Dugan, J. (1960) *Man Explores The Sea*, Pelican Books, Harmondsworth

Miner, R. W. (1924) ›Hunting corals on the Bahamas‹, *Natural History*, New York, 24, S. 595–600

Verne, J. (1875) Twenty Thousand Leagues Under the Sea; or The Marvellous and Exciting Adventure of Pierre Aronnax, Conseil his Servant, and Ned Land, a Canadian Harpooner, G. M. Smith, Boston

Williamson, J. E. (1935) *Twenty Years Under the Sea*, John Lane, The Bodley Head, London

Hans Hass

Crossland, C. (1913) *Deserts and Water Gardens of the Red Sea*, Cambridge University Press

Hass, H. (1948) ›Beitrag zur Kenntnis der Reteporiden mit besonderer Berücksichtigung der Formbildungsgesetze ihrer Zoarien und einem Bericht über die dabei angewandte neue Methode für Untersuchungen auf dem Meeresgrund‹, *Zoologica*, Stuttgart, H. 101, S. 1–138

Hass, H. (1947) *Drei Jäger auf dem Meeresgrund*, Orell Füssli, Zürich

Hass, H. (1952) *Manta: Teufel im Roten Meer*, Ullstein, Berlin

Hass, H. (1951) *Menschen und Haie*, Orell Füssli, Zürich

Hass, H. (1957) *Wir kommen aus dem Meer. Forschungen und Abenteuer mit der Xarifa*, Ullstein, Berlin

Hass, H. (1968) *Wir Menschen: Das Geheimnis unseres Verhaltens*, Molden, Wien

Hass, H. (1971) *In unberührte Tiefen. Die Bezwingung der tropischen Meere*, Molden, Wien

Hass, L. (1970) *Ein Mädchen auf dem Meeresgrund*, Ueberreuter, Wien

Frédéric Dumas

Cousteau, J.Y., with F. Dumas (1953) *The Silent World*, Hamish Hamilton, London

Cousteau, J.Y. (1954) ›Fish men discover a 2,200-year-old Greek ship‹, *National Geographic*, Lanuar 1954, S. 1–36

Cousteau, J.Y., with J. Dugan (1963) *The Living Sea*, Hamish Hamilton, London

Diolé, P. (1954) *4,000 Years Under the Sea*, Sidgwick &. Jackson, London

Diolé, P., and A. Falco (1976) *The Memoirs of Falco, Chief Diver of the Calypso*, Cassell, London

Dugan, J. (1960) *Man Explores the Sea*, Pelican Books, Harmondsworth

Dumas, F. (1965) ›Underwater work and archeological problems‹, in J.P. Taylor (ed.), *Marine Archeology*, Hutchinson, London, S. 15–23

Dumas, F. (1976) *30 Centuries Under the Sea*, Crown Publishers, New York

Frost, H. (1963) *Under the Mediterranean*, Routledge, London

Frost, H. (1992) ›In memoriam of Frédéric Dumas‹, *International Journal of Nautical Archeology*, 21, S. 1–3

Smith, G. (ed.) (1969) *Letters of Aldous Huxley*, Chatto &. Windus, London

Tailliez, P. (1954) *To Hidden Depths*. William Kimber, London

Tazieff, H. (1956) *South from the Red Sea*, Lutterworth Press, London

Throckmorton, P. (1965) The Lost Ships, An Adventure in Undersea Archaeology, Jonathan Cape, London

Throckmorton, P. (1996) *The Sea Remembers. Shipwrecks and Archaeology*, Chancellor Press, London

Peter Throckmorton

Anon. (1990) ›Peter Throckmorton‹, *Daily Telegraph*, 2. Juli 1990

Bass, G. F. (1965) ›Cape Gelidonia: preliminary report‹, in J. und P. Taylor (eds), *Marine Archaeology*, Hutchinson, London, S. 119 bis 140

Bass, G. F. (1975) *Archaeology Beneath the Sea*, Walker &. Co., New York

Bass, G. F., and P. Throckmorton (1961) ›Excavating a Bronze Age shipwreck‹, *Archaeology*, 14, (2), S. 78–87

Bound, M. (1991) ›The rescue of the Down Easter ‚St. Mary‹ in the Falkland Islands‘, *Enalia*, Ergänzungsband 2, S. 5–14

Diolé, P. (1954) *4,000 Years Under the Sea*, Sidgewick and Jackson Ltd., London

Dumas, F. (1976) *30 Centuries Under the Sea*, Crown Publishers, New York

Frost, H. (1963) *Under the Mediterranean Sea*, Routledge, London

Frost, H. (1990) ›Personal memories of Peter Throckmorton‹, *International Journal of Nautical Archaeology*, 19, S. 181–2

Greer, H. (1962) *A Scattering of Dust*, Hutchinson, London

Kritzas, H. (1991) ›Peter Throckmorton an Odysseus of the deep‹, *Enalia*, Ergänzungsband 2, S. 15–23

Macaulay, R. (1956) *The Towers of Trebizond*, William Collins Sons &. Co. Ltd., London

Marsden, P. (1990) ›Peter Throckmorton‹, *The Independent*, 21. Juni 1990

Phelps, W. (1990) ›Peter Throckmorton‹, *Enalia* Annual 1

Potok, M. (1993) *Sea of Love*, D. Magazine, S. 28–9

Throckmorton, P. (1960) ›Thirty-three centuries under the sea‹, *National Geographic*, Mai 1960, S. 682–703

Throckmorton, P. (1962) ›Oldest known shipwreck yields Bronze Age cargo‹, *National Geographic*, Mai 1962, S. 697–711

Throckmorton, P. (1965) The Lost Ships. An Adventure in Undersea Archaeology, Jonathan Cape, London

Throckmorton, P. (1977) *Diving for Treasure*, Thames &. Hudson, London

Throckmorton, P. (1996) *The Sea Remembers. Shipwrecks ans Archaeology*, Chancellor Press, London

Bildnachweis

S. 48: American Museum of Natural History;

S. 62, 70: W. Beebe;

S. 78: O. Barton;

S. 88: fotografiert von Prof. Russell Lumsden;

S. 91: Rosemary Anderson;

S. 94: fotografiert von Prof. Michael Sleigh;

S. 96: fotografiert von Ronald Bassindale, mit freundlicher Genehmigung von Pam Bassindale;

S. 110, 114: Prof. J. M. Mitchison;

S. 132: Oxford University Press;

S. 134: Colman Library, Department of Biochemistry, University of Cambridge/England;

S. 151: Siebe Gorman archive, mit freundlicher Genehmigung von Siebe plc;

S. 160: SOLO Syndication Ltd.;

S. 178: Zeichnung von Win Norton;

S. 180: Steven Weinberg Archiv;

S. 198, 207, 216, 219: Sylvia Munro;

S. 220, 222, 230, 236, 241: Hans Hass;

S. 244: Phillipe Tailliez und Pierre-Yves Le Bigot, Frédéric Dumas Museum;

S. 246, 248: Phillipe Tailliez;

S. 263: Throckmorton collection, Texas A &. M University, mit freundlicher Genehmigung von George Bass;

S. 266: Lucy und Paula Throckmorton;

S. 277, 284: P. Throckmorton

Tim Severin

Der weiße Gott der Meere

*Auf der Suche nach dem
legendären Moby Dick*

*Aus dem Englischen
von F. Florian Marzin*

*287 Seiten. Gebunden
Mit 2 Karten, 31 farbigen und
3 s/w Abbildungen
ISBN 3-352-00630-X*

Moby Dick, der legendäre Weiße Wal, hat wie kaum ein anderes Geschöpf der Meere die Phantasie unzähliger Generationen von Seefahrern, Landratten und Lesern beflügelt. Der weiße Wal wurde zum ultimativen Symbol für die fixe Idee, für den Dämon in uns, der uns quält und beherrscht, bis wir ihn austreiben – koste es, was es wolle.

In seinem großartigen Abenteuerbericht »Der weiße Gott der Meere« erzählt Tim Severin von seiner Suche nach Moby Dick, die ihn auf den Spuren von Kapitän Ahab und Herman Melville kreuz und quer über den Pazifik führt. Er bleibt dem mystischen Geschöpf auf der Spur, auch wenn es sich ihm immer wieder im letzten Moment zu entziehen scheint – bis es ihm plötzlich begegnet...

Rütten & Loening

Kevin Patterson

In weiter See

Eine Reise an die eigenen Grenzen

325 Seiten. Gebunden
ISBN 3-352-00634-2

Aus Liebeskummer kauft sich Kevin Patterson ein Boot und nimmt einen Leidensgenossen sowie 50 Pfund Spaghetti an Bord, um den Pazifik zu durchkreuzen. Von Vancouver Island nehmen die Abenteurer Kurs auf Tahiti. Schon der erste Sturm stellt das Boot, ihre Segelkünste, aber auch ihre Freundschaft auf die Probe. Weitaus erschütternder empfinden sie die Tatsache, daß der Pazifik übersät ist von Aussteigern wie ihnen – allesamt keine Helden, sondern allenfalls Flüchtende. Pattersons Abenteuerbericht ist eine Meditation über die eigenen Grenzen und über die wahre Herausforderung, die die Helden der See an Land erwartet: der Alltag.

»Patterson hat eine altmodische Abenteuergeschichte verfaßt, die aber zugleich ihr eigenes Thema mit subversiver Intelligenz hinterfragt. Das Ganze destilliert zu vollkommener Klarheit und einer Prosa von präziser Schärfe, die man mit dem größten Vergnügen liest.«

The New York Times

Rütten & Loening

Per Holm

Der Untergang
der Estonia

Roman

Aus dem Dänischen
von Knut Krüger

356 Seiten
Band 1639
ISBN 3-7466-1639-5

Am 28. September 1994 gerät die Fähre »Estonia« auf dem Weg von Tallinn nach Stockholm in ein Unwetter und sinkt. Es ist neben dem Untergang der »Titanic« eine der größten und rätselhaftesten Schiffskatastrophen der modernen Seefahrt. Über 850 Menschen finden den Tod. Per Holm schildert eindringlich die Vorgänge an Bord – den Kapitän, der keine Verspätung zulassen will, die ahnungslosen Touristen sowie die dunklen Machenschaften, die unter Deck vor sich gehen. Mitten in dunkler Nacht erreicht ein Funkspruch das Schiff: Unter keinen Umständen darf eine gewisse Ladung den schwedischen Hafen erreichen.

Nichts ist packender als die Wirklichkeit – ein Thriller, der Licht in das Dunkel einer großen Katastrophe bringt.

A*t*V
Aufbau Taschenbuch Verlag

Hanjo Lehmann

Die Truhen des
Arcimboldo

*Nach den Tagebüchern des
Heinrich Wilhelm Lehmann*

Roman

*699 Seiten
Band 1542
ISBN 3-7466-1542-9*

In den untersten, allergeheimsten Kellergewöben des Vatikans
wird im Jahre 1848 der junge Schlosser Luigi Calandrelli ver-
schüttet. Als er die Mauern seines Verlieses abklopft, stößt er auf
eine mysteriöse Truhe mit siebenhundert Jahre alten Pergamen-
ten – sorgsam verborgene Dokumente gegen Intoleranz und
Fundamentalismus, die den Machtanspruch der römischen Kir-
che untergraben.

Zwanzig Jahre später vertraut er einem befreundeten preußi-
schen Eisenbahningenieur seine Aufzeichnungen über die da-
maligen Ereignisse an. Von nun an gerät dieser in ein Netz von
Intrigen, Machtkämpfen und lebensbedrohlichen Situationen,
denn der Vatikan fürchtet im Jahr des Konzils, auf dem die Un-
fehlbarkeit des Papstes verkündet werden soll, nichts so sehr wie
die Veröffentlichung dieser aufrührerischen Dokumente.

A*t*V
Aufbau Taschenbuch Verlag

Russell Andrews

Anonymus

Roman

Aus dem Amerikanischen
von Uwe Anton
und Michael Kubiak

450 Seiten. Gebunden
ISBN 3-352-00571-0

Carl Granville, ein junger erfolgloser Autor, bekommt die Chance seines Lebens. Er soll als Ghostwriter für ein hohes Honorar einen Bestseller schreiben. Aus Tagebuchaufzeichnungen, Briefen, Dokumenten,
in denen die richtigen Namen und Orte geschwärzt sind, soll Granville
ein Buch machen. Granville befindet sich mitten im Schreibprozeß, als
um ihn herum ein Mord nach dem anderen geschieht und er erkennt,
daß auch er in großer Gefahr schwebt.

»Ein temporeicher politischer Thriller in der Art von Grishams Die
Akte.«
Michael Douglas

»Was für eine aufregende Geschichte! Das ist ein Thriller, der richtig
mitreißt.«
Susan Isaacs

»›Anonymus‹ ist ein Thriller par excellence, der die üblichen Versatz-
stücke des Genres – fiese Politiker, brutale Medienmogule, findige
Journalisten und eiskalte Killer – kunstvoll arrangiert. Die Erzähl-
struktur ist so fein gewebt, daß man erst sehr spät den roten Faden der
Verschwörung erkennt.«
Die Literarische Welt

Rütten & Loening

Aino Trosell
Die Taucherin
Roman

*Aus dem Schwedischen
von Gisela Kosubek*

*253 Seiten. Gebunden
ISBN 3-378-00635-8*

»Diese Geschichte handelt von Angst. Angst vor dem Wasser. Angst
vor dem Unbekannten. Angst vor der Tiefe und davor, daß es immer
dunkler wird, je tiefer man kommt. Daß der Druck steigt und die Le-
benschancen sinken, wenn man den Griff lockert und den Dingen ihren Lauf läßt. Wenn man sich hingibt. Und ich träume. Ich träume, eins
zu sein mit meinem Element, ich bewege mich vorwärts, es ist dunkel,
und ich gleite durch das Unbekannte, das ich nicht stoppen kann.
Keine Kontrolle.«

Fünf Taucher werden zu einem Einsatz auf eine Bohrinsel in der
Nordsee gerufen. Sie sollen herausfinden, ob die seit neustem auftreten-
den Förderverluste mit einem Leck an der Pipeline zusammenhängen.
Als sich die internationale Crew auf der Ölplattform trifft, müssen die
vier Männer feststellen, daß ihr fünfter Mann eine Frau ist.

Mit diesem Roman gelang Aino Trosell der Durchbruch in der schwedischen Literatur. Sie erzählt überzeugend und voller Spannung von
einer mutigen Frau, die sich in einer männerdominierten Welt behauptet.

»Ein unglaublich spannendes Buch, man vergißt beim Lesen fast das
Luftholen.«

Elle

Gustav Kiepenheuer
V E R L A G

Literarische Spaziergänge mit Büchern und Autoren